民间美术主题活动
与幼儿国民认同感的培养

◎ 主编：孟昭荣　王晓红　刘桂琴

中国出版集团

中译出版社

图书在版编目（CIP）数据

民间美术主题活动与幼儿国民认同感的培养 / 孟昭荣，王晓红，刘桂琴主编 . -- 北京 : 中译出版社，
2020.11

ISBN 978-7-5001-6414-2

Ⅰ . ①民… Ⅱ . ①孟… ②王… ③刘… Ⅲ . ①民间美术－教学研究－学前教育 Ⅳ . ① G613.6

中国版本图书馆 CIP 数据核字 (2020) 第 226472 号

出版发行 / 中译出版社

地　　址 / 北京市西城区车公庄大街甲 4 号物华大厦六层

电　　话 /(010)68359376,68359827（发行部）　68359287

传　　真 /(010)68357870

邮　　编 /100044

电子邮箱 /book@ctph.com.cn

网　　址 /http://www.ctph.com.cn

责任编辑 / 于建军

封面设计 / 恒石云汉

排　版 / 恒石云汉

印　刷 / 北京恒石彩印有限公司

经　销 / 新华书店

规　格 / 787 毫米 ×1024 毫米　　　　1/16

印　张 / 24.5

字　数 / 398 千字

版　次 / 2020 年 12 月第 1 版

印　次 / 2020 年 12 月第 1 次

ISBN 978-7-5001-6414-2　　　　　　　　　　　　　　　　定价： 78.00 元

"十三五"北京市教育科学规划课题
《经典民间艺术渗透于幼儿艺术活动中的实践研究》成果

课题编号：CBIB16102

编 委 会

主　编：孟昭荣　王晓红　刘桂琴

副主编：陶苑玲　刘　晴

编　委：安　康　高　涵　张　鹏　王明明　魏然然　孟　旋　王景娟　牛薪然　陈媛媛

　　　　袁　月　陈　曦　付　珊　左梦瑶　胡紫檬　马丽童　魏天娇　李媛媛　潘　莉

　　　　李　泷　王海燕　米海静　闫紫娟　赵祥庆　张爱玲　姚富荣　贾晓蓓　郭春靖

　　　　周玉荣　任跃美　刘文玲　张静雅　毛红林　王　俊　王东泽

前　言

　　中国的学前教育应该为中国培养认同和熟悉中国文化的儿童，这是国家教育方针政策的要求，也是广大幼儿园的自觉追求。我国教育法规定，教育要"培养德、智、体、美、劳等方面全面发展的社会主义建设者和接班人""国家在受教育者中进行爱国主义教育""教育应当继承和弘扬中华民族优秀的历史文化传统，吸收人类文明发展的一切优秀成果"。早在上个世纪20年代，陈鹤琴先生就曾经提出，幼儿园的教育目标是教儿童"做人，做中国人，做现代中国人"。随着中国国力和文化自信的增强，许多幼儿园自觉地开展了传统文化教育主题活动，带领幼儿了解和熟悉我国的传统文化。在中华人民共和国成立70周年之际，广大幼儿园工作者更是积极主动地开展了各种爱国主义教育主题活动。在这之中，北京市朝阳区京通幼儿园的教育研究，取得了一定的成果。

　　北京市朝阳区京通幼儿园近几年一直致力于将经典民间艺术运用于幼儿园艺术活动中，通过设计与实施以民间艺术为中心的综合主题活动，来增进幼儿的国民认同感，以及身心的全面发展。在课题研究的推动下，京通幼儿园逐步开发了民间音乐综合主题活动和民间美术综合主题活动，并研究了相应的教育策略。这本书是京通幼儿园对民间美术综合主题活动研究的成果，其中还对幼儿的国民认同感表现进行了较为细致的分析。

　　京通幼儿园的这一成果一方面对幼儿爱国主义教育的开展提供了很好的思路与借鉴，另一方面也对幼儿美术教育活动的开展提供了很好的示范。面对稚嫩的幼儿，如何用具体的、形象化的、可操作的内容与方式来帮助他们认识国家，熟悉和认同国家的文化与历史，这是我们长期面临的教育难题。京通幼儿园的探索找到了一个很好的路径，那就是借助我们的民间艺术。民间美术是直观形象和具体可操作的，幼儿可以在美术活动中生动地体验和感悟到我国的传统文化，并在其中熟悉、认同和喜爱我们的文化，进而丰富自己对国家的认识，增强对国家的认同感。以往，幼儿园里美术教育活动显得过于单薄，失去了文化底蕴。京通幼儿园精选经典民间美术形式和作品，从文化的角度来解读和分析民间美术，使得美术教育活动有了"魂"与"魄"。幼儿在这样的文化之旅中也有了更广阔的探索空间和更浓厚的探索兴趣。

目　录

第一部分　概述

第二部分　　民间美术主题活动

第三部分　　　主题活动组织与实施策略

第四部分　　幼儿国民认同感的表现

第五部分　　课题实施效果调查

第一部分 概述

北京市朝阳区京通幼儿园历时多年，围绕民间美术主题活动的开展与幼儿国民认同感的培养进行了深入的课题研究。研究团队立足培养和提升幼儿的国民认同感之目标，选择组织与实施民间美术主题活动这一路径，并通过量化与质性分析相结合的方式评价了课题实施效果，细致分析了幼儿国民认同感的表现与变化。在此过程中，幼儿园构建了一套丰富的以民间美术为中心的综合主题活动，在课程设计与实施的过程中极大地提高了教师的教育教学能力，增强了幼儿、教师与家长的国民认同感。

一、研究背景

（一）立德树人要求关注幼儿的道德发展

在 2018 年全国教育大会上，习近平强调："党的十八大以来，我们围绕培养什么人、怎样培养人、为谁培养人这一根本问题，全面加强党对教育工作的领导，坚持立德树人。"认真思考、深刻理解和有效落实培养什么人、怎样培养人、为谁培养人的问题，是我们教育实践的出发点。

党的十八大提出要"把立德树人作为教育的根本任务"，培养德智体美劳全面发展的社会主义建设者和接班人，重点强调教育应当继承和弘扬中华民族优秀的历史文化传统，吸收人类文明发展的一切优秀成果。[1]

---

[1] 《立德树人是教育的根本任务——深入学习习近平总书记教育思想（三）》，2017. http://www.moe.edu.cn/jyb_xwfb/moe_2082/zl_2017n/2017_zl37/201708/t20170809_310862.html.

2014 年 4 月，教育部印发了《关于全面深化课程改革落实立德树人根本任务的意见》②，指出要大力弘扬中华优秀传统文化，把培育和践行社会主义核心价值观融入国民教育全过程。高举中国特色社会主义伟大旗帜，推动社会主义核心价值观进教材、进课堂、进头脑，着力培养学生高尚的道德情操、扎实的科学文化素质、健康的身心、良好的审美情趣，努力使学生具有中华文化底蕴、中国特色社会主义共同理想、国际视野，成为社会主义合格建设者和可靠接班人。

同年 3 月，教育部颁布的《完善中华优秀传统文化教育指导纲要》③指出，开展中华优秀传统文化教育要以弘扬爱国主义精神为核心，以家国情怀教育、社会关爱教育和人格修养教育为重点。其中"家国情怀教育"就是要帮助学生增强国家认同，培养爱国情感，树立民族自信。而在小学低年级，优秀传统文化教育的重点则是开展启蒙教育，如帮助学生了解传统故事，知道中华民族的重要传统节日，了解家乡的生活习俗，初步感受经典的民间艺术，等等。重点在于培育学生对中华优秀传统文化的亲近感，培养学生热爱中华优秀传统文化的感情。党和国家教育方针政策的颁布为我们实施中华传统文化教育及国民认同感的培养指明了方向。

在幼儿园教育中，我们必须明确方向，为我国培养德、智、体、美、劳全面发展的社会主义建设者和接班人；在坚定理想信念、厚植爱国主义情怀、加强品德修养、增长知识见识、培养奋斗精神、增强综合素质上下功夫。运用新发展理念培养人，实现科学发展。围绕立德树人构建培养体系，培养一代又一代拥护中国共产党领导和我国社会主义制度、立志为中国特色社会主义奋斗终身的有用人才。

（二）幼儿的国民认同感需要关注与培育

国民认同感是一个包括许多复杂成分的心理结构系统，其中包括认知和情感两个成分，认知成分主要是指社会成员对国家的历史、文化、地理等的了解和认同；情感成分主要是指人们对自己的国家的归属感、对民族的自豪感等。④《幼儿

---

② 教育部网页：http://old.moe.gov.cn/publicfiles/business/htmlfiles/moe/s7054/201404/167226.html.
③ 教育部网页：http://old.moe.gov.cn/publicfiles/business/htmlfiles/moe/s7061/201404/166543.html.
④ ［美］S.E.Taylor, L. A. Peplau, D.O.Sears. 社会心理学（第十版）[M]. 谢晓非等译. 北京：北京大学出版社，2004.

园教育指导纲要（试行）》⑤在"社会"领域提出的目标之一就是"爱父母长辈、老师和同伴，爱集体、爱家乡、爱祖国"，并提出"教师要充分利用社会资源，引导幼儿实际感受祖国文化的丰富与优秀，感受家乡的变化和发展，激发幼儿爱家乡、爱祖国的情感"。反观我们现阶段的幼儿园教育现状，虽然园所和教师都在逐步加强优秀传统文化教育，如端午节组织幼儿包粽子、中秋节带领幼儿做月饼，但是在具体的组织和实施上还存在很多问题。例如：某教师为激发幼儿爱祖国的情感，培养幼儿的国民认同感，特意在国庆节时组织了"为祖国妈妈过生日"的活动，活动当天教师给幼儿讲国庆节的来历，组织幼儿给祖国妈妈唱生日歌，并特意让厨房师傅准备了蛋糕，幼儿参与的积极性很高，进行到最后切蛋糕的环节时，部分幼儿不停地向门外张望并问道："祖国妈妈什么时候来啊？我们马上就要切蛋糕了。"可见，虽然幼儿园在某种程度上开展了爱国教育，但在教育的内容与形式上，尤其是活动的设计、组织与实施方面还需要很大的提高，这也是我们开展本项目研究的初衷。

（三）幼儿园美育工作需要提升内涵与质量

以美养德、以美启智、以美育人。虽然幼儿国民认同感教育属于德育范畴，但单纯地利用说教的方式实施教育功效甚微。1912 年，蔡元培提出"五育并举"教育思想，认为"以公民道德为中坚，盖世界观及美育皆所以完成道德"。⑥朱光潜在《谈美感教育》中也提到："美育为德的必由之路，是德育的基础功夫。"⑦美育与德育、智育、体育相辅相成、相互促进，因此加强幼儿园美育，充分发挥美育教育中的德育功能，对培养幼儿国民认同感具有重要作用。

2015 年，国务院办公厅印发《国务院办公厅关于全面加强和改进学校美育工作的意见》，⑧直接指出："学校美育课程建设要以艺术课程为主体，各学科相互渗透融合。""学校美育课程主要包括音乐、美术、舞蹈、戏剧、戏曲、影视等。各级各类学校要按照课程设置方案和课程标准、教学指导纲要，逐步开齐开足上

---

⑤《幼儿园教育指导纲要》（试行），2001. http://www.moe.gov.cn/srcsite/A26/s3327/200107/t20010702_81984.html.

⑥ 蔡元培. 蔡元培美学文选[M]. 北京：北京大学出版社，1983:169.

⑦ http://www.zgxymyw.cn/html/meiyuyanjiu/201612/14-2604.html.

⑧《国务院办公厅关于全面加强和改进学校美育工作的意见》,2015. http://www.gov.cn/zhengce/content/2015-09/28/content_10196.htm.

好美育课程。""幼儿园美育要遵循幼儿身心发展规律，通过开展丰富多彩的活动，培养幼儿拥有美好、善良的心灵，懂得珍惜美好事物，能用自己的方式去表现美、创造美，使幼儿快乐生活、健康成长。"《3～6岁儿童学习与发展指南》⑨也建议："要创造条件让幼儿接触多种艺术形式和作品，如经常让幼儿接触适宜的、各种形式的美术作品，带幼儿观看或共同参与传统民间艺术和地方民俗文化活动。"因此，本研究项目选择以美术为载体，强调美术教育的美育导向，充分发挥美术教育的美育作用，以美育促德育。

（四）大力弘扬中华传统优秀文化是幼儿园教育的任务

事实上，经典民间艺术是中华民族的瑰宝，是中华民族文化的重要组成部分，是我们文明古国最富有民族内涵与特征的一大标志。国家教育部颁发的《完善中华优秀传统文化教育指导纲要》提出："以培育学生对中华优秀传统文化的亲近感为重点，开展启蒙教育，培养学生热爱中华优秀传统文化的感情……初步感受经典的民间艺术。"2014年10月，习近平总书记在中国国际文化交流中心成立30周年大会上发表讲话并强调："大力弘扬中华优秀传统文化，推动中华文化走向世界，发挥民间往来优势，增强我国的文化软实力。"教育部颁布的《3～6岁儿童学习与发展指南》也体现出了对中国经典民间艺术的重视。《指南》中建议，对于艺术活动的实施，要"带幼儿观看或共同参与传统经典民间艺术和地方民俗文化活动"。

因而，将我国传统文化当中的经典民间艺术渗透于幼儿艺术活动，不仅能极大丰富幼儿素质教育的内涵，还能充分发挥文化的传递功能。最重要的，经典民间艺术渗透于幼儿艺术活动对于幼儿发展具有重要的价值和功能。简而言之，经典民间艺术之于幼儿发展主要有以下功能：第一，情感功能，幼儿通过经典民间艺术学习生发出对本民族经典民间文化的认同，最终培养出幼儿的民族文化认同感。第二，认知功能，幼儿通过经典民间艺术来认识世界，并通过经典民间艺术学习传递民间知识。第三，表达功能，艺术是心灵的符号，经典民间艺术是幼儿表达自己感受的方式。

---

⑨《3～6岁儿童学习与发展指南》，2016. https://wenku.baidu.com/view/0214a53811661ed9ad51f01dc2 81e53a58025119.html.

二、研究问题与目标

基于立德树人的目标与需要，以及经典民间艺术的价值与功能，北京市朝阳区京通幼儿园开展了"经典民间艺术渗透于幼儿艺术活动中的实践研究"，并用一年的时间着重从民间美术入手来开展课题研究。

（一）研究问题

总的研究问题：

如何通过民间美术主题活动培养幼儿国民认同感？

具体研究问题：

（1）民间美术主题活动如何构建与实施？

（2）幼儿国民认同感的表现特征是什么？

（3）教师在主题课程实施中采用哪些教学策略能够有效地增强幼儿的国民认同感？

（二）研究目标

（1）构建和实施民间美术主题活动，为其他幼儿园开展民间美术主题教育提供借鉴与参考。

（2）描述分析幼儿国民认同感的表现特点，增进人们对幼儿国民认同感的认识。

（3）归纳总结对幼儿国民认同感提升有效的教学策略，为其他幼儿园开展国家认同教育提供策略借鉴与参考。

（4）归纳总结综合主题活动实施策略与经验，为幼儿园开展其他传统文化主题课程提供借鉴与参考。

（5）在课题实施过程中，增强教师的主题活动设计与实施的能力、观察分析儿童的能力，以及研究反思能力与写作的能力。

（6）在实践研究中，增强幼儿、教师和家长的国民认同感。

三、理论基础

檀传宝教授在《美善相谐的教育》一书中明确提出了"美善相谐"的理论，主要体现在美育和德育的关系上：一是美育和德育是相互作用的，因此可以相互协调、相互支持；二是美育与德育在对主体的精神自由的追求上是一致或相互沟通的。⑩"美善相谐"理论为本项目的设计、组织与实施提供了坚实的理论基础。

《国务院办公厅关于全面加强和改进学校美育工作的意见》也直接从艺术教育入手讨论了美育。另外，广义的德育包括思想教育、政治教育、道德教育、心理素质教育等，狭义的德育专指道德教育。檀传宝教授强调德育应该是"环境与生长的统一，价值引导与个体价值构建的统一"，他将德育定义为"教育工作者组织适合德育对象品德成长的价值环境，促进他们在道德价值理解和道德实践能力等方面不断建构和提升的教育活动"。⑪

关于美育和德育的关系，可以用相融和相成来解释。相融关系，即美育和德育相互融合成为不分你我的一体关系；相成关系，即相互促进、相互推动的关系。

"一个庸俗的、品质低下的人，是不可能做出很好的审美判断的""美育的任务之一，是纠正不良的趣味，引导学生同各种低级的、庸俗的审美趣味作斗争"。⑫而个人美学观除了跟个人进行的美学学习和修养有关，更和世界观、道德修养有关。虽然美育和德育相融相成，但美育的育德功能不等同于纯粹的德育活动本身，这主要是因为美育的育德功能是在美育领域发挥的，不能违背美育的本性和前提。美育的育德功能有其自身的特殊性。第一，美育育德由情感入手促进学生的道德成长。第二，美育育德是整体性的，其强调的是主体对于审美对象的整体理解和把握。第三，美育育德指向整体人格，由整体的人格的达成走向道德角色的完成。第四，美育育德功能具有隐形特征。育德功能的发挥体现在对形象的表达和理解上，而不是

---

⑩ 檀传宝. 美善相谐的教育 [M]. 黑龙江教育出版社, 2003, 12:156.
⑪ 詹万生. 整体构建德育体系研究报告集 [M]. 教育科学出版社, 2001, 4.
⑫ 南京师范大学教学教育系编. 教育学 [M]. 人民教育出版社, 1984, 1:340.
⑬ 檀传宝. 美善相谐的教育 [M]. 黑龙江教育出版社, 2003, 12:25-28.

道德内容和概念的授受。第五，美育育德功能的实质在于创造育德的前提。[⑬] 因此，德育活动不应该仅仅借用美育手段，而应该吸收审美精神，形成新的德育观。

所谓"美善相谐的教育"，一是在美育和德育的关系上，应当实现美育与德育的相互沟通与协调；二是在整个教育的追求上，合目的性的活动（善）应当以合目的性与合规律性的统一（美）的形式去实现，也就是要实现实践活动的真、善、美的高度统一。[⑭] 本项目正是在这样的理论基础上设计实施的，以经典民间艺术为载体，通过以艺术为主体的综合主题活动的组织与实施，充分发挥美育教育中的育德功能，通过培养幼儿的艺术欣赏能力、艺术认知能力和艺术表达能力，激发和培养幼儿的国民认同感，促进幼儿的品德发展，力求在幼儿园阶段实施"美善相谐的教育"。

四、研究过程

在"经典民间艺术渗透于幼儿艺术活动中的实践研究"课题的支持下，课题组明确研究主题——基于民间美术主题活动来培养幼儿的国民认同感，组建了研究团队，按照以下阶段有序地开展了研究工作：

（1）教师自选民间美术主题，设计与本班幼儿年龄适宜的综合主题活动。

（2）园所教师与外请专家共同研讨，商议评价主题活动设计的适宜性。

（3）在修改民间美术主题活动的设计后，教师在本班逐步实施主题活动。

（4）园所教师与外请专家共同观摩教师的主题活动实施过程，对集体教学活动的组织进行分析评价。

（5）园所教师与外请专家共同进班调查教师的主题活动实施过程，对主题墙和区域材料的布置与使用进行分析评价。

（6）教师对主题活动实施过程进行总结，撰写主题活动设计与实施报告。

（7）园所组织团队教师对各班幼儿、教师和家长进行国家认同的调查。

（8）园所组织教师进行小组研讨，总结幼儿国民认同感培养的有效策略，以及综合主题活动组织与实施的经验。

---

⑭ 檀传宝.美善相谐的教育 [M]. 黑龙江教育出版社,2003,12:156.

第二部分
民间美术
主题活动

一、主题活动设计与实施原理

（一）主题活动目标为促进幼儿国民认同感的形成

国民认同感是指人们对自己的国家成员身份的知悉和接受，包括认识观念与情感评价两个维度。认知维度上的国民认同感主要表现在能意识到自己归属于这个国家，自己的身份在国家内被认可，也包括了人们对自己国家和人群的知识和相关看法，作为情感成分，涉及人们对于自己国家和人群的情感、情绪和评价等方面，[15] 幼儿与青少年了解到自己是真正的"中国人"、是一名"中国公民"的同时还会被唤醒内心对自己身份的自豪感与骄傲之情，即情感层面的认同感，即爱国主义意识。

国民认同感的形成包括对国家自然、历史、人文与当代发展的了解与熟悉，对自己身为国家一员的归属感、自豪感与荣辱感。民族文化是国民认同感形成的主要因素，也是认同感教育的核心部分，文化作为传承历史精华的载体是凝聚力与认同感的基础，文化中的传统文化是一个民族身份的象征，[16] 当人们对传统文化有了一定了解和认同，就能对国家产生亲近感与归属感，这一过程便是国民认同感的形成。

当前青少年与少数民族成员是国民认同感培养的主要对象，这类群体在成长

⑮ 佐斌. 论儿童国民认同感的形成 [J]. 教育研究与实验, 2000(2):33-37.
⑯ 赵旭峰. 儒学的传入与云南少数民族国民认同感的形成 [J]. 怀化学院学报, 2006, 25(9):4-7.

与发展过程中亟待加强对国家和民族的情感，将有助于他们理解中华民族独特的价值观念、历史传统与民族文化，在面对外来文化的冲击时，能根据本国的特点对异质文化进行批判性的选择、改造和吸收，为民族的团结和发展发挥重要作用。[⑰] 其实，认同感教育从幼儿时期就应该进行，而不是等到人们已经形成一套自己的价值观时再展开，对幼儿施以启蒙式的教育更有利于加深对国家的认识与接受度。目前我国幼儿的民族文化认同感不高，尤其是随着经济的发展、技术的进步，我国目前的幼儿教育受西方文化的熏陶，从小学习英语、过西方节日，淡化了国家意识和民族情怀。因而，培养幼儿的民族文化认同感十分迫切。《3～6 岁儿童学习与发展指南》中也将民族文化认同感作为幼儿发展的目标之一。

　　然而，以抽象的民族文化为活动内容，或是在幼儿不了解其民族文化的情况下教育幼儿，又或接触主流文化时忽略本民族文化都是不够全面的，对幼儿的中华民族认同感的启蒙教育应当将民族认同与国家认同有机结合，构建中华民族多元一体的幼儿教育体系。通过对幼儿中华民族认同感的启蒙教育，使幼儿从小养成国家意识、民族意识，培养国家情感、民族情怀，树立强烈的民族责任感和国家自豪感，为未来国家的建设、民族的文化传承打下坚实的基础。

　　（二）主题活动内容以民间美术主要素材

　　中国民间美术是由中国人民群众创作的，以美化环境、丰富民间风俗活动为目的，在日常生活中应用、流行的美术。

　　民间美术是组成各民族美术传统的重要因素，为一切美术形式的源泉。新石器时代的彩陶艺术，中国战国秦汉的石雕、陶俑、画像砖石，其造型、风格均具鲜明的民间艺术特色；魏晋后，士大夫贵族成为画坛的主导人，但大量的版画、年画、雕塑、壁画创作者则以民间匠师为主，而流行于普通人民之中的剪纸、农民画、刺绣、印染、服装缝制、风筝等更是直接来自群众之手，装饰、美化、丰富了社会生活，并表达了人民群众的心理、愿望、信仰和道德观念，世代相沿且又不断创新、发展，成为富于民族乡土特色的优美艺术形式。

　　幼儿美术活动是具有鲜明的人文性、综合性、创造性的活动。在美术活动中，

⑰ 孙立. 基于培养学生民族文化认同感的校本课程开发研究 [D]. 华东师范大学 , 2006.

幼儿用自己的方式来理解世界，自由地表现、表达自己的所思、所想和所感，并获得经验。幼儿美术活动能丰富并儿童年生活，优化其精神世界；能够使幼儿继承优秀传统文化，提高其艺术修养，尤其提高民族性的艺术情趣与艺术品味。

幼儿美术活动萌发于幼儿对美的原始冲动，并且将这种自发的对美的冲动与自主的活动形式以及自由的表现方式和谐地统一为一体，这便是幼儿在美术活动中的自主学习。幼儿的思维是直观形象的，他们喜欢用各种各样的美术形式表达自己的意志与思想。幼儿园的美术活动很好地为孩子提供了一个创造美、表现美的展示平台。因此，美术活动是能充分体现幼儿自主性的活动，也是能更有效地促进幼儿自主学习能力发展的活动。教师可以适当地通过美术教育活动引导幼儿自主学习。

因而，幼儿美术活动是学前教育的重要组成部分，对促进幼儿自主学习以及全面和谐发展有着特殊的功效。然而，目前学前教育中的幼儿美术活动主要基于西方的美术形式，缺乏中国经典民间美术的渗透。这一方面源于学前教育对于我国经典民间美术的不自觉的忽视，另一方面是因为我国尚未建立民族经典民间美术学。长期以来，民族经典民间美术一直处于自生自灭的状态，在历史上，民族经典民间美术没有得到应有的尊重，民众日用而不知，学者们对之不屑一顾，文献资料极为匮乏，学科资源薄弱。另外，现代美术观念将西方美术视为高雅与先进，在这种美术观念的光照中，民族经典民间美术只有屈居一隅。

经典民间美术是中华民族的瑰宝，是我国民间传统艺术的重要组成部分。国家教育部颁发的《完善中华优秀传统文化教育指导纲要》提出："以培育学生对中华优秀传统文化的亲近感为重点，开展启蒙教育，培养学生热爱中华优秀传统文化的感情……初步感受经典的民间艺术。"[18]

《3～6岁儿童学习与发展指南》也体现出了对民间美术的重视，作为民间艺术的重要组成部分，美术等艺术活动的实施要带幼儿观看或共同参与传统经典民间艺术和地方民俗文化活动。[19]将我国传统文化当中的经典民间美术渗透于幼儿美术活动，能极大丰富幼儿素质教育的内涵，充分发挥文化的传递功能。将民间

---

[18] 中国教育报.完善中华优秀传统文化教育指导纲要[J].中小学德育,2014(4):4-7.
[19] 李季湄,冯晓霞.3~6岁幼儿学习与发展指南解读[M].北京:人民教育出版社,2013.

美术引入幼儿园课程中，不是简单而直接地将它加进现有课程体系中，而是把活动的部分内容与民间美术相融合，使幼儿在接受活动活动内容的同时受到民间美术的熏陶与渗透。

民间美术纷繁复杂，并不是所有的民间美术都适合运用到幼儿美术教育当中。因此幼儿园教师需要针对幼儿发展特点，选择适宜幼儿的、幼儿喜爱的，并能促进幼儿成长与发展的经典民间美术，提取适合幼儿的经典民间美术作品。

（三）主题活动组织采用以美术为中心的综合活动设计

幼儿园主题活动组织将民间美术活动作为中心，但不限于美术学习，而是在不同程度上围绕美术活动开发设计综合主题课程。整体来看，我园开发的综合主题活动中有四种使用民间美术活动的方式。美术技艺与美术工具用具都是中华传统美术文化的重要展现形式，传统美术作品也常常依托于这些技艺和工具来表现。教师在设计主题活动时可以根据不同内容，有针对性地选择相应的民间美术活动。

1. 围绕美术技艺展开

传统技艺是由我们的祖先一辈辈继承流传至今的、在漫长的生产实践中形成的生产技术，它富涵民众的审美观念和思想情感，代表着技艺的精华，是当前非物质文化遗产生产性保护的核心。[20]

传统技艺是顺应生活的各个环节由低到高、由简至繁的，由最初满足人们简单的生活需要到后来满足人们的审美追求，在与自然、社会的互动过程中不断调整、完善、创新和发展。它源于生活，并以满足人们不断变化的物质和精神生活追求作为发展和传承的不竭动力。

以蓝印花布为例，蓝印花布是我国独有的民族文化和艺术瑰宝，色彩鲜明，花纹种类繁多，蕴含着淳朴的乡俗气息。简单、原始的蓝白两色，创造出一个淳朴自然、千变万化、绚丽多姿的蓝白艺术世界。蓝印花布的图案有的取材于百姓喜闻乐见的民间故事戏剧人物，更多的是由动植物和花鸟组合成的吉祥纹样，采用暗喻、谐音、类比等手法尽情抒发了百姓对未来美好的憧憬理想和信念，因此

---

⑳ 朱以青．传统技艺的生产保护与生活传承 [J]．民俗研究，2015(01):81-87.

在民间的传统习俗上，蓝印花布占有相当位置。以前，女儿出嫁时一定要带上母亲早已准备好的一条用靛蓝布做成的被单，这样的习俗是显示女儿嫁到男家后"上得厅堂，下得厨房"的家政能力。姑娘出嫁时的衣被箱里必定会有一两条蓝印花布被面，大都是龙凤呈祥、凤戏牡丹图案的"龙凤被"，也称为"压箱布"。可见在当时蓝印花布是老百姓生活中必不可少的。

那么教师在设计蓝印花布主题活动时，可以选取蓝印花布的经典民间作品，既能体现当地的民风民俗，也能让幼儿了解蓝印花布背后的历史故事，另外这种由幼儿兴趣生成的主题活动更能唤起幼儿对优秀传统文化的情绪情感，在动手动脑中探索蓝印花布、制作蓝印花布，丰富幼儿对民间艺术的认识，培养幼儿的民族认同感。

2. 围绕美术用具展开

传统的美术作品多数依托于"文房四宝"来进行，即利用笔、墨、纸、砚四类书画用具来进行美术创作。这种美术用具也是我国独有的君子文化的表现形式之一。文房四宝背后代表的君子文化，是中华民族独特的精神标识、中华民族特有的文化概念，也是中国人独特的理想人格。

孔子在构思和传布儒家学说时，对"君子"概念的内涵进行了改造，赋予其许多道德优秀意蕴，其基本骨架、内在气质和风貌在《论语》中淋漓尽致地表现出来。"君子喻于义，小人喻于利。""君子坦荡荡，小人长戚戚。""君子和而不同，小人同而不和。"以笔墨纸砚为代表的传统美术用具，属于中国传统文化的范畴，而其中所体现出的君子精神，是儒家文化的精髓，也是中华民族伦理的基本要素和民族精神的集中体现，是几千年来推动中华文明生生不息的正能量和主旋律。

因此在欣赏这类美术作品时，教师要注意引导幼儿感受传统文化之美，不仅要增进幼儿对传统美术用具的了解，还要让幼儿在主题活动中"潜移默化"地爱上中国传统的风雅文化，激发幼儿爱家乡、爱祖国的情感。

大量经典的传统美术作品都能够作为幼儿园活动的优质资源，并且作为活动的起点生发出系列学习活动。教师在课程设计过程中可以根据美术作品的特色来策划不同表现形式的活动，大致可以分为由单一美术作品衍生出的主题活动与由系列美术作品衍生出的活动两种类型，下面将展开说明。

3. 围绕美术作品展开

由单一美术作品衍生出的主题活动是指，整个主题活动的中心只有一个经典美术作品，在设计综合主题活动时应围绕这个作品延伸出更多与之相关的文化资源，是一个由中心向外扩展的形式。以"超级故宫"主题活动为例，整个教学活动由多个子活动组合而成，这些子活动都围绕故宫展开。第一周的"故宫在我身边"以语言和美术活动为主，包括故事欣赏、美术作品欣赏与绘画活动，针对故宫本身设计活动，使幼儿对故宫有初步认识；第二周的"美丽的故宫"则是引导幼儿了解故宫里的具体建筑（如太和殿）和建筑风格，还对故宫戗脊上的仙人和神兽的由来进行了解；第三周"有趣的故宫"探究了故宫为何屹立很久而"不倒"的秘密，并让幼儿自己探索如何搭建更稳固的建筑。可以看出，这类综合活动的设计由中心层层向外推进，看似范围广其实都以故宫为中心。因此教师在设计这类活动时，应当以作品为出发点，去搜集大量的相关资源，例如风土人情或其他文化形式的素材来丰富活动内容，强化活动的主题性。

4. 围绕美术形式展开

与上述类型相比，这类主题活动主要是指活动由美术形式衍生而出，活动的主题由同一形式的不同作品不断强化而形成，是一个依次推进不断加强的形式，往往这类活动的主题所代表的文化指向范围更大。以"水墨乐园"主题活动为例，活动围绕水墨风的绘本故事、生活中的水墨作品和使用水墨作画三方面来展开。因为涵盖的活动内容丰富、形式多样，因此具体的活动安排中不需要涉及过多的延伸知识，可以设计成一个个独立的小主题活动，最终指向的都是水墨。

首先，教师在设计这类系列美术作品的活动时，需要将更多精力放在设计活动内容上，即如何更好地通过活动内容体现一个涵盖内容丰富的主题。虽然主题活动的每方面相对独立，但在整个综合主题活动中要有连贯性，体现出其系列特征，突出强调作品的整体文化导向。其次，在划分不同的活动内容时要尽量挑选相对异质性的作品，能反映出不同的文化角度，使主题更加全面。

（四）主题活动实施中注重审美性、价值性和综合性等原则

活动实施是教师在设计教学活动后的重要步骤，是将活动方案付诸实践的方式，帮助教师将理想化活动转变为现实课程。《幼儿园教育指导纲要（试行）》

中"组织与实施"部分的第二条指出，幼儿园教育活动是教师以多种形式有目的、有计划地引导幼儿生动、活泼、主动活动的教育过程。在实施过程中，教师应创设适合幼儿身心发展需要和特点的多种形式的活动，引导幼儿积极参与。

以民间艺术为载体的美术教育活动应当关注艺术本身以及艺术对幼儿产生的影响，尤其作为艺术活动，更应该强调其价值性与审美性。同时幼儿园课程的实施方式也应当适应幼儿的发展规律，以游戏为主，突出其综合性与生活性，促进幼儿认知、情感、个性等方面的整体发展。

1．审美性

美术教学活动是向幼儿实施美育的重要途径，其本质是培养幼儿对美的感受与表达能力。利用民间美术作品引导幼儿感受作品的美，发展对美术的敏感性与想象力，是美术活动的审美性目的，即审美能力是美术教学活动的核心。美术作品欣赏活动、创造活动等都是让幼儿感受美术作品，初步鉴赏不同美术作品，有效提高幼儿的审美能力，加深对传统美术艺术的理解，可以对传统民间美术资源进行良好的传承，进而保护优秀的传统民间艺术的审美过程。在主题活动的实施中，教师应当克服单一强调绘画技能观念，有意识让幼儿多感受和表达，丰富他们的感性经验，激发他们表现美、创造美的情趣，培养其审美能力。

因此，教师要从审美特征的感知、理解与创造等多个方面考虑选择教学内容，实施全面深入的审美教育。在活动准备中，教师应该创设有吸引力且具有审美性的物质环境，达到材料和教师布局都与教学内容相整合。教师的语言指导表达要非常准确规范，符合幼儿的年龄特点，同时又要体现美术领域的审美性和创造性，准确使用美术术语。在示范过程中要求教师丰富幼儿审美经验，启发想象力并使幼儿获得更多审美体验，示范的类型与时机都应与开展的活动相适宜。

2．价值性

传统民间艺术文化是中华民族的瑰宝，经典的美术作品无论在艺术领域还是在历史文化领域都有极其重要的价值，它们反映了民族在不同时期不同地区的文化样貌，有利于幼儿熟悉与感受国家文化的多样性。

教师在主题活动的实施中，要充分展示作品的代表性与价值性，发挥传统美术作品的文化影响力。在强调美术欣赏与知识传授的同时，还应培养幼儿对传统文化的兴趣与喜爱，让幼儿深刻感受到作品内含及其背后所承载的历史文化，提高幼儿对经典文化和国家的认同感。"一个民族的艺术应能在自己后代身上引起一种自豪感，这对许多少数民族来说是特别重要的，它还能使所有儿童学会尊重其他人获得的成功，这一点也是非常重要的。"㉑ 每个民族都有自己优秀的文化传统，这种优秀民族传统文化会对本民族儿童美术心理产生重要影响。一个民族的儿童美术教育往往是民族美术文化价值观的体现，优秀的民族传统美术文化作为儿童美术教育的重要资源，通过具体的美术教学活动转化为具体的美术学习内容，会对儿童美术心理的发展产生相应的影响。

因此，主题活动实施中要求教师对所选美术作品进行详细分析，搜集相关资料，了解作品的创作背景与地域文化，分析作品在其所属领域的地位并思考作品是否具有幼儿适宜性。同时教师需要对于美术作品的其他相关知识有一定的了解，才能在活动设计中呈现出更丰富更全面的内容。教师在准备活动前要先对所选作品的相关文化进行了解，这样在以后的活动设计中可以适当融入，强调作品的价值。

3．综合性

以美术作品为主题的教学活动所涉及的领域不仅仅是艺术领域，幼儿园教育的其他四大领域的内容也应当是紧密联系的。幼儿园课程将教学活动划分为健康、语言、科学、社会和艺术五大领域，实际上教师在实际课程设计与实施时都是将各领域的内容整合起来，以促进幼儿认知、情感、语言、社会性等全方面的综合发展的。美术教学活动的教学目标除了培养幼儿的艺术审美与表达之外，可以增加认知与操作方面的具体目标，内容方面也可以以多种形式呈现，以达到各领域之间的整合，共同促进幼儿的全面发展。

因此，主题活动实施中要求教师将五大领域的知识都融会贯通，渗透活动的各个环节。艺术课程的子活动可以安排组织其他领域活动，例如：社会活动可让幼儿了解不同地区的风土人情，理解并能够遵守当地社会习俗；语言活动可以组织幼儿讨论对美术作品的感受或对当地文化的认识，发展幼儿的语言组织能力和表达能力；科学活动可以带领幼儿探究美术作品中蕴含的天文地理知识，并激发幼儿对新鲜事物的好奇心和求知欲，培养动手探究问题的能力，等等。

㉑　［美］科汉·盖纳．美术：另一种学习的语言．尹少淳译．长沙：湖南美术出版社，1992:25, 2,164.

4. 游戏性

强调幼儿园教学活动的游戏性意味着内容更贴近幼儿的生活，增加活动的趣味性以引起幼儿的学习兴趣，这也是适应幼儿发展水平的体现。活泼好动是这一阶段幼儿的总体特征，游戏成为幼儿园的基本活动，也是幼儿最喜爱的活动，是幼儿生活的主要内容。在游戏中幼儿的身心处于放松、愉快和自由的状态，在这种状态下往往能激发他们的学习潜能，更有助于课程的理解与吸收。因此，教师在实施课程时尽量避免单一的语言讲解或让幼儿静静观察，要使课程在游戏的自然活动中进行，以游戏承载课程内容，增添课程的趣味性，对幼儿的身心发展都具有积极作用。

因此，在实际教学活动中，教师要根据活动内容设计不同的游戏情境，引发幼儿的活动兴趣。在介绍美术作品时，教师要选用多种方法和形式使幼儿对作品感兴趣，游戏是最好的导入形式，教师可以引导幼儿将美术作品扩编成故事，并结合具体美术作品的地域特色，让幼儿更容易感受和理解作品。

5. 生活化

直接经验是幼儿学习新事物的主要途径，幼儿园的活动内容基本源于幼儿的生活经验，然而传统文化距离幼儿的生活比较远，他们很难从实际情境中直接感受与理解。针对这一点，教师可以将活动内容与幼儿的生活相联系，在传统艺术文化与幼儿日常生活生活之间搭建桥梁，课程的生活化能够帮助幼儿进行已有知识的迁移以达到对新知识的同化。民间美术作品代表某特定地区的文化与习俗，教师在进行活动之前可以创设机会丰富幼儿的相关经验，为课程进一步实施做铺垫。同时在活动结束后，也可以将主题延伸至幼儿的平日生活中，可以采用家园共育、环境创设或游戏等方式进行。

因此，教师在实施教学活动时应该将活动内容与现实生活经验相融合。经典美术作品的很多创作内容其实距离幼儿生活很近，因此教师更要尽可能将这些作品与幼儿生活相联系，由生活中的事物引出美术作品。以"有趣的面塑"主题活动为例，因为班里有小朋友拿来了面塑作品，引发了班上所有孩子的好奇，于是教师根据幼儿对面塑的兴趣，生成了活动的主题。教师在活动时及时开展了社区合作，带领小朋友到社区面塑工作室参观，丰富幼儿的审美经验将有助于幼儿展开想象。为了达到更好的教学效果，教师可以将美术作品延伸到幼儿园一日生活中，甚至鼓励幼儿在回家后与父母再次感受和学习，由多种途径渗透到幼儿的生活中。

（五）主题课程评价强调表现性评价

《幼儿园教育指导纲要（试行）》对教育评价提出了具体要求，评价应该发展性、合作性与多元性相结合，重视教育过程、尊重个体差异。这里要求教师在评价时更多关注教学活动的过程而非结果，重点是考察幼儿过程性行为表现与能力发展。

1. 表现性评价的定义

表现性评价是通过完成一些实际任务，诱导学生的真实表现，以此评价学生掌握和运用知识与能力的方法。[22] 这类评价方式能够较为全面地评价幼儿的学习与发展情况，注重知识技能的掌握与实际运用能力，也对幼儿在活动中的行为表现或倾向进行评价。

与传统的测验评价方式相比，表现性评价更为主观，主要依靠教师根据教学经验与对教学目标的理解来进行判定，没有完全固定的标准，此类评价方式的灵活性更强。同时，传统评价方式一般采用期末测验的形式展开，其评价内容指向幼儿的学习结果，但表现性评价既能考察结果，也对幼儿的学习过程进行评价。幼儿作为独特的个体具有发展性，活动开始前与结束后的发展水平是不同的，表现性评价能够更为明显地发现幼儿的成长与进步，对于他们的持续发展有积极作用。

表现性评价是教师在教育活动中，为幼儿在真实情境或模拟的真实情境中设计一定的任务，通过分析幼儿在完成该任务时的行为表现来评价幼儿发展的一种评价方式。[23] 从广义角度看，游戏化评价、档案袋评价、评定量表等都属于表现性评价的范畴。

2. 表现性评价的运用

在实际的美术教学活动中，表现性评价主要从教师对幼儿美术作品的分析和举办幼儿作品展览两种形式中体现出来。

比如在"漂亮的灯笼"主题活动中，教师对幼儿的灯笼作品进行了详细的分析，因为灯笼的名字都是幼儿用自己的名字起的，造型也是按照幼儿自己的意愿

㉒ 一帆. 表现性评价 [J]. 教育测量与评价, 2011(10):64-64.

㉓ 周文叶. 中小学表现性评价的理论与技术 [M]. 上海：华东师范大学出版社, 2014:93-100.

设计的，因此幼儿做的灯笼各不相同，各有各的特点，有的注重外观的华丽与美观，有的采用手电筒或小彩灯做配件，使灯笼更明亮，有的则是注重色彩的鲜艳。教师要抓住幼儿的兴趣点，当幼儿围绕绘本故事内容展开体现他们固有个性的想象、联想时，引发幼儿讨论，给幼儿表达自己想法的空间，进而引导幼儿有目的地思考选择用什么样的材料制作灯笼，如何根据灯笼的名字设计制作灯笼，在制作过程中，使幼儿通过亲身体验实际感知灯笼的结构探索如何制作得更牢固，探索如何装饰灯笼会使其更加美观等，从而进一步引导幼儿感知灯笼文化。

举办幼儿作品展览，则是因为幼儿自己不断探索、动手操作，已经能够合作将四面宫灯的灯笼骨架捆绑结实并粘贴平整的灯笼面，再发挥自己的想象大胆装饰，能够合理利用身边的废旧物制作漂亮的灯笼。班中悬挂的灯笼越来越多，幼儿每天最开心的事就是与同伴一起欣赏交流自己制作的灯笼，有的幼儿会着重介绍自己的制作材料以及制作方法，有的幼儿会着重介绍自己的装饰方法，因此教师指导幼儿，通过搜集的各种形式的宣传海报及邀请函，引导幼儿认识宣传海报、邀请函，明确设计内容，并运用自己喜欢的形式对内容进行大胆表现与设计。学习与同伴合作，激发幼儿在活动中勇于克服困难，坚持探索的良好学习品质。幼儿通过作品展示这样的活动，明确自己的分工职责，并坚持认真完成自己承担的工作内容。活动中热情大方接待客人，大胆表达对灯笼的喜爱，感受表现与合作的乐趣，体验成功的喜悦，为灯笼是中国人聪明才智的发明和创造，感到骄傲和自豪。

表现性评价是当前幼儿园较为推崇的方式，在具体活动中教师可以根据教学目标和活动目标灵活地选择评价类型。由于这种评价方式没有完全的标准，全凭教师的主观性判断，这就要求教师能够完全把握教学目标，并对幼儿的发展水平有深入了解，总体来说，表现性评价对幼儿园教师的专业能力提出了更高的要求。因此，教师在设计整个美术主题活动的同时也要不断提升自己的专业水平，关注幼儿的成长，促进他们身心全面和谐地发展。

二、主题活动 1：水墨乐园

班级：中一班　　教师：张鹏　王海燕　陈媛媛

（一）主题缘起

在一次教育活动中，班中幼儿欣赏了动画片《熊猫百货商店》。由于水墨动画与现代动画截然不同，孩子们对水墨的故事十分感兴趣。孩子们纷纷说道："老师，我还想看水墨动画。""我看过小蝌蚪找妈妈的水墨绘本。""我能用水墨画大熊猫吗？"　《北京市幼儿园教育指导纲要（试行）》指出："教育内容要选择幼儿感兴趣的事物或问题，并与本班幼儿已有经验和实际发展水平相适应。"《3～6岁儿童学习与发展指南》指出："教师要引导幼儿了解中国主要的民族文化。"

水墨作为我国传统民间艺术，有着悠久的历史和灿烂的文化。为了更好培养幼儿国民认同感，激发幼儿对民间美术的兴趣，我和孩子们一同商量开展本次主题活动，旨在培养幼儿对水墨艺术的兴趣和民族认同感。

（二）主题目标

（1）能够逐步学会控制手部的肌肉动作（如：尝试运用中锋、侧锋、点等国画技法表现事物的外形特点），灵活性和手眼协调能力提高。

（2）对水墨画有初步的认识，喜欢和他人谈论有关水墨的话题。（如：水墨动画、水墨作品等）。

（3）能够基本完整地讲述所知道的水墨故事，讲述比较连贯。

（4）喜欢参加水墨活动，知道水墨艺术是中华传统文化，幼儿国民认同感和民族自豪感增强。

（5）在水墨活动中，能对三原色的混合现象进行观察比较，发现不同。

（6）鼓励幼儿用水墨的形式表现自己的所见所想，并能够根据故事内容进行有情节的美术创作。

（三）主题网络图

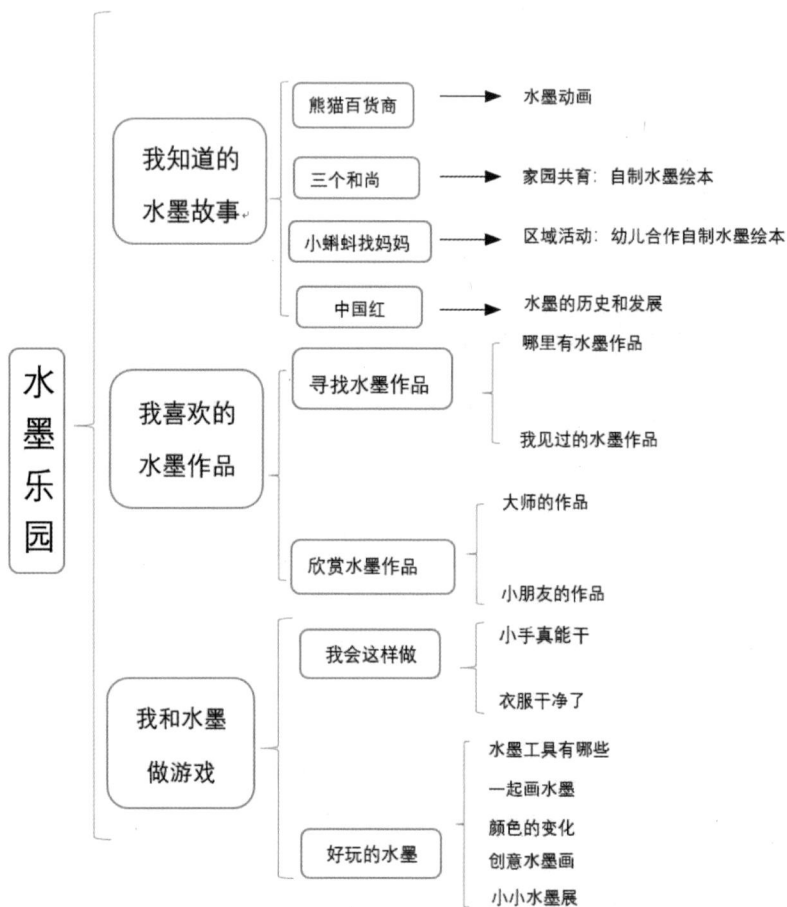

水墨乐园
- 我知道的水墨故事
  - 熊猫百货商 → 水墨动画
  - 三个和尚 → 家园共育：自制水墨绘本
  - 小蝌蚪找妈妈 → 区域活动：幼儿合作自制水墨绘本
  - 中国红 → 水墨的历史和发展
- 我喜欢的水墨作品
  - 寻找水墨作品
    - 哪里有水墨作品
    - 我见过的水墨作品
  - 欣赏水墨作品
    - 大师的作品
    - 小朋友的作品
- 我和水墨做游戏
  - 我会这样做
    - 小手真能干
    - 衣服干净了
  - 好玩的水墨
    - 水墨工具有哪些
    - 一起画水墨
    - 颜色的变化
    - 创意水墨画
    - 小小水墨展

（四）活动计划表

1. 教育活动

	活动名称	活动目标与内容
第一周	1. 语言——猴子捞月（故事） 2. 美术——白菜（欣赏） 3. 社会——中国红 4. 健康——衣服干净了 5. 美术——自制水墨绘本（水墨）	1. 通过欣赏水墨绘本《猴子捞月》，了解水墨形式的独特，知道水墨是中国代表性的美术形式，并为此感到自豪。 2. 通过对大师作品的欣赏、观察，感受水墨画的意境美，并尝试用水墨形式进行创作，体验其中的乐趣。 3. 通过《中国红》绘本，欣赏以红色为主色调的水墨作品，感受中国红明快艳丽的色调，知道红色是中国人喜爱的颜色，初步了解红色与人们生活的关系。 4. 通过观察幼儿被墨汁弄脏的衣服的照片，引导幼儿讨论保护衣服的方法，培养良好的水墨常规。 5. 通过讨论制定主题，在活动中明确分工，分组合作完成绘画内容，制作绘本。
第二周	1. 语言——熊猫百货商店（故事） 2. 社会——我见过的水墨作品 3. 科学——宣纸的不同 4. 美术——秋天的树（水墨） 5. 语言——小蝌蚪找妈妈（故事）	1. 通过欣赏《熊猫百货商店》水墨绘本、水墨动画，了解故事情节，共同商量台词及旁白内容，为童话剧表演做准备。 2. 幼儿通过分享在生活环境中发现的水墨作品、资料，了解有关水墨的知识，感受水墨作品的美。 3. 通过观察、触摸、实验等方式比较发现宣纸和其他纸张的不同，并能较清楚地进行表述。 4. 通过欣赏、观察秋天树叶颜色的变化，感受秋天的美，并运用水墨画的方式表现秋天的树。 5. 通过欣赏动画《小蝌蚪找妈妈》，初步理解故事情节，尝试大胆讲述故事中的内容，并感受水墨动画中的意境美。

第三周	1. 语言——文房四宝（谈话） 2. 数学——毛笔一家人 3. 科学——颜色变变变 4. 美术——画南瓜（水墨） 5. 社会——参观美术馆	1. 通过谈话活动，知道中国书画离不开笔墨纸砚，初步了解文房四宝的内容及用途。激发幼儿对水墨画的兴趣，体验用文房四宝成功作画的快乐。 2. 学习用目测分辨粗与细，能够发现粗细不同的毛笔，鼓励、引导幼儿借助工具分辨毛笔的粗细。 3. 在水墨活动中，愿意尝试多种不同颜色的混合，探索颜色变化的规律。 4. 通过观察南瓜的外形特征，尝试用中锋用笔方法表现南瓜，体验创作水墨画的乐趣。 5. 通过参观美术馆、欣赏名家水墨作品等方式，激发创作欲望，为水墨画是中国人聪明才智的发明和创造，感到骄傲和自豪。
第四周	1. 语言——三个和尚（绘本） 2. 美术——可爱的熊猫（水墨） 3. 科学——宣纸从哪来 4. 健康——颜色找朋友（体育） 5. 社会——小小水墨展	1. 幼儿通过讨论，确定《三个和尚》故事中的角色并尝试扮演，体验合作表演的快乐。 2. 通过观察熊猫的特征和活泼可爱的姿态，尝试用水墨画的方式表现熊猫，并初步运用浓墨、淡墨表现熊猫的外形特征。 3. 通过了解古代造纸术的由来，欣赏科学家的故事，为中国古代发明感到自豪。 4. 在知道颜色混合变化规律的情况下，乐于参加体育运动，练习双脚连续跳的动作，发展动作的协调性。 5. 幼儿在活动中大胆地分享自己的作品，感受表现、表达的乐趣，体验成功的喜悦。

2. 区域创设与活动指导

（1）阅读区：创设水墨图书角

①材料准备：

a. 自制水墨绘本《小蝌蚪找妈妈》《熊猫百货商店》《三个和尚》等。

图1　幼儿自制水墨绘本中

图2　家长制作绘本《熊猫百货商店》

图 3　幼儿自制水墨绘本《三个和尚》

b. 水墨相关绘本《孔融让梨》《百鸟朝凤》等。

图 4　水墨绘本《孔融让梨》

图 5　水墨绘本《百鸟朝凤》㉔

②活动指导：

a. 幼儿在欣赏自制图书时，鼓励幼儿将所看到的内容讲述给他人听。

b. 幼儿阅读水墨绘本、故事时，教师可以参与陪伴幼儿共同阅读。

（2）美工区：创设水墨特色环境

①材料准备：

a. 可供欣赏的水墨作品和水墨图书（名家的作品图片，如：徐悲鸿的马、齐白石的虾）

㉔ 中华传统经典故事绘本《孔融让梨》《百鸟朝凤》是中国千年来流传的教育故事，故事情节活泼有趣，符合孩子们认知新事物的过程。优美动人的神话、发人深省的寓言，是滋养幼儿心灵的民族文化经典。用传统的装饰板画风和水墨画结合，让幼儿在图画中亲切地感受中华艺术之美。

图 6　齐白石《虾图》㉕

图 7　徐悲鸿《奔马图》㉖

㉕ 齐白石《虾图》中虾形态各异，栩栩如生，淡墨绘成的躯体更显虾体晶莹剔透之感。该画体现了高度的笔墨技巧，在表现了水墨、宣纸的独特性能外，又将虾之质感表现得淋漓尽致，是白石笔下最写实的对象之一。

㉖ 徐悲鸿的《奔马图》是于 1941 年画的一幅画，纵 326 厘米，横 112 厘米，纸本水墨，现藏于宜兴徐悲鸿纪念馆。时值第二次长沙会战期间，他连夜画出《奔马图》以抒发自己的忧国之情。在徐悲鸿的一生中，有多幅以马为题材的名画。以这幅画为代表。他笔下的马千姿百态，充满着激情和活力。并且他的奔马往往因时因事有感而作，激情寓于笔墨间，具有动人心魄的力量。

　　b. 丰富的水墨工具材料（毛笔、毛毡、颜料等）

　　② 活动指导：幼儿在欣赏作品时，教师引导幼儿欣赏作品的意境美，并愿意尝试用水墨形式画下来。

　　（3）益智区：

　　① 材料准备：自制名家水墨作品图片拼图。

　　② 活动指导：当幼儿遇到困难时，教师引导幼儿查阅图示。

图 8　幼儿合作完成水墨画拼图

　　（4） 表演区：

　　① 材料准备：水墨动画《熊猫百货商店》《淘气的金丝猴》、水墨绘制扇子、伞等道具。

图 9　水墨动画《淘气的金丝猴》

图 10   水墨动画《熊猫百货商店》

② 活动指导：通过观看视频，教师引导幼儿表演水墨故事童话剧。

图 11   幼儿欣赏水墨动画

图 12   自制水墨扇子道具

3. 主题墙布置

作为设计思路，《水墨乐园》主题活动分为三个子主题开展，"我知道的水墨故事""我喜欢的水墨作品""我和水墨做游戏"。其中第一阶段——知道的水墨故事，主要通过家园配合、搜集资料和进行社会实践了解水墨，激发幼儿更加主动参与主题的愿望，喜欢水墨。知道水墨是中国独有的艺术形式，为自己是中国人感到自豪。第二阶段——我喜欢的水墨作品，主要通过欣赏名家、老师、小朋友的作品，理解水墨作品表达的意境美，并对于水墨有进一步的认知，其目的在于让幼儿以探索的形式参与到水墨主题活动中来，增强主题活动的趣味性。最后的第三阶段——我和水墨做游戏，主要通过水墨艺术创作表现自己的所见、所知、所想。其目的在于幼儿运用多种材料创作水墨作品，感受水墨的变化。教师支持鼓励幼儿艺术创作。最终使幼儿在参与主题活动《水墨乐园》后，能够对中国独特的艺术形式有所了解，喜欢水墨，从中感受中国的艺术美。

图 13　主题墙整体布置

（1）我知道的水墨故事

① 将幼儿搜集的水墨绘本、动画展示于主题墙，激发幼儿参与活动的兴趣。

② 将幼儿和家长在家制作的水墨故事绘本展示于主题墙，使幼儿了解水墨作品的独特。

图 14　子主题"我知道的水墨故事"墙饰

（2）我喜欢的水墨作品

① 大师的作品。搜集水墨大师作品复制品（齐白石、徐悲鸿、张大千等）展现于主题墙，幼儿欣赏，了解水墨画所表达的情感。

② 我们的作品。将幼儿创作或搜集的作品展示于主题墙，体验参与主题的趣味性，感受自己动手创作和欣赏同伴作品带来的乐趣。

图 15　主题"我喜欢的水墨作品"墙饰

（3）我和水墨做游戏

① 我会这样做。将幼儿和同伴共同制定的水墨规则展示于主题墙，让幼儿能够有初步的规则意识。

② 创意水墨画。将幼儿用不同工具创作的水墨画及创作过程展示于主题墙，幼儿能够可以处处欣赏美，感受美，获得自我创作后的成就感。

图16　子主题"我和水墨做游戏"墙饰

（4）家园共育

① 家长同幼儿一起参观中国美术馆，欣赏各式各样的水墨作品。

② 开展家长进课堂活动，培养幼儿学习水墨的兴趣。

③ 家长与幼儿一起上网搜集水墨相关的小故事、图片，并自制水墨绘本。

④ 家长积极配合班级工作，为幼儿指定水墨专用名章。

图17　组织家长进课堂《水墨欣赏》活动

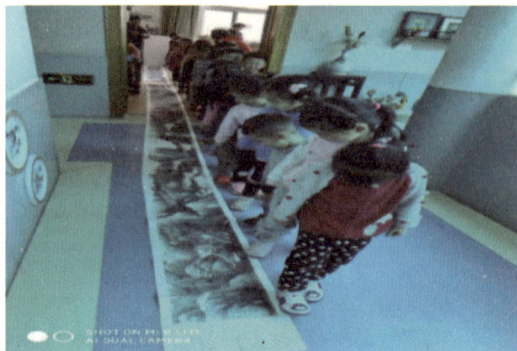

图 18　幼儿欣赏名家水墨画，激发学习水墨的兴趣

图 19　家长为幼儿定制水墨画专用石头印章

图 20　亲子社会实践活动参观美术馆

（五）具体活动方案

活动一：语言——小蝌蚪找妈妈（故事）

活动目标：

● 能仔细倾听故事，理解故事内容。

● 了解青蛙的外形特征及小蝌蚪变青蛙的过程。

● 体验水墨画带来的不同感受，喜欢水墨画。

活动准备：

经验准备：看过水墨绘本故事。

物品准备：水墨绘本《小蝌蚪找妈妈》、水墨动画《小蝌蚪找妈妈》

活动过程：

（1）谜语导入，激发幼儿兴趣。

师：老师给大家猜个谜语：大脑袋，黑身子，甩着长尾巴，住在池塘里。小朋友们，这是什么动物？

师：对了！在池塘里有一群小蝌蚪，它们从没见过妈妈，它们很想知道它们的妈妈是谁，我们一起来听一个故事，《小蝌蚪找妈妈》。

（2）完整讲述故事《小蝌蚪找妈妈》，幼儿理解故事内容。

教师提问，通过绘本图片引导幼儿看图回答问题：

● 小蝌蚪在找妈妈的过程中遇见了哪几位妈妈？（鸭妈妈、鱼妈妈、乌龟妈妈、鹅妈妈）

● 小蝌蚪为什么把鱼妈妈错当成自己妈妈？（鸭妈妈告诉小蝌蚪，它们的妈妈有两只大眼睛，嘴巴又宽又大，而鱼妈妈刚好有两只大眼睛，嘴巴又宽又大）

● 小蝌蚪为什么把乌龟妈妈错当成自己妈妈？（因为鱼妈妈告诉小蝌蚪，它们的妈妈有四条腿，而乌龟妈妈刚好有四条腿）

● 小蝌蚪为什么把鹅妈妈错当成自己妈妈？（因为乌龟妈妈告诉小蝌蚪，它们的妈妈肚皮是白的，而鹅妈妈刚好肚皮是白的）

（3）欣赏《小蝌蚪找妈妈》水墨动画，体验水墨画带来的不同感受。

活动实施与反思：

在活动一开始通过谜语激发幼儿参与积极性。又通过故事绘本调动幼儿的情绪，在帮助小蝌蚪找妈妈的过程中孩子的情感体验得到了升华，更加深了孩子对亲情的感受。在过程中大部分幼儿基本上理解了故事内容，并很积极地回答了老师提出的问题，大胆地表达了自己的想法，对故事的兴趣也很浓。

活动花絮：

图21 幼儿倾听故事，欣赏水墨绘本   图22 幼儿欣赏水墨动画

活动二：社会——小小水墨展

活动目标：

● 能够主动参与水墨画展览活动，愿意大胆地表达、表现。

● 知道水墨画的特别，能为自己会用水墨画的形式绘画感到自豪。

活动重难点：

活动重点：能够主动参与活动，大胆地表现自我。

活动难点：能够坚持认真完成自己的工作。

活动准备：

经验准备：

● 看过水墨动画并进行过排练。

● 进行过设计宣传海报、主持人竞选等活动。

物品准备：自制的道具，辅助材料，服装等。

活动过程：

（1）引导幼儿做好展示前的准备，明确自己的任务。

（2）幼儿分组展示。

● 绘画组

幼儿绘制水墨画请客人欣赏。

● 童话剧组

幼儿表演水墨动画，老师协助下一场表演的小朋友做好表演和舞台道具准备。

（3）展示结束，引导幼儿合作整理会场。

● 幼儿介绍自己今天的活动内容。

教师：通过今天的活动，小朋友们你们有什么感受和想法？

● 客人对小朋友的表现进行评价。

● 教师对今天的活动进行小结：对各个岗位进行表扬，并提出希望。

● 幼儿引领小客人有序退场，幼儿收拾道具、材料。

活动实施与反思：

孩子们在活动中不仅提高了语言表达与社会交往能力，而且与同伴分工合作的能力也有所提高。活动的开展更给予了幼儿展示、交流的平台，使幼儿感受到成功的喜悦与自信。

活动花絮：

图 23　幼儿水墨作品展板

活动三：科学——颜色变变变

活动目标：

● 感知三原色中的任意两种颜色相混合会产生第三种颜色。

● 乐意尝试各种不同材料颜色的混合，探索颜色变化的规律。

活动准备：

物品准备：一瓶黄颜色的水。每组三个透明的小缸，分别装有红、黄、蓝色三种颜料及棉签等，记录材料每组一份，涂色纸若干。

经验准备：认识多种颜色。

活动过程：

（1）复习认识三原色．

● 分别出示装着红黄蓝三种颜色的水杯，引导幼儿分解三杯水的颜色。

师：请小朋友猜猜，我把黄色的水倒入蓝色的水杯中，会有什么变化？

● 幼儿自由猜想，教师把黄色的水倒入蓝色的水杯中，变成绿色。

（2）引导幼儿进行操作，玩变色游戏。

● 引导幼儿将黄蓝红中任意两种颜色混合，变成别的颜色。

教师重点引导幼儿尝试，将红色和黄色混在一起，变成橙色，将红色和蓝色混在一起，变成紫色，将蓝色和黄色混在一起，变成绿色。

● 幼儿自由操作，探索发现不同比例的两种颜色混合后颜色的不同变化。

（3）绘画

● 请小朋友用红黄蓝三种颜色画水墨画。

鼓励幼儿自己调配需要的颜色。

● 幼儿互相欣赏作品。

活动实施与反思：

第一个环节：首先以"老师的小手有魔法""变魔术"的形式吸引幼儿的注意，激发幼儿的玩色兴趣，充分调动幼儿的多方面感官参与活动，使幼儿兴趣高昂。第二个环节：尝试配色，感知体验色的变化。以再次变魔术的方式，让幼儿初步感知两种颜色调配在一起就会变出另一种颜色，激发幼儿进一步探索的欲望。老师拿出另外一个瓶口已涂上蓝色颜料，瓶子里有黄色颜料的瓶子又一次变魔术，顿时变出了绿色，幼儿十分兴奋，感觉很神奇。

一个活动下来，幼儿对此活动非常感兴趣，教师带动起幼儿，使幼儿参与活动的积极很浓厚，这是非常开心的，每个环节也初步达到预设的目标。但也有不足之处：最后环节没有达到一个提升，只有让幼儿通过用两种颜色进行配色变色，在幼儿尝试配色、体验色的变化时只问了个别幼儿，没有一起来总结颜色是怎样变出来的。

活动四：美术：秋天的树（水墨）

活动目标：

● 欣赏秋天树叶颜色的变化，感受秋天的美。

● 运用墨和色，表现秋天多彩的树。

活动重难点：

活动重点：运用水墨画的方式画出秋天的树。

活动难点：用多种颜色表现秋天的树。

活动准备：

经验准备：幼儿观察过秋天的树，了解树的外形特征，有水墨画经验。

物品准备：幻灯片（秋天的树）、水墨工具（毡子、笔洗、笔筒、调色盘、毛笔、墨汁、中国画颜料、尺寸不同的宣纸）、衬纸、背景音乐、围裙34件。

活动过程：

（1）谈话导入，激发情感。

出示小树叶，调动幼儿生活经验。

师：今天树叶宝宝来到我们班做客了，小朋友们猜一猜它从哪里来？它是什么颜色的？

（2）欣赏幻灯，丰富经验。

欣赏"秋天的树"，感知秋天的色彩。

出示幻灯片，一起欣赏秋天多姿多彩的树。

师：

● 你知道这是什么季节吗？你是怎么看出来的？

● 画面上有什么？你看到的秋天的树叶都有些什么颜色？

（幼儿根据自己的观察自由讨论）

（3）幼儿创作，教师重点指导。

● 出示幼儿操作工具和材料，重点强调颜色的使用，换颜色时要换笔，避免颜色变脏，影响画面感。

● 控制水量，水多水少会出现什么情况？引导幼儿回忆。

● 幼儿进行水墨创作《秋天的树》，教师巡回指导。

用墨方法：提示幼儿用浓淡适宜的墨表现树枝和树干。

鼓励幼儿自主进行调色，尝试调色配色，用多种颜色表现秋天的树。

（4）分享交流，欣赏评析。

引导幼儿将作品放在展览区与同伴欣赏、交流、评价作品，幼儿可为自己的作品起名字，进行讲述，并发现同伴作品独特的地方。

引导幼儿从树叶的色彩以及树叶和树干的画法等方面来评价。

师：你喜欢哪幅作品？为什么？你是怎么画的？树叶是怎么画的？树干又是怎么画的？

（5）活动延伸。

将幼儿作品布置在作品栏中。

活动实施与反思：

活动通过谈话调动幼儿原有的生活经验，活动中出示秋天树木的照片，使幼儿直观地观察树叶的特征。在幼儿绘画过程中注重对幼儿水墨常规的培养，巡回指导时有针对性地提示幼儿用笔的方法和姿势，调色时注意不要勤涮笔，逐步培养幼儿养成良好的水墨常规。

在活动过程中应加强对个别幼儿的指导，如绘画时的用笔姿势和坐姿，绘画时墨与水的关系等。欣赏评析环节欣赏的时候从美的角度去欣赏，了解墨的深浅，色彩的变换，讲评的时候也可以围绕美、色彩等方面来讲。

活动花絮：

图 24　幼儿自主进行水墨创作　　图 25　幼儿创作水墨作品《秋天的树》

活动五：美术——可爱的熊猫（水墨）

活动目标：

● 感受熊猫的特征和活泼可爱的姿态，用水墨画的方式表现熊猫。

● 通过熊猫的黑白对比，运用浓墨、淡墨表现熊猫的外形特征。

活动重难点：

重点：运用水墨画的方式画出熊猫。

难点：能够画出熊猫的不同体态。

活动准备：

经验准备：幼儿了解熊猫的外形特征，有水墨画经验。

物品准备：幻灯片（《可爱的熊猫》）、《熊猫百货商店》动画片段、水墨工具（毡子、笔洗、笔筒、调色盘、毛笔、墨汁、中国画颜料、尺寸不同的宣纸）、背景音乐。

活动过程：

（1）动画导入，激发情感。

播放动画片，激发幼儿参与活动兴趣。

师：这是之前我们欣赏过的一个动画片段，动画叫什么名字？里面有谁？引出活动主题。

（2）欣赏幻灯，丰富经验。

● 欣赏《可爱的熊猫》，引导幼儿观察熊猫的特征和体态。

● 提示幼儿观察不同角度、不同动态的熊猫。

（3）幼儿创作，教师指导。

● 出示幼儿操作工具和材料，引导幼儿感受水量的多少与画面的关系。

● 用墨方法：提示幼儿用浓淡适宜的墨表现熊猫。

● 鼓励幼儿自主创作，尝试表现不同体态的熊猫。

● 引导幼儿丰富画面、合理构图。

● 养成良好的水墨常规。如：在换颜色时要换笔，避免颜色掺杂。

（4）分享交流，欣赏评析。

师：你喜欢哪幅作品？为什么？你是怎么画的？你画的熊猫在做什么？

通过欣赏、交流、评价作品，引导幼儿发现同伴作品独特的地方。

（5）活动延伸。

和幼儿一起将作品布置在作品栏中。

活动实施与反思：

活动通过动画导入调动幼儿原有经验，激发幼儿参与活动兴趣。活动中出示不同体态的熊猫图片，使幼儿直观地观察熊猫地外形特征和体态。幼儿在欣赏的时候从颜色的角度去欣赏，了解用浓墨、淡墨表现出熊猫的特征。活动中重难点突出，幼儿能够大胆创作，在幼儿绘画过程中注重对幼儿水墨常规的培养，巡回指导时有针对性地提示幼儿用笔的方法和姿势，调色时注意不要勤涮笔，逐步培养幼儿养成良好的水墨常规。

在本次活动过程中还应加强对个别幼儿的指导，如绘画时的用笔姿势和坐姿，绘画时墨与水的关系。

活动花絮：

图 26　幼儿水墨作品《大熊猫吃竹子》　　图 27　幼儿水墨作品《熊猫妈妈和宝宝》

三、主题活动 2：快乐剪剪剪

班级：小一班　　教师：安康　魏天娇　米海静

（一）主题缘起

通过对我们班幼儿的了解，我发现他们非常喜欢拿起小剪刀随意地进行剪纸的游戏活动，《幼儿园教育指导纲要》指出："幼儿园艺术教育应重在激发情趣，体验审美愉悦和创造的快乐，体现自我表现和创造的成就感。""艺术教育是孩子表达自己的认识和情感的重要方式。"幼儿和教师一起创设了丰富的剪纸氛围，孩子们竟然开始自发地剪出一些不规则的图形，并且会悄悄地告诉我："老师，看我剪的小花""老师，看我剪的小草"……

剪纸是我国的民间艺术瑰宝，它渊源于民间的美术活动，具有特殊的审美情趣和魅力，以及很强的动手操作性和创新表现力。将剪纸活动融入幼儿的游戏生活中，对于激发幼儿创新的无限可能性会有更大的帮助。通过开展"小剪刀咔嚓咔嚓"的主题活动，可以让幼儿了解中国古老的民间艺术——剪纸，更是可以让幼儿通过欣赏感受中国民间剪纸的艺术魅力。从而为自己参与剪纸而获得骄傲自豪的感觉。

（二）主题目标

（1）喜欢剪纸活动，感受剪纸艺术的魅力。

（2）获得相对熟练的剪纸技能，能进行简单的创造性活动。

（3）充分感受美术活动的艺术性、多元性，乐意参加美术活动。

（4）欣赏剪纸作品，愿意与家长、小朋友一起了解剪纸艺术，提高剪纸兴趣。

（5）认识剪纸工具，学习剪刀的正确用法，安全使用小剪刀。

（6）初步了解剪纸的方法，尝试对称剪纸、折叠剪纸。

（7）了解生活中各种各样的纸，尝试用不同的方法玩纸，体验游戏的快乐。

（8）喜欢在户外和同伴进行"小剪刀本领大"等有趣的体育游戏，感受民间体育游戏的快乐。

（三）主题网络图

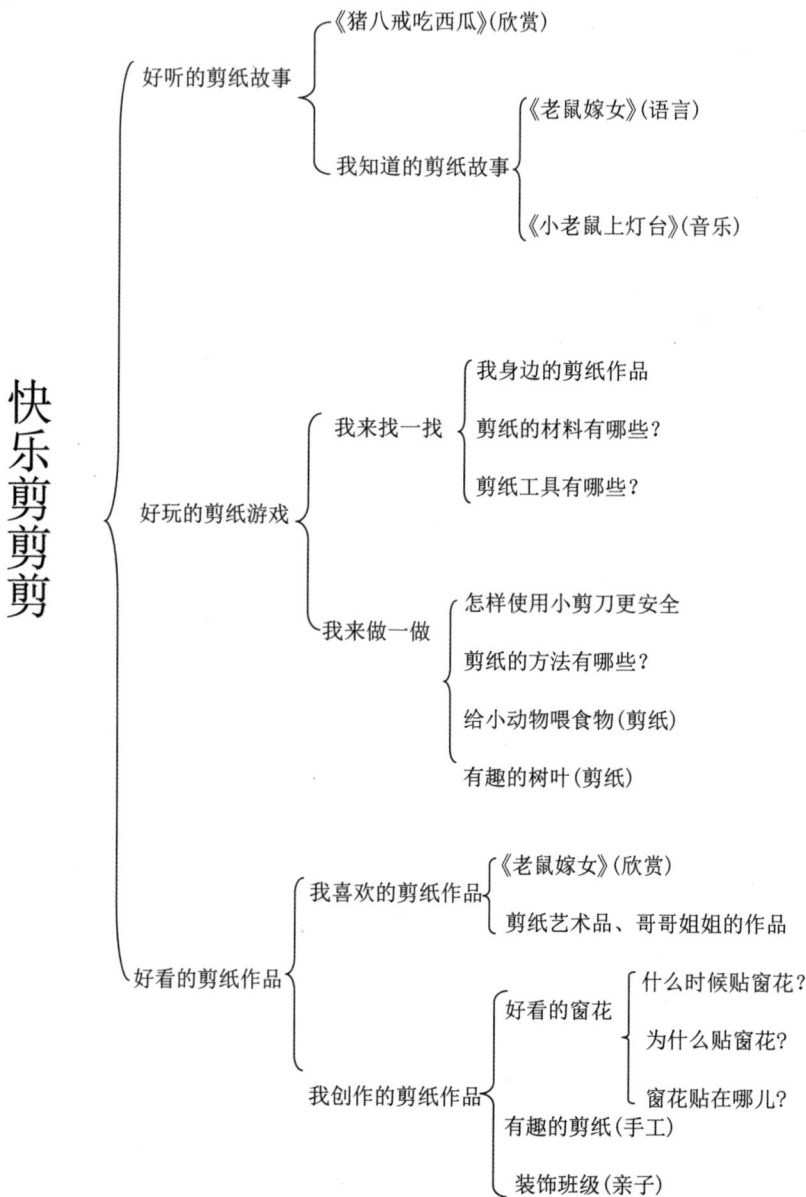

好听的剪纸故事
- 《猪八戒吃西瓜》(欣赏)
- 我知道的剪纸故事
  - 《老鼠嫁女》(语言)
  - 《小老鼠上灯台》(音乐)

快乐剪剪剪

好玩的剪纸游戏
- 我来找一找
  - 我身边的剪纸作品
  - 剪纸的材料有哪些？
  - 剪纸工具有哪些？
- 我来做一做
  - 怎样使用小剪刀更安全
  - 剪纸的方法有哪些？
  - 给小动物喂食物(剪纸)
  - 有趣的树叶(剪纸)

好看的剪纸作品
- 我喜欢的剪纸作品
  - 《老鼠嫁女》(欣赏)
  - 剪纸艺术品、哥哥姐姐的作品
- 我创作的剪纸作品
  - 好看的窗花
    - 什么时候贴窗花？
    - 为什么贴窗花？
    - 窗花贴在哪儿？
  - 有趣的剪纸(手工)
  - 装饰班级(亲子)

（四）活动计划表

1. 教育活动

	活动名称	活动目标与内容
第一周	1. 美术——《猪八戒吃西瓜》（欣赏） 2. 语言——《老鼠嫁女》（故事） 3. 音乐——《小老鼠上灯台》（童谣） 4. 社会——我身边的剪纸作品 5. 语言——剪纸儿歌（儿歌）	1. 感受剪纸艺术的乐趣，愿意尝试剪纸。 2. 了解传统剪纸的由来、文化和意义。 3. 学习童谣，理解童谣内容，感受童谣的韵味。 4. 学习剪刀的正确方法，能够安全使用剪刀进行剪纸活动。 5. 会复述剪纸儿歌，愿意表达使用剪刀的感受和想法。
第二周	1. 科学——各式各样的纸 2. 科学——有趣的小剪刀 3. 健康——小剪刀本领大（体育游戏） 4. 美术——给小动物喂食物（剪纸） 5. 美术——有趣的树叶（剪纸）	1. 了解生活中各种各样的纸，尝试用不同的方法玩纸，体验游戏的快乐。 2. 初步了解剪纸的方法，尝试直线剪纸、折线剪纸、对称剪纸、折叠剪纸。 3. 给小动物剪食物，喜欢参加剪纸活动。 4. 养成良好的剪纸习惯，将剪碎的废纸放到指定的容器里。 5. 尝试随意剪纸，掌握正确使用剪刀的方法。
第三周	美术——《老鼠嫁女》（欣赏） 社会——《喜上眉梢》 社会——红红的窗花 美术——窗花（剪纸） 美术——有趣的剪纸（综合） 亲子活动——装饰班级	1. 欣赏剪纸作品，愿意与家长、小朋友一起了解剪纸艺术，提高剪纸兴趣。 2. 感受、发现剪纸的美，鼓励幼儿大胆地用自己喜欢的形式（绘画、捏泥、剪纸等）表现创作作品。 3. 愿意动手折纸，体验折纸的乐趣。 4. 在欣赏和创作的过程中，进一步感受窗花的美，萌发对我国传统民间手工艺术的喜爱之情。 5. 通过亲子活动，了解更多的剪纸工具及剪纸艺术作品。 6. 幼儿和家长共同制作窗花、爆竹、灯笼等，一同装饰班级环境，感受节日的气氛。

2．区域材料投放与活动指导

（1）阅读区：投放有关剪纸的书籍。

① 将家长与幼儿共同搜集的资料进行整理装订投放。

② 提供相关剪纸书籍。如：《剪纸游戏》《剪纸花语》《巧宝宝的剪纸课》等。

活动指导：

● 引导幼儿将亲子小调查与同伴、老师进行讲述。

● 引导幼儿感受图书中剪纸图案的美。

图1 剪纸的相关书籍

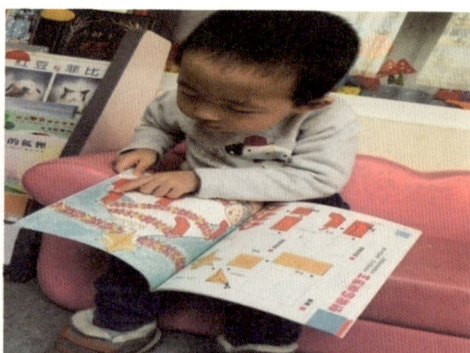

图2 幼儿认真地阅读绘本故事《剪纸游戏》

（2）美工区：创设具有中国特色的欣赏创作环境。

① 投放哥哥姐姐剪纸作品供幼儿欣赏。

② 投放便于幼儿创作的美工材料（安全剪刀、胶棒、各种纸张、教师绘制的直线剪示意图、折线剪示意图等）。

图3 哥哥姐姐的剪纸作品

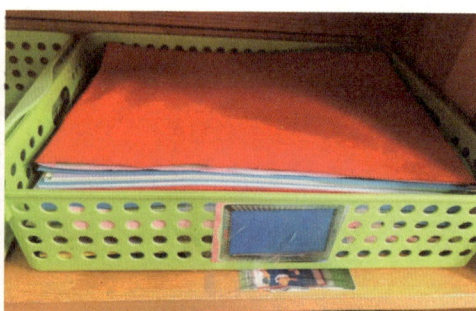

图4 投放的纸张材料

图 5 投放的剪纸工具

活动指导：

● 将环境的创设与剪纸主题的目标相结合，展示相关作品，提升幼儿欣赏水平。

● 引导幼儿学习剪纸的方法，获得相对熟练的剪纸技能，感受剪纸艺术的魅力。

● 引导幼儿按照示意图进行直线剪、折线剪等。

● 引导幼儿初步了解剪纸的方法，尝试对称剪纸、折叠剪纸，会安全使用小剪刀。

（3）科学区

① 投放各种材质的纸张。

② 投放报纸、卡纸和一盆水供幼儿进行实验。

③ 投放废旧碎纸屑。

图 6 各种材质的纸张

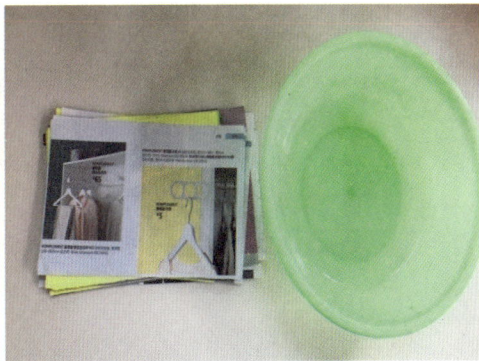

图 7 科学小实验材料

活动指导：

● 引导幼儿了解纸的不同，如有粗糙的、光滑的、软的、硬的等。

● 引导幼儿了解纸有吸水的特点，感知各种纸的吸水性不同。

● 引导幼儿在玩中发现摩擦起电的现象，激发幼儿对科学探索的兴趣。

3．主题墙布置

作为一种设计思路，本次主题活动分三部分，第一部分"好听的剪纸故事"是由幼儿和家长共同搜集相关的剪纸故事，并将搜集的故事分享到班级群中或带到班中与小朋友们分享，其中幼儿选择了最为经典的也是深受幼儿喜爱的《老鼠嫁女》故事及《老鼠偷油》的故事，幼儿通过观察发现幼儿园里的墙饰上怎么也有关于《老鼠嫁女》的剪纸呢？通过欣赏楼道中《老鼠嫁女》的剪纸作品，幼儿产生了好奇心……由此，生成了第二部分内容"好玩的剪纸游戏"，我来找一找，是找出身边的剪纸作品、剪纸工具。我来做一做，小朋友们动手尝试创作剪纸作品。随着对剪纸活动的深入开展，幼儿越来越爱用自己喜欢的形式创作剪纸作品。为了支持幼儿的探索行为，我们生成了第三部分"好看的剪纸作品"，呈现的内容是结合传统节日，师幼共同将剪出的窗花、灯笼装饰到班级环境中，让幼儿感受节日的浓浓氛围。

图 8　主题墙整体布置

（1）好听的剪纸故事。

《老鼠嫁女》：家长和幼儿共同搜集剪纸故事，幼儿通过观察，发现幼儿园楼道环境中有剪纸作品——《老鼠嫁女》，进而激发了幼儿的探索欲望。

《小老鼠上灯台》：从《老鼠嫁女》的故事引发的"小老鼠上灯台"，随着对故事的深入了解，我们不仅发现有《小老鼠上灯台》的故事，还学会了好听的童谣，《小老鼠上灯台》这首童谣班中有些幼儿早已学会，而且唱起来郎朗上口，内容特别有趣，深受幼儿的喜爱。

图9 楼道中的剪纸作品——《老鼠嫁女》

图10 主题墙饰

（2）好玩的剪纸游戏。

我来找一找：家长和幼儿共同找一找身边的剪纸作品，如：家里的剪纸作品，幼儿园里的剪纸作品。幼儿将找到的剪纸作品带到班中与大家分享，通过观察分享，幼儿发现这些剪纸都是红色的，并对剪纸产生了很大的兴趣，纷纷说道："老师我也好想剪啊。"接着我们进行了下一步的探索。如"剪纸的工具有哪些？""哪些纸可以创作剪纸作品？"

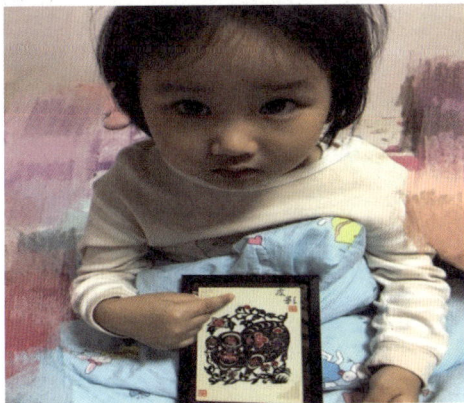

图11 这是我在家里找到的剪纸作品

图12 我来给大家讲一讲

我来做一做：教师带领幼儿进行剪纸活动，如：给小动物喂食物、有趣的树叶等。

图 13　我来喂喂你们吧

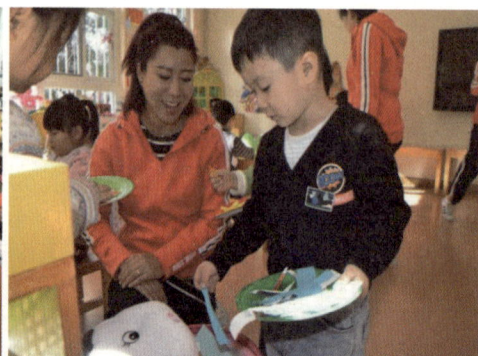

图 14　给小动物们做食物啦

（3）好看的剪纸作品。

随着对剪纸活动的深入开展，幼儿越来越爱用自己喜欢的形式创作剪纸作品。为了支持幼儿的探索行为，我们生成了第三部分"好看的剪纸作品"，呈现的内容是结合传统节日，师幼共同将剪出的窗花、灯笼装饰到班级环境中，让幼儿感受节日的浓浓氛围。

图 15　小朋友们在剪窗花

图 16　看，窗花漂不漂亮啊

4．家园共育

（1）活动初期，引导幼儿与家长共同搜集剪纸故事，感受剪纸故事的趣味性，激发幼儿的兴趣。

（2）发动家长资源，家长和幼儿共同找一找身边的剪纸作品，如：家里的剪纸作品，幼儿将找到的剪纸作品带到班中与大家分享，激发幼儿对剪纸的兴趣。

（3）活动过程中，我们还邀请了彬彬的奶奶到班中，带着小朋友们一起剪窗花，并将活动的精彩瞬间分享到班级群中，家长们表示，自从开展了剪纸活动，孩子们在家越来越爱剪纸了，而且剪得越来越好，获得家长的高度认可。

　　（4）开展亲子活动，引导幼儿与家长运用各种材料制作炮仗、灯笼、剪窗花等，共同装饰班级环境，整个过程中幼儿和家长不仅体验到亲子制作的乐趣，更感受到了浓浓的节日气息。

图17　宝贝们和家长们多认真啊

图18　这是我们一起制作的

（五）具体活动方案

活动一：美术活动——有趣的剪纸（手工）

活动目标：

● 愿意动手折纸，体验折纸的乐趣。

● 知道边、角、线的位置。

● 能用边对角、边对对角线的技能进行折纸。

活动重点难点：

● 重点：知道边、角、线的位置。

● 难点：能用边对角、边对对角线的技能进行折纸。

活动准备：

经验准备：幼儿有过折纸、剪纸的经验。

物品准备：正方形纸张、剪纸作品（对称）。

活动过程：

● 欣赏剪纸作品。

教师出示剪纸作品，请幼儿欣赏并观察剪纸作品的特点。

● 学习折纸

——教师引导幼儿找一找，发现纸张的边、角在哪儿。尝试数数一张纸有几个角、几条边。

"小朋友们，你们看看，咱们的纸宝宝有几个角？几条边？拿小手指一指。"

——教师示范边对角，边对对角线进行折纸。

——教师引导幼儿小手用力，控制对折角对折。教师引导幼儿角对角对折，边对边对折，再对折。

——幼儿折纸，教师巡回指导。

● 剪纸折纸技能展示

教师展示多种剪纸对折方法

活动二：美术活动——有趣的树叶（剪纸）

活动目标：

● 通过剪纸的活动，体验动手制作的快乐。

● 学习运用剪纸形式剪树叶，并粘贴成画。

活动重点难点：

● 重点：运用剪纸形式剪树叶。

● 难点：关注树叶不同形式，尝试剪出树叶的轮廓。

活动准备：

经验准备：幼儿会安全使用小剪刀。

物品准备：彩纸、若干剪刀、胶棒等。

活动过程：

（1）情景导入。

教师出示树叶宝宝来做客，引导幼儿观察

——你们看看树叶宝宝他们是什么样子的？（长的、大的等）

激发幼儿为纸张大树做叶子宝宝

——我们为大树妈妈剪出叶子宝宝好不好？

（2）感受材料特点。

引导幼儿观察不同纸张，并且引导幼儿说出感受。

——小手摸一摸，看看这些纸有什么不同。

出示工具，教师与幼儿熟悉美术工具，复习儿歌《小剪刀》

（3）幼儿创作。

幼儿进行感知创作，教师观察幼儿创作情况。

教师鼓励幼儿创作，粘贴叶子到大树上。

（4）交流分享。

介绍自己为大树妈妈设计的树叶。

教师引导幼儿分享，并将幼儿作品布置在展示架中。

活动实施与反思：

● 幼儿在剪纸粘贴时，我注意到两个幼儿的作品和衬纸的颜色相同了，几乎看不到树叶。我并没有及时制止，打算在分享交流的环节，和孩子们一起讨论，同时提升幼儿的经验，但巡视一圈过后，两名幼儿均发现了自己的问题，主动做出了调整。在分享环节我请这两名幼儿介绍了这一小调整，目的在于为其他幼儿提供借鉴。

● 令人欣喜的是，今天第一次请幼儿尝试合理利用纸张，努力做到不浪费纸，没想到真的有许多幼儿能够做到。这足以证明我似乎低估了幼儿的能力。

● 能力比较强的幼儿，不仅能够运用"转纸不转剪"的技法，而且已经能够剪出比较复杂的掌形树叶，而能力弱的幼儿，仅仅是用三角形、正方形、长方形的纸表现树叶。能力差别比较大，这需要今后的活动按幼儿不同的发展水平分组组织或在同一活动中分层指导了。

● 活动中过于注重幼儿剪出逼真的树叶，但其实幼儿的良好剪纸常规和兴趣是更重要的，不要强调与现实的相像。

活动三：社会活动——红红的窗花

活动目标：

● 感受窗花的美，初步了解窗花和人们的关系。

● 感受贴窗花的乐趣，激发幼儿对剪纸窗花的喜爱之情。

● 知道贴窗花是春节的习俗，为中国人民会剪纸感到自豪。

活动重点难点：

重点：感受窗花的美，了解窗花与人们的关系，知道贴窗花是春节习俗。

难点：愿意日后尝试探索窗花剪法。

活动准备：

经验准备：剪过窗花。

物品准备：视频（春节宣传片）、窗花。

活动过程：

（1）情景导入。

教师播放音乐过新年。引导幼儿感受过年的氛围。

（2）活动过程。

了解贴窗花是中国传统节日的习俗。

● 教师播放视频。幼儿观察人们过节做了什么事。

● 教师幼儿探索思考窗花的来历。

● 教师通过故事形式讲述贴窗花的由来。

感受窗花美，理解窗花与人们的关系。

● 幼儿观察窗花，谈谈感受。

● 引导幼儿了解人们为什么会剪各式各样的窗花？有什么寓意？

（3）活动结束。

将欣赏的剪纸作品贴在班级窗户上，让幼儿感受剪纸的美。

活动实施与反思：

本次活动通过谈话、观看视频引入，孩子的注意力马上就被吸引住了。他们有过过新年的经验，能够很好地说出自己的想法。接着，通过观看剪窗花、贴窗花的视频，重点观察了窗花的对称美、图案美、颜色美。通过本次活动，幼儿知道过年的时候要贴窗花，代表着喜庆。此次活动既迎合了孩子的兴趣，又给了孩子们一定的审美感受，了解了我们的中国民间文化，很有教育价值。

活动四：美术活动——给小动物喂食（剪纸）

活动目标：

● 给小动物剪食物，喜欢参加剪纸活动。

● 尝试随意剪纸，掌握正确使用剪刀的方法。

● 养成良好的剪纸习惯，将剪碎的废纸放到指定的容器里。

活动重难点：

重点：给小动物剪好吃的食物。

难点：将剪完的碎纸放到指定的容器里。

活动准备：

经验准备：使用过小剪刀，剪过碎纸。

物品准备：儿童剪刀、碎纸盆、各种纸、彩色纸盘、玩偶（小兔、小鸡、小狗、小牛）

活动过程：

（1）情景导入。小动物们来幼儿园做客，引导幼儿热情招待。

师：小兔、小狗、小鸡、小牛来我们班做客了，它们说"小朋友好"，小朋友们应该说什么呀？

师：小朋友们想用什么来招待我们的客人呀？谁知道这些小动物都喜欢吃什么？

（2）了解每种小动物爱吃的食物，引导幼儿用剪纸的方式为小动物们制作好吃的食物。

师：小兔子喜欢吃什么？萝卜是什么形状的？小牛喜欢吃什么？草是什么形状的？小狗喜欢吃什么？肉骨头是什么样的？小鸡喜欢吃什么？小米粒是什么样的？

（3）幼儿自由创作，教师观察指导。

● 复习儿歌《小剪刀》，重温小剪刀的正确使用方法。

● 鼓励幼儿大胆剪，让幼儿自由发挥。

● 教师及时关注幼儿使用剪刀的熟练程度，根据幼儿实际发展水平给予其相应的帮助。

● 提醒幼儿将作品收好，碎纸放入碎纸盆里。

● 将剪好的食物端到小动物面前，喂给小动物吃。

● 欣赏与评价（将幼儿剪出的食物放在纸盘子上展示）。

师：小朋友，你剪了什么食物给小动物们吃？

师：你是用什么方法剪出来的？

（4）延伸活动。

将幼儿的剪纸作品放进美工区，供幼儿日常游戏时使用。

活动实施与反思：

我国著名儿童教育家陈鹤琴先生说过："小孩子应有剪纸的机会。"剪纸活动是幼儿喜爱的一种美术活动形式，剪刀对于他们就是一种玩具，对工具的操控使幼儿充满成就感。教师应顺应幼儿的发展规律，结合班级幼儿近期发展水平，我们先从简单的、有趣的活动入手，因此设计了"给小动物的食物"，在活动开始，以情景化的形式出示了小朋友们最爱的小动物们，激发幼儿兴趣，活动中，老师通过提问的方法，引导幼儿学会思考问题，并给予幼儿鼓励及肯定，通过本次剪纸活动幼儿不仅学会了思考，最重要的是有了积极参与活动的兴趣，更体验了剪纸的快乐与成就感。

活动花絮：

图19   你们还记得小剪刀的儿歌吗

图20   我给小动物们做食物

图21   看，我们多认真呀

图22   我们一起来喂喂小动物吧

活动五：语言活动——剪纸儿歌

活动目标：

● 学习童谣，根据自己已有经验进行创编。

● 感受剪纸的乐趣，愿意尝试剪纸。

活动准备：

● 幼儿欣赏过剪纸作品。

● 剪纸材料（剪刀、彩色纸等）。

● 邀请大班幼儿进行剪纸表演。

活动过程：

（1）欣赏大班哥哥、姐姐的剪纸表演。

　　——哥哥、姐姐在干什么？怎么剪的？剪的是什么？

（2）学习童谣，感受剪纸活动的乐趣。

　　　　① 欣赏童谣，理解童谣内容。

　　　　② 学习童谣，感受剪纸活动的乐趣。

（3）根据自己已有经验进行创编活动。

　　——小剪刀还能剪出什么好玩的东西呢？

（4）尝试剪纸，产生对剪纸活动的兴趣。

活动结束：

剪纸歌：

哥哥姐姐手儿巧，拿把剪刀铰呀铰。

铰只狗，铰只猫，铰只麻雀喳喳叫。

活动六：美术活动——窗花（剪纸）

活动目标：

● 尝试随意剪纸，锻炼使用剪刀的能力。

● 养成良好的剪纸习惯，将碎纸放到指定的容器里。

● 在欣赏和创作的过程中，进一步感受窗花的美，萌发对我国传统民间手工艺术的喜爱之情。

活动重点难点：

● 重点：幼儿感受窗花的美。

● 难点：幼儿进行随意剪纸设计属于自己的窗花。

活动准备：

经验准备：幼儿见过窗花。

物品准备：儿童剪刀、碎纸盆、各种纸、纸盘、窗花等。

活动过程：

（1）活动导入。

观察、欣赏教室里的剪纸作品——窗花，激发幼儿对剪纸艺术的兴趣。

师：今天我们的教室和平时有什么不同呀？那小朋友们你们知道我们一般什么时候会贴窗花吗？人们喜欢用它来装饰哪里呢？你们想不想自己设计窗花装饰咱们小一班呀？

（2）幼儿尝试剪自己设计的窗花，教师观察指导。

● 师幼共同复习《小剪刀》，再次掌握小剪刀的正确使用方法。

● 鼓励幼儿大胆剪，让幼儿自由发挥。

● 提醒幼儿将作品收好，碎纸放入小筐。

（3）欣赏与评价（将幼儿剪好的窗花放在展板上展示）。

师：哇！！！小一班的小朋友们真是太棒了，每个小朋友都剪了属于自己的窗花，而且一个个都那么漂亮，我们给自己点个赞好不好？

（4）延伸活动。

剪纸的作品可用来装饰班级环境，也可以到哥哥姐姐班将剪好的窗花送给哥哥姐姐，大家一起装饰班里的环境。

活动实施与反思：

活动一开始，让幼儿观看欣赏窗花，看到这美丽的窗花，听到孩子们发出赞叹："好漂亮啊！"我知道孩子们的兴趣马上提起来了，整个活动过程很顺利，幼儿知道春节的时候要贴窗花，窗花代表着喜庆、吉祥、红红火火。我们为幼儿准备的材料中有各种彩色的纸张和废旧纸，但是我们班的幼儿选择的都是用红色的纸进行剪窗花，因为红色代表着中国红。

活动花絮：

图 23　我也来剪一剪

图 24　我剪得多认真啊

四、主题活动3：我和毛笔做游戏

班级：小三班   教师：王明明 李媛媛

（一）主题缘起

区域游戏的时间到了，陈浩哲小朋友来到了美工区看到了水墨工具，浩哲对我说："王老师，这是什么呀？"我说："这是水墨工具，画水墨画用的！你想来试一下吗？"浩哲说："嗯，我想试一试！"于是，在老师的帮助下，我们准备好了墨汁和水，浩哲拿着毛笔蘸了蘸水，又蘸了点墨，由于沾的墨和水较多，在创作的时候墨汁一下很快就滴到了宣纸上，一个小墨点很快扩散成了一个大墨点，浩哲惊奇地和其他班里的小朋友说："你们看，你们看，这个点点变大了！"这时好几名小朋友也被他吸引了过来，他不断地用毛笔蘸墨汁、蘸水在宣纸上进行游戏。小朋友都在说："真好玩！我们也要玩。"幼儿觉得新奇、好玩，互相交流自己的快乐发现，意犹未尽。

《3～6岁儿童学习与发展指南》中指出创造条件让幼儿接触多种艺术形式和作品，并为幼儿创造条件，支持幼儿自发的艺术表现和创造。水墨画是我国传统的绘画形式，这种特殊的绘画风格，吸引着孩子们的兴趣，因此我班开展此次主题活动。

（二）主题目标

（1）初步了解毛笔的种类，认识几种水墨工具及材料。

（2）喜欢参加水墨活动，初步感受水墨画的浓、淡。

（3）知道水墨画是我国传统绘画形式，幼儿因此而感到骄傲和自豪。

（4）初步掌握正确的握笔方法，感受中锋用笔及侧用笔的方法，能用不同的线条形式作画，敢于大胆表现。

（5）初步运用多种材料进行作画，感受不同的材料在水墨画中的运用。

（6）发挥想象力、创造力及语言表达能力，萌发对水墨活动的喜爱，增强自信心。

（三）主题网络图

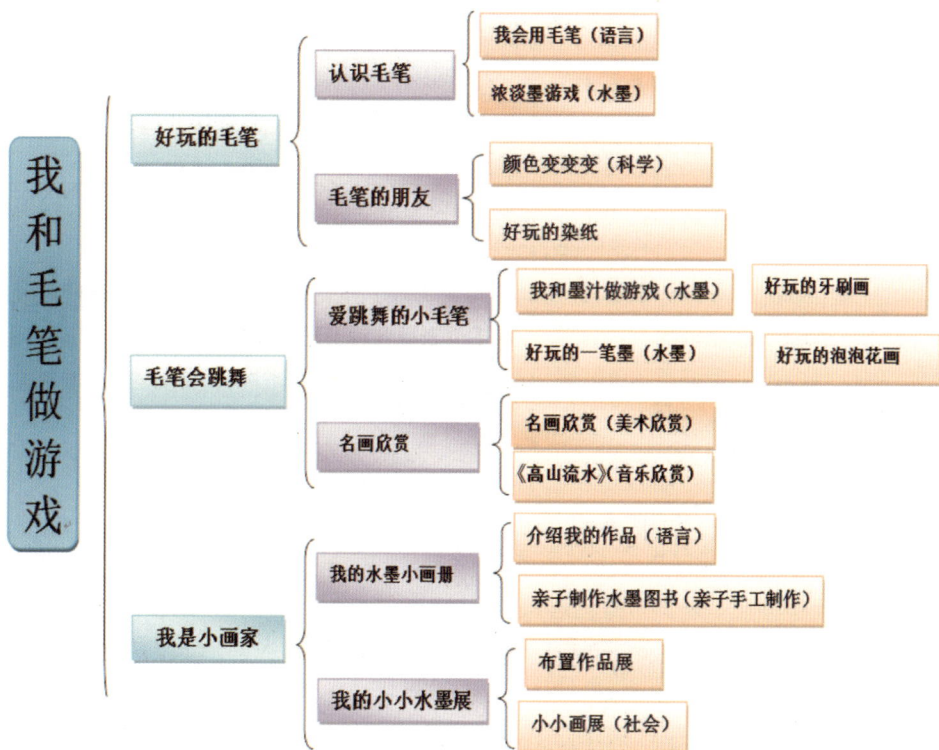

（四）活动计划表

1. 教育活动

	活动名称	活动目标与内容
第一周	1. 语言：我会用毛笔 2. 美术水墨：浓淡墨游戏 3. 科学：颜色变变变 4. 美术水墨：我和水墨做游戏 5. 美术水墨：快乐的小蚯蚓	1. 初步了解毛笔的种类，认识几种水墨工具及材料。 2. 喜欢参加水墨活动，初步掌握正确的握笔方法。 3. 通过水墨游戏，感知水墨画的浓淡特点。 4. 能用宣纸大胆作画，掌握中锋及侧锋用笔的基本方法。 5. 尝试在淡墨的纸上画浓墨的线条。

第二周	1. 美术：好玩的染纸 2. 美术水墨：好玩的笔墨 3. 美术欣赏：名画欣赏 4. 音乐欣赏：《高山流水》 5. 社会：参观韩美林艺术馆	1. 用不同的线条形式表现画面，形成自己的小故事。 2. 感受不同的材料在水墨画中的运用。 3. 初步用浓淡墨表现不同的墨色画出自己想画的作品。 4. 欣赏画家水墨作品，激发幼儿探索学习水墨的兴趣。
第三周	1. 美术水墨：小蝌蚪找妈妈 2. 语言：介绍我的作品 3. 社会：小小画展 4. 社会：亲子制作水墨图书	1. 发挥幼儿的想象力，创造力及讲述能力，萌发对水墨画的喜爱。 2. **初步了解中锋、侧锋用笔的不同，并尝试用毛笔表现各种不同的线条。** 3. 喜欢画水墨画，并能根据自己绘画内容讲述故事。

2. 区域材料投放与主题墙创设

（1）图书区：创设水墨主题故事角。

① 材料投放：

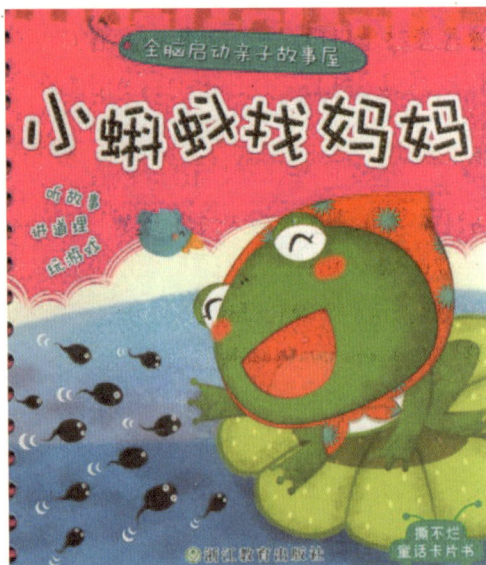

图1　《小蝌蚪找妈妈》的书籍

a. 投放水墨形式的图书《小蝌蚪找妈妈》供幼儿阅读学习。

b. 投放制作完成的水墨画册，幼儿在图书区进行翻阅，讲述自己的水墨小故事。

c. 家园共育提供有关小毛笔的儿歌、故事及毛笔使用方法的图片，装订成册投放在图书区。

② 活动指导:

a. 家园共育,组织亲子制作小画册活动,教师进行整理装订,投放在图书区供幼儿欣赏。

b. 引导幼儿感受图书内容,并尝试将自己画面的内容进行大胆表达。

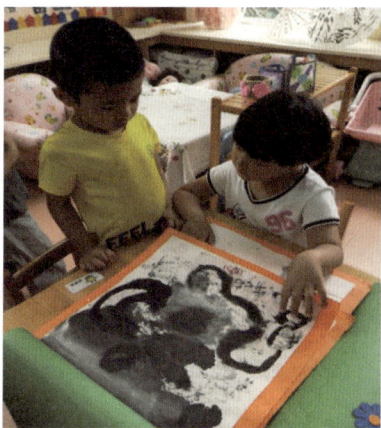

图2　幼儿自制的水墨小画册 a　　　　　图3　幼儿自制的水墨小画册 b

(2)美工区:创设具有水墨特色的小小作品展示角及名画欣赏角。

① 材料投放:

a. 投放水墨材料工具架,将水墨工具材料架放在便于幼儿取放的位置。(投放毛笔、墨汁、宣纸供幼儿自取)

b. 提供水墨名画复制品、水墨工具毛笔、宣纸的使用方法图解。

图4　水墨材料架　　　　　　　　图5　美工区墙饰

② 活动指导：

a. 引导幼儿欣赏水墨名画并能够大胆表现水墨作品。

b. 教师与幼儿一起进行水墨创作，激发幼儿对水墨的兴趣。

（3）主表演区：

① 材料投放：

投放印有水墨画的旗袍，引导幼儿欣赏水墨样式的衣服制品，感受墨韵的美。

② 活动指导

引导幼儿喜欢穿水墨样式的旗袍进行游戏，在表演区进行旗袍秀展示。

图 6　水墨图案的旗袍

（4）主题墙布置。

作为一种设计思路，《我和毛笔做游戏》主题活动分为三个子主题，分别是"好玩的毛笔""毛笔会跳舞""我是小画家"，在第一个发展阶段，幼儿通过对毛笔感兴趣，了解毛笔的制作材料和制作过程，初步了解毛笔的种类，以及如何使用毛笔，并认识毛笔的朋友，了解如何使用水墨工具，使幼儿初步建立水墨活动的常规。在第二个发展阶段，通过欣赏大师的作品，使幼儿感受水到墨画的美，同时运用多种材料进行水墨画，感受到了水墨画独特的晕染效果，进一步丰富了幼儿对水墨画的理解和感受。在第三个发展阶段，幼儿与家长一起制作水墨图书，鼓励幼儿将自己的作品与他人分享，并进行水墨作品展，使幼儿能够大胆地向他人讲述自己的作品，激发幼儿的自信心。

图7 班级主题墙饰 a

图8 班级主题墙饰 b

① 好玩的毛笔。

通过第一个主题探究阶段《好玩的毛笔》墙饰，使幼儿初步了解毛笔是用什么材料做的，怎样使用毛笔等，通过互动式的墙饰，幼儿可以随时取下毛笔进行游戏：

● 认识毛笔：了解毛笔的制作材料及制作过程，初步了解毛笔的握笔方法，学习使用毛笔的儿歌。

● 毛笔的朋友：认识并了解水墨工具及使用方法，幼儿大胆创作水墨作品。

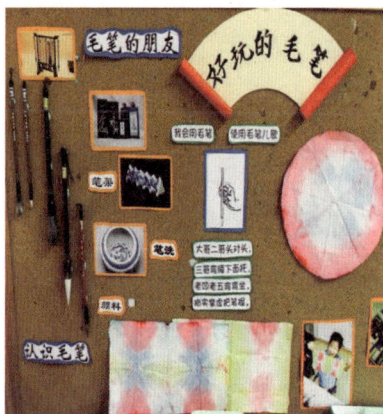

图9 "好玩的毛笔"墙饰

② 毛笔会跳舞。

通过第二个主题探究阶段《毛笔会跳舞》墙饰，幼儿观看了多名艺术家的名画，感受大师作品的美，了解了水墨画的多种作画方式和布局等。同时，教师鼓励幼儿运用多种材料进行作画，使幼儿充分感受了水墨画的美。

● 爱跳舞的小毛笔：引导幼儿进行多种形式的水墨活动，并将幼儿作品展示在主题墙上，便于幼儿相互欣赏学习。

● 名画欣赏：教师将搜集的名家作品复制品布置到主题墙中，鼓励幼儿欣赏并模仿名家的作品。

● 将幼儿与家长共同参观韩美林艺术馆的照片展示在主题墙上。

图 10   "爱跳舞的小毛笔"墙饰

③ 我是小画家。

幼儿将自己的水墨作品进行搜集，将每幅作品编辑成一个小故事，鼓励幼儿与家长制作小画册，并展示制作画册的方法，引导幼儿观看并相互学习。同时，举办小小水墨作品展活动，发展了幼儿的语言表达能力、讲述能力及萌发了幼儿的自信心。

● 我的水墨小画册：将亲子共同制作的小小画册展示在主题墙上，幼儿可以在过渡环节相互欣赏交流。

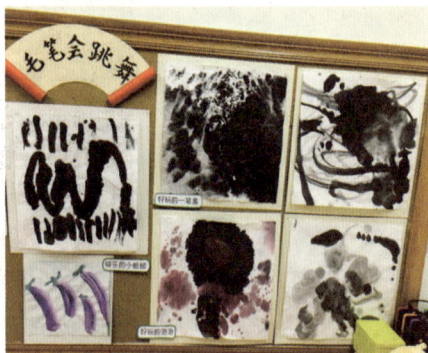

图 11   "毛笔会跳舞"墙饰

● 我的小小水墨展：班级开展亲子制作水墨小画册活动，并邀请其他班级的小朋友来分享交流。

（五）具体活动方案

活动一：美术——美丽的染纸（手工）

活动目标：

● 初步了解染纸是中国特有的一种民间工艺美术，激发幼儿的民族自豪感。

● 探索用不同的折纸方法浸染，欣赏和感受染纸色彩、图案的千变万化和绚丽多彩。

● 能大胆创作，萌发热爱民间艺术的情感。

活动重点：探索用不同的折纸方法浸染宣纸。

活动难点：大胆创作，萌发热爱民间艺术的情感。

活动准备：

● 染纸作品。

● 红、黄、蓝三色颜料水，小碗、报纸、宣纸、小毛巾。

● 课件、音乐《高山流水》。

活动过程：

● 导入部分，实验导入了解宣纸特性。

● 基本环节。

（1）欣赏染纸作品。

（2）学习制作染纸的步骤。

a. 折纸。

教师演示对边折和对角折的方法，幼儿大胆动手尝试将自己的宣纸折起来。

b. 染色。

教师示范染角法和染边法，提示染色过程中的注意事项。

（3）幼儿动手制作染纸。

——教师提出要求，幼儿操作，教师巡回指导。

——启发幼儿大胆尝试不同的折叠方法进行染纸，感受不同折纸方法产生变化无穷图案的乐趣。

——幼儿再次操作，教师巡回指导。

——教师评价幼儿作品。

（4）播放 PPT，了解浸染工艺。

结束环节。

小结：浸染凝结着中国劳动人民的智慧。这种独特的艺术效果，是机械印染工艺难以达到的。

图 12　幼儿专注地在染纸

幼儿作品展示。

活动二：语言——好玩的毛笔（儿歌）

活动目标：

● 知道毛笔是我国古代发明的书写工具，萌发幼儿的民族自豪感，培养幼儿对水墨画的兴趣。

● 初步了解毛笔的特征、分类，学习使用毛笔的儿歌。

活动重点：初步了解毛笔的特征及分类。

活动难点：通过学习使用毛笔的儿歌，初步了解使用毛笔的方法。

活动准备：

经验准备：幼儿见过毛笔。

物品准备：电视、制作毛笔的视频、毛笔、羊毫笔、狼毫笔、供欣赏用的毛笔若干支、笔筒、笔架、墨汁、国画颜料、调色盘、宣纸。

活动过程：

（1）教师出示各种各样的毛笔，引发幼儿的兴趣。

① 今天，我们教室里来了许多毛笔，请小朋友来看看各种各样的毛笔，小朋友看看、摸摸，观察比较，看看你发现了什么？（幼儿通过观察知道毛笔的长短不同，粗细不同）

② 教师小结：毛笔的毛有的是用羊毛做的、有的是用狼毛做的，还有的是用兔毛做的！

（2）观看制作毛笔的视频，幼儿初步了解毛笔的制作过程。

① 教师播放制作毛笔的视频，幼儿观看。

② 幼儿初步了解毛笔的制作过程，知道毛笔有两千多年的历史。

（3）初步了解用笔方法，学习使用毛笔的儿歌。

教师：小毛笔说：我今天给你们带来了一个和我做游戏的小儿歌，你们想不想和我学一学？

儿歌：

大哥二哥头对头，

三哥弯腰下面托，

老四老五弯弯坐，

小小拳头把笔握。

活动三：美术——好玩的墨汁（水墨）

活动目标：

● 喜欢参加水墨活动，敢于大胆地尝试作画。

● 通过在湿纸上作画，感受墨在湿纸上的晕染效果。

活动重点：通过在湿纸上作画，感受墨在湿纸上的晕染效果。

活动难点：初步感知水、墨的多少与晕染的关系。

活动准备：

经验准备：幼儿认识水墨工具、有画水墨画的经验。

物品准备：水墨工具若干、宣纸、清水

活动过程：

（1）教师出示小毛笔，与幼儿复习用笔儿歌。

儿歌：

大哥二哥头对头，

三哥弯腰下面托，

老四老五弯弯坐，

小小拳头把笔握。

（2）教师出示装有清水的笔洗，创设下雨的情景，引导幼儿将宣纸打湿。

教师：下雨了，雨越下越大，纸宝宝的身上都湿了。

幼儿手拿毛笔进行游戏。

（3）教师出示墨汁，引导幼儿体验墨汁在湿纸上的晕染效果。

教师：墨汁宝宝也来了，它听说下雨了，他想在雨里踩踩水，你们帮帮他好不好？

教师鼓励幼儿大胆游戏，通过游戏体验自己的探索发现。

（4）教师小结：

墨汁宝宝在水里踩水，你发现了什么？为什么会这样？

（5）经验提升：墨汁遇到水就会跑得快，从而理解水墨的晕染效果。

活动四：美术——小蝌蚪找妈妈（水墨）

活动目标：

● 喜欢参加水墨活动，体验水墨活动的快乐。

● 尝试用水墨画方式画蝌蚪，加深幼儿对蝌蚪形象的认识和关爱小动物的情感。

活动重点：喜欢参加水墨活动，尝试用水墨画的方式表现小蝌蚪。

活动难点：能够用水墨的方式表现形态各异的蝌蚪。

活动准备：

经验准备：幼儿观察过真实的小蝌蚪。

物品准备：《小蝌蚪找妈妈》视频、PPT、毛笔、宣纸、墨、调色盘（内有墨汁）人手一份。

活动过程：

（1）开始部分：教师谜语导入，引出小蝌蚪。

教师：小朋友们，今天李老师跟小朋友一起猜个谜语："大脑袋，长尾巴，从头到尾黑黝黝，游来游去找妈妈。（打一小动物）。（谜底：小蝌蚪）

（2）基本部分：

① 教师创设小蝌蚪找妈妈的情景激发幼儿参与水墨活的兴趣。

教师提问：

a. 你们听过小蝌蚪找妈妈的故事吗？

b. 小蝌蚪们到最后找到它们的妈妈了吗？

c. 谁是小蝌蚪的妈妈？

② 教师讲解示范，水墨游戏。

③ 幼儿作画，教师巡回指导。

a. 提醒幼儿作画时适量用墨。

b. 提醒幼儿注意不要弄脏衣服。

（3）结束部分：

① 分享交流，发现秘密。

a. 幼儿展示作品，体验成功的快乐。

b. 将幼儿的作品拍下来，在大屏幕上播放给幼儿欣赏，引导幼儿讲述自己是用了什么方法画的蝌蚪。

② 引导幼儿大胆地讲述自己的作品。

a. 给自己的作品盖名字印章。

b. 给自己的作品起名字。

图 13　幼儿在创作小蝌蚪

活动五：语言——小蝌蚪找妈妈

活动目标：

● 感受中国水墨动画的艺术魅力，并喜爱中国水墨动画。

● 感受妈妈们对小蝌蚪的热情及关心。

● 理解、熟悉故事内容，大胆讲述故事中的对话。

活动重点：感受中国水墨动画的艺术魅力，并喜爱中国水墨动画。

活动难点：理解、熟悉故事内容，大胆讲述故事中的对话。

活动准备：

经验准备：幼儿见过真实的蝌蚪。

物品准备：《小蝌蚪找妈妈》视频、PPT、图片等。

活动过程：

（1）开始部分：

以谜语的形式，引起幼儿听故事的兴趣。

● 师：今天老师有个谜语让小朋友猜一猜：小黑鱼，滑溜溜，圆圆脑袋长尾巴，池塘里面游啊游。你们知道这是谁吗？

● 师：这个故事里的可爱的小动物们都是以水墨的形式画出来的。我们快来听听这个故事吧！

（2）基本部分：

① 教师讲述故事，并提问幼儿故事中发生了什么事？

教师提问：

● 故事的名字是什么？故事中主要讲了一件什么事情？

● 小蝌蚪找妈妈里的小动物们是用什么美术形式塑造的小动物可爱的形象？

② 教师边演示 PPT 边讲述故事，幼儿进一步理解故事内容。

教师提问：

● 故事发生在什么季节？青蛙妈妈生的黑乎乎的卵变成了什么？

● 小蝌蚪从没见过自己的妈妈，你们知道小蝌蚪的妈妈是谁吗？

● 小蝌蚪的妈妈究竟是谁？为什么小蝌蚪和自己的妈妈长得不一样？

● 小蝌蚪最后怎么变成青蛙的？

（3）结束部分：

小朋友通过看《小蝌蚪找妈妈》水墨动画知道了原来小蝌蚪过几天先会长出两条后腿来，接着又会长出两条前腿来，等四条腿长齐了，脱掉尾巴，换上绿衣裳，就变成了青蛙。

这些小动物们都是用水墨形式来演绎的，相信小朋友们都感受到了水墨动画的魅力。

活动六：美术——茄子（水墨）

活动目标

● 喜欢参加水墨活动，能够大胆用水墨形式表现茄子的外形特征。

● 通过用水墨的形式画茄子，感受水与墨的关系。

活动重点：能够大胆用水墨形式表现茄子的外形特征。

活动难点：感受水与墨的关系。

活动准备：

● 经验准备：幼儿观察过茄子。

● 物品准备：视频、图片、实物茄子、墨汁、宣纸、毛笔等。

活动过程：

（1）开始部分：

情景引入，激发幼儿参与水墨活动的兴趣。

——今天我们班要来一个好朋友，它说它想与小朋友们做朋友。我们来看看是谁来了？

（2）基本部分：

① 教师分享，引导幼儿猜想。

● 教师分享茄子的照片——"好看的水墨茄子"。

● 教师出示茄子（长茄子、圆茄子）。

● 教师以引导幼儿观察它们的外形特征。

② 教师引导幼儿说一说观察到的茄子的形状。

③ 幼儿自由创作自己的茄子。

● 教师向幼儿介绍今天的水墨工具材料，提示幼儿水墨常规。

● 幼儿观察茄子后自由进行水墨创作。

● 教师对幼儿的作品进行个别指导。

（3）结束部分：

● 评价幼儿作品，幼儿之间相互欣赏幼儿作品。

● 将幼儿的作品进行展示，可贴在主题墙上展示。

● 教师将幼儿的作品装订成册，放在图书区供幼儿讲述。

活动七：美术——好玩的泡泡（水墨）

活动目标：

● 喜欢参加水墨活动，感受水墨活动的乐趣。

● 通过用水墨画的方法表达对泡泡的认知和喜爱，初步感受水墨画的晕染效果。

活动重点：喜欢参加水墨活动，初步运用水墨画的方式感受水墨画的晕染效果。

活动难点：能感受水的多少与晕染效果的关系。

活动准备：

● 经验准备：有玩泡泡的经验。

● 物品准备：水墨材料（毛笔、墨汁、笔洗、笔筒、曙红颜料），玩泡泡的照片、泡泡秀照片。

活动过程：

（1）开始部分：出示幼儿玩泡泡的图片，激发幼儿参与活动的兴趣。

教师提问：

① 小朋友们昨天和老师一起玩什么游戏啦？我们一起看看玩泡泡时的照片吧？

② 小朋友说说泡泡是什么形状的？大小一样吗？你们还看到过什么样子的泡泡？

③ 王老师还看过泡泡秀，你们想不想看看？泡泡还有什么样子的？

（2）基本部分：出示毛笔，引出创作主题。

教师：

① 今天，毛笔也想玩吹泡泡的游戏，你们能不能帮她啊？

② 小毛笔说，它想喝点水再蘸点墨，就能吹出漂亮的泡泡啦！你们想不想试一试？

③ 教师介绍用笔方法和水墨常规。

小毛笔可以在纸上怎么吹泡泡呢？（站在纸上、坐在纸上、躺在纸上）

用完毛笔请将毛笔立在笔筒里。

（3）结束部分：

● 幼儿创作，教师巡回指导。

● 指导幼儿用喜欢的方式画多种多样的泡泡，重点引导幼儿创作时注意水的用量。

（4）作品评价、幼儿交流分享。

教师提升：鼓励幼儿向他人介绍自己的作品，能将自己在创作时的新发现与小朋友交流分享。

活动八：美术——自制水墨作品集（手工）

活动目标：

● 幼儿初步掌握制作图书的基本步骤，亲子合作共同制作一本水墨故事图书。

● 初步懂得爱护图书，感受与家长共同制作图书的乐趣。

● 能清楚地向同伴介绍自己的作品集。

活动重点：尝试制作图书，并体验制作的快乐。

活动难点：尝试根据自己的创作作品创编故事情节。

活动准备：

经验准备：幼儿有阅读图书的经验。

物品准备：色卡纸、胶水、订书机，各种大小颜色不同的图形卡片。

活动过程：

（1）开始部分：

教师出示大绘本《这是什么》，师生共同复习阅读。

教师：王老师带来了一本书，你们读过吗？这本书的名字叫什么啊？我们一起来读一读。

（2）基本部分：

教师：小朋友们，你们看看这是什么？（水墨作品）

教师：今天，我们请家长和小朋友将自己创作的水墨作品制作成作品集，做好后我们来向其他班级的小朋友介绍自己的作品，好不好？

（3）结束部分：

教师出示的自制的图书（画好封面、封底，内页编有页码但中间空白），请幼儿欣赏，示范并讲解自制图书的方法。

教师讲解制作图书的方法。

教师提出制作过程中材料和工具使用的要求。

（4）幼儿自制图书展示。

幼儿将自己制作的图书与同伴进行分享，交流自己玩水墨活动的乐趣，家长也能感受到，通过参与班级主题活动"我和毛笔做游戏"，使幼儿了解和感受了我国传统艺术形式，引导幼儿喜爱我国独有的绘画形式，同时发展了幼儿语言表达能力、动手能力、交往能力及大胆表现的能力等。

图 14　幼儿与家长共同制作水墨作品集

五、主题活动 4：美丽的剪纸

班级：大二班　　教师：牛薪然 高涵 郭春靖

（一）主题缘起

中秋节将至，我们班上美工区恰巧有一幅《嫦娥奔月》剪纸作品，引起了幼儿极大的兴趣，于是区域活动时间幼儿纷纷来到美工区用剪纸的形式表现出后羿射日、玉兔、荷花、月饼等。大班幼儿能够感受事物的特性，尝试自主选择，并利用它们的形状与质地大胆地进行创作设计作品，表达自己的想法和情感。

《3～6 岁儿童学习与发展指南》中提出："幼儿艺术领域学习个关键在于充分创造条件和机会，在大自然和社会文化生活萌发幼儿对美的感受和体验，丰富其想象力和创造力，引导幼儿学会用心灵去感受和发现美，用自己的方式去表现和创造美。"且剪纸是中华民族优秀的传统文化，蕴含着丰富的教育价值，因此本班开展了"美丽的剪纸"本次主题活动。

（二）主题目标

（1）积极参与活动，运用自己喜欢的活动形式，从中感受中国传统艺术的美。

（2）能用流畅、完整的语言复述故事，会仿编、创编并进行创造性的讲述，并用剪纸形式来表现。

（3）能够大胆地用剪纸的方式进行表现和创造，富有个性地表达自己情感和体验。

（4）幼儿初步了解剪纸的基本特点：形象夸张、色彩鲜艳、对称及镂空等特点。

（5）能够了解剪纸画面具体图案及寓意，并感受生活的丰富多彩。

（6）幼儿在剪纸活动中能与他人相互配合，有合作意识。

（三）主题网络图

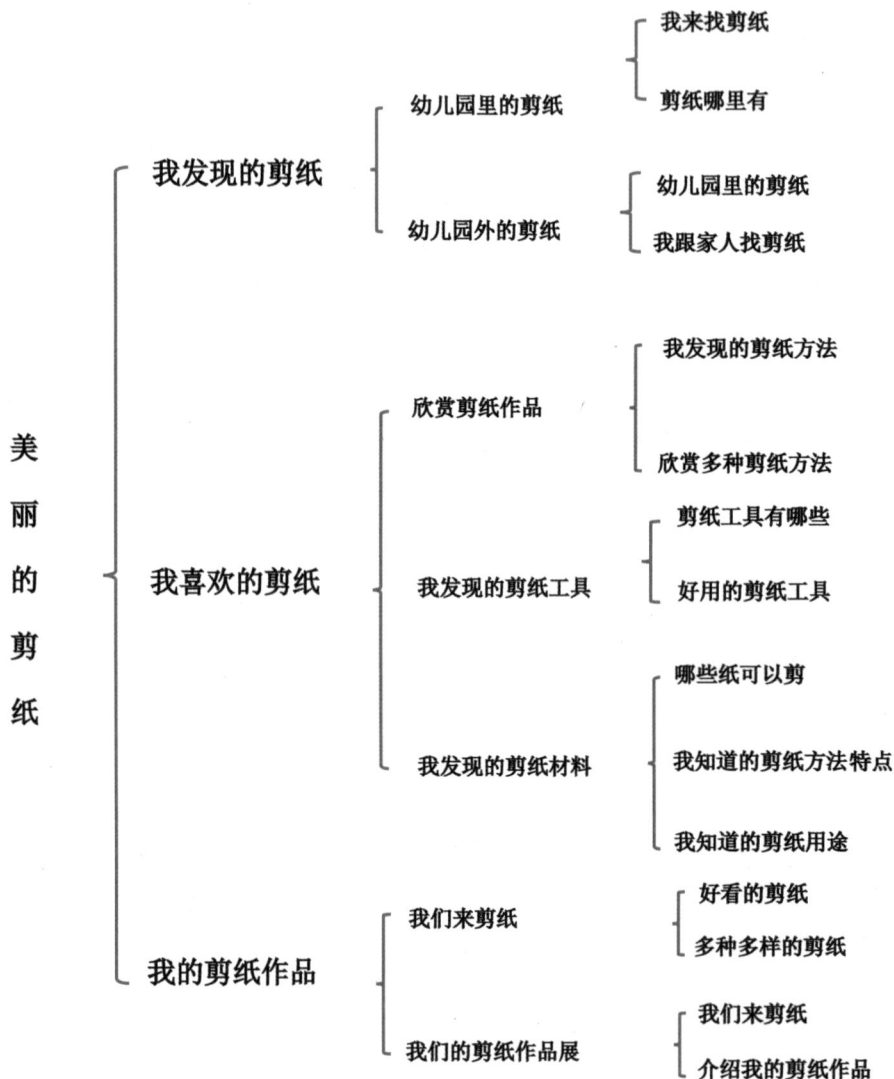

```
                                            ┌─ 我来找剪纸
                          ┌─ 幼儿园里的剪纸 ─┤
                          │                 └─ 剪纸哪里有
          ┌─ 我发现的剪纸 ─┤
          │               │                 ┌─ 幼儿园里的剪纸
          │               └─ 幼儿园外的剪纸 ─┤
          │                                 └─ 我跟家人找剪纸
          │
          │                                 ┌─ 我发现的剪纸方法
          │               ┌─ 欣赏剪纸作品 ──┤
          │               │                 └─ 欣赏多种剪纸方法
 美        │               │
 丽        │               │                 ┌─ 剪纸工具有哪些
 的 ──────┤ 我喜欢的剪纸 ──┤ 我发现的剪纸工具┤
 剪        │               │                 └─ 好用的剪纸工具
 纸        │               │
          │               │                 ┌─ 哪些纸可以剪
          │               │                 │
          │               └─ 我发现的剪纸材料┼─ 我知道的剪纸方法特点
          │                                 │
          │                                 └─ 我知道的剪纸用途
          │
          │                                 ┌─ 好看的剪纸
          │               ┌─ 我们来剪纸 ────┤
          │               │                 └─ 多种多样的剪纸
          └─ 我的剪纸作品 ─┤
                          │                 ┌─ 我们来剪纸
                          └─ 我们的剪纸作品展┤
                                            └─ 介绍我的剪纸作品
```

（四）活动计划表

1. 教育活动

活动名称	活动目标与内容
第一周	社会——欣赏剪纸作品 语言——幼儿园里的剪纸 语言——我最喜欢的剪纸作品 美术——有趣的剪纸（剪纸） 科学——有趣的对称	（1）幼儿通过欣赏生活中、环境中、网上等剪纸的作品，充分感受剪纸的特点，生动形象和造型等。 （2）通过图片及寻找，幼儿愿意欣赏剪纸作品。能用完整的话进行讲述，并为中国的特有的艺术感到骄傲。 （3）幼儿通过多媒体和搜集的资料欣赏剪纸的特点及方法，并能够简单描述其剪纸方法及特点。 （4）能够运用折叠、剪的方法表现出身边的事物，并且在活动中感受传统艺术的魅力。 （5）通过观察、操作等活动，初步理解"对称"和"对称轴"的概念，会判断对称图形。
第二周	美术——秋天的树叶（剪纸） 语言——我搜集的剪纸作品 科学——纸有哪些用途 美术——好看的灯笼（剪纸） 社会——送给弟弟妹妹剪纸作品	（1）鼓励幼儿大胆运用折叠方式，运用多种镂空图案在树叶上镂空剪，体验剪纸带来的快乐。 （2）了解灯笼的外形及花纹特征，知道灯笼是中国传统工艺品，为中国独有灯笼感到自豪。 （3）能够将纸张进行分类，并知道这些分类的纸张有不同的用途。 （4）能够运用对折、镂空的方法剪出灯笼外形和花纹，感受中国传统文化剪纸的艺术魅力。 （5）通过动手剪纸并将作品送给弟弟妹妹，体验成功带来的喜悦感。

| 第三周 | 语言——设计我的剪纸作品展
美术——剪纸作品展的海报制作（绘画）
科学——怎样让废纸再次得到利用
美术——展会邀请函（绘画）
社会——我来筹办剪纸作品展 | （1）通过分组讨论，明确剪纸作品展的流程，并且学习与同伴合作，在活动中获得愉悦的感觉。
（2）学会运用绘画、剪纸、水墨等方法，对展板内容进行大胆的表现、设计，从而感受剪纸文化的艺术特点。
（3）通过多次剪纸活动，知道纸张的重要性，引导幼儿学会节约用纸。
（4）幼儿能够了解邀请函的意义是什么，并尝试制作邀请函。
（5）通过筹办展览会提高幼儿相互合作、协商解决问题的能力，在活动中引导幼儿能主动地承担班级任务。 |

2.区域创设与活动指导

（1）图书区：创设剪纸书籍角。

材料准备：

● 自制剪纸故事图书（《渔童》《猪八戒吃西瓜》《老鼠嫁女》等）。

● 相关剪纸书籍《老鼠嫁女》《嫦娥奔月》等。

活动指导：

● 幼儿在欣赏自制剪纸故事书时，鼓励幼儿将所看到的内容讲述给他人听。

● 幼儿阅读剪纸绘本、故事时，教师可以参与陪伴幼儿共同阅读。

● 支持幼儿观察图书中的各种剪纸的方法，引导幼儿感受理解剪纸的多种方法。

图1　《老鼠嫁女》

图2　书中有很多剪纸的外形和花纹

图3 《渔童》

图4 自制图书《猪八戒吃西瓜》

（2）剪纸坊：创设中国风剪纸环境。

材料准备：

● 可供欣赏的剪纸作品、装饰、图片和图书。

● 丰富的剪纸材料（各种各样的彩纸、剪刀、刻刀）。

图5 自制剪纸工具

图6 剪纸相关书籍

图7　剪纸的相关书籍a

图8　剪纸的相关书籍b

活动指导：

● 幼儿在欣赏作品和图书时，教师引导幼儿欣赏剪纸的镂空装饰有多种形式，并愿意动手剪一剪。

● 教师作为游戏的参与者，引导幼儿运用不同剪纸材料表现的外形和镂空装饰花纹等。

图9　剪纸"雪花"

图10　剪纸"灯笼"、窗花

（3）建筑区：剪纸博物馆。

材料准备：

● 剪纸博物馆的相关图片及摆件。

● 搭建辅助材料（PD 板的硬山顶、自制匾额等）。

活动指导：

● 教师引导幼儿学会观察，勇于探索和尝试搭建博物馆。

● 当幼儿的建筑搭建好，教师可以引导幼儿运用带有剪纸花纹的装饰为搭建的博物馆增添色彩。

图 11　搭建"剪纸博物馆"　　　　图 12　装饰"剪纸博物馆"

（4）益智区：剪纸自制玩具。

材料准备：剪纸工具材料。

活动指导：当幼儿遇到困难时，教师帮助幼儿共同完成益智区玩具的制作。

图 13　自制玩教具《七星瓢虫找翅膀》

图 14　我来帮助七星瓢虫找翅膀

（5）科学区。

材料准备：

● 可操作性强的材料（卫生纸、白纸、宣纸等）。

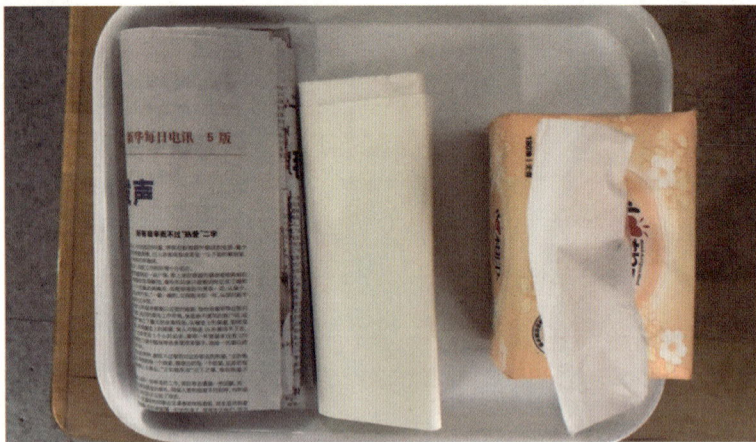

图 15　各种纸张

活动指导：

● 通过观看视频，教师引导幼儿自己尝试探索，进行猜想、试验、记录过程、验证结果、总结归纳出纸都有什么用途。

● 有针对性地运用材料，尝试了解每种纸张的特性，并选择出适宜用来剪纸的材料。

图 16　哪种纸适合剪纸

图 17　报纸可以用来剪纸

3. 主题墙布置

主要分为三个子主题开展："我发现的剪纸""我喜欢剪纸""我的剪纸作品"。

图 18　主题墙整体布置

作为一种作品来源于幼儿的主题活动，"美丽的剪纸"。

（1）我发现的剪纸。

① 幼儿园里的剪纸。

幼儿首先发现身边环境中的剪纸作品及装饰物等，激发幼儿想要参加剪纸活动的兴趣。

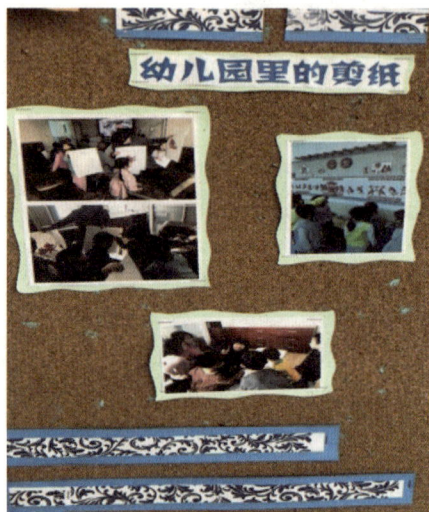

图 19　幼儿园里的剪纸

② 幼儿园外的剪纸。

图 20　幼儿园外的剪纸

幼儿主要通过家园配合，搜集资料和进行社会实践，了解剪纸，其目的在于激发幼儿更加主动参与主题的愿望，能够用语言及艺术形式表现自己对所见所闻的剪纸的欣赏。过程中更能够把握幼儿对于剪纸艺术品的兴趣点，找到下一步计划的目标。

（2）我喜欢的剪纸。

① 欣赏剪纸作品。

通过欣赏多种多样的剪纸作品，丰富幼儿的经验准备，为动手操作做准备。

图21 搜集的剪纸作品

② 我发现的剪纸工具。

通过对身边事物的观察、探究，寻找适宜的剪纸工具及材料，为开展剪纸创作活动做准备。

③ 我发现的剪纸方法。

幼儿主要通过实际操作，进行剪纸技能方法的探究、学习，表达自己对于剪纸的进一步认知。

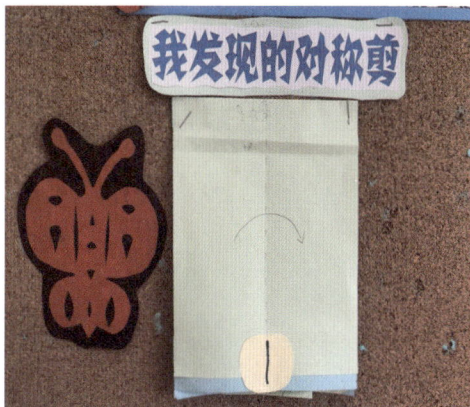

图22 我发现的对称剪

图23 对称剪

（3）我的剪纸作品。

① 我们来剪纸。

幼儿主要通过艺术创作表现，自己观察欣赏后的剪纸作品，其目的在于幼儿运用民间剪纸的艺术形式诠释自己对于身边事物美的感受，教师支持鼓励幼儿艺术创作。

② 我们的剪纸作品展。

通过剪纸作品展最终使幼儿在参与主题活动"美丽的剪纸"后，能够对中国的代表性传统艺术之一剪纸有所了解，从中感受中国的民间艺术之美。

图 24　我们的剪纸作品

（五）具体活动方案

活动一：社会——欣赏剪纸作品

活动目标：

● 引导幼儿感受剪纸的特点，生动形象和造型等。

● 了解剪纸是中国特有的民间特色，激发幼儿民族认同感。

活动重点：了解剪纸是中国特有的民间特色艺术。

活动难点：引导幼儿感受剪纸的特点，生动的形象和造型等。

活动准备：

● 经验准备：欣赏生活中的剪纸作品。

● 物品准备：剪纸作品、十二生肖剪纸作品等。

活动过程：

（1）开始部分。

出示剪纸作品，激发幼儿参与活动的兴趣，引导幼儿了解剪纸的种类。

（2）基本部分。

① 教师：你们最喜欢哪一个剪纸作品？为什么喜欢这个作品？

② 教师：这么多剪纸作品，你们知道它们是怎么来的吗？

③ 欣赏剪纸故事，请幼儿说一说欣赏后的感想。为幼儿创设优美的欣赏环境，为幼儿播放优美的音乐。

④ 与幼儿一起商讨十二生肖的剪纸作品放在班中哪里展示欣赏。

（3）结束部分

教师与幼儿一起设计班中剪纸坊的环境。

活动花絮：

图 25　寻找剪纸作品

图 26　欣赏剪纸作品《老鼠嫁女》

活动二：语言——幼儿园外的剪纸

活动目标：

● 了解剪纸是中国传统的民间艺术。

● 感受亲子活动的乐趣，并大胆地在大家面前讲述。

活动重点：

知道剪纸是中国的民间艺术。

活动难点：

大胆讲述自己和家人寻找剪纸的经历。

活动准备：

经验准备：幼儿与家长共同讨论、寻找剪纸作品。

物品准备：剪纸作品、幼儿与家长寻找剪纸的照片。

活动过程：

（1）开始部分。

师幼共同欣赏剪纸作品，教师播放剪纸作品，激发幼儿兴趣。

（2）中间部分。

① 分组讨论。

请幼儿分组讨论自己与家长共同寻找剪纸作品的经历。发现了剪纸作品的什么特点，为什么剪纸作品很漂亮等方面。小组成员分组讨论。

② 请每组选一名幼儿代表来介绍本组的讨论结果。

教师鼓励发言的幼儿大胆、用适宜的声音，在大家面前进行介绍，一定要说完整话。

（3）结束部分。

一起欣赏家长发给老师的幼儿与家长共同寻找到的剪纸作品。

活动三：美术——我会折叠剪（剪纸）

活动目标：

● 用折叠、剪的方法制作出六瓣花、八瓣花。

● 感受剪纸花朵带来的美。

活动重点：

学会剪六瓣花、八瓣花。

活动难点：

学会看懂示范标记。

活动准备：

经验准备：幼儿欣赏过剪纸八瓣花。

物品准备：正方形的彩纸、剪刀、胶棒等。

活动过程：

（1）开始部分。

回顾上一节活动，幼儿一起说一说"我学会的对称剪纸的方法"。

（2）基本部分。

① 出示六瓣花、八瓣花，激发幼儿的兴趣。

② 示范折叠、剪的方法。

教师出示八瓣花、六瓣花的制作步骤，并进行示范剪纸。

③ 幼儿动手操作。

● 幼儿自选喜欢的纸张进行创作，过程中注意引导幼儿认真观察折叠的方向、剪纸的方向等。

● 提示幼儿在使用剪刀时要注意安全。

● 对个别幼儿进行有针对性的指导。

（3）结束部分。

将小朋友们剪好的花朵粘贴在一起，放到展板上，大家一起学习、欣赏。让幼儿体验成功的快乐！

活动花絮：

图 28　我们一起来剪纸

图 27　我会折叠剪

活动四：美术——灯笼（剪纸）

活动目标：

● 了解灯笼的外形及花纹特征，知道灯笼是中国传统工艺品，为中国独有灯笼感到自豪。

● 能够运用对折、镂空的方法剪出灯笼外形和花纹，并尝试剪出多种形状灯笼穗。

活动重难点：

活动重点：能够用不同的剪纸方法，表现灯笼的外形。

活动难点：能够运用镂空的方法剪出不同的花纹。

活动准备：

经验准备：幼儿多次参加剪纸活动及大一班的灯笼展览会。

物品准备：彩纸、报纸、红宣纸、黑卡纸、剪纸工具材料、音乐、剪纸灯笼图片、展板。

活动过程：

（1）开始部分。

① 猜谜语：红房子，亮柱子，挂在门前照院子。引出灯笼。

（在我国古代，家家门口都挂着各种各样的灯笼，其他国家的人们可不知道灯笼是什么，灯笼是中国的工艺品）

② 出示灯笼的实物与剪纸灯笼的图片，激发幼儿兴趣。引导幼儿观察并说出灯笼的外形，上面都有什么？

引导幼儿欣赏多种形状的灯笼，灯笼上的花纹也是多种多样的。

（2）中间部分。

① 引导幼儿欣赏、观察，归纳总结。

● 灯笼的两边是对称的，用对边折剪的方法制作。

● 灯笼的外形有很多种，如：圆形、椭圆形、长方形等。

● 灯笼上镂空了各种漂亮的花纹，如：月牙纹、小圆孔等。

● 引导幼儿在剪灯笼身体和灯笼穗的时候注意不要剪断。

② 幼儿创作，教师巡回指导。

● 幼儿自由选择剪纸，注意安全使用剪刀，培养幼儿良好的剪纸常规。

- 每人剪 2～3 个灯笼，剪出不同形状的灯笼，并运用镂空的方法进行装饰。
- 幼儿分组剪纸，教师指导（教师根据幼儿的需要和不同情况进行指导）。
- 提示幼儿剪纸时注意安全，剪下的废纸放进碎纸筐里。

（3）结束部分。

幼儿相互交流，粘贴在展板上，分享创作快乐。

（引导幼儿来介绍一下他们剪的灯笼是什么样的？镂空了哪些花纹？与别人的有什么不同？鼓励幼儿大胆分享自己的作品。）

（4）活动延伸。

幼儿继续在美工区制作剪纸灯笼，将剪好的灯笼装饰到班级的环境中。

（5）活动反思

近期，本班开展了"美丽的剪纸"的主题活动，幼儿能够积极主动地参与其中，在本次剪纸灯笼的活动中，幼儿状态较好，兴趣点高。大部分幼儿能够完成活动目标及重难点。在操作过程中，幼儿很专注，并且剪纸常规很好，有序、自主取放剪纸材料。教师能够根据目标及重难点，有层次地引导幼儿进行活动。在幼儿创作时，能根据幼儿的需要进行有针对性的指导。充分给予幼儿自主选择及创造的条件，尊重幼儿的年龄特点及个性发展。

活动花絮：

图 29　我在剪纸"灯笼"

图 30　介绍我的剪纸新方法

活动五：美术——剪纸展览会海报制作（绘画）

活动目标：

● 学习与同伴合作，在活动中获得愉悦的感觉。

● 学会运用绘画、剪纸、水墨等方法，对内容进行大胆的表现、设计。

活动重点：

能对海报内容进行大胆的表现、设计。

活动难点：

重点在宣传海报上体现出哪些内容。

活动准备：

经验准备：搜集各种形式的宣传海报、邀请卡片。

物品准备：大卡纸、水彩笔、剪纸绘画书籍、师生搜集到的剪纸宣传海报。

活动过程：

（1）开始部分。

① 欣赏海报。

教师与幼儿共同欣赏搜集到的海报，并一起讨论宣传海报上应该有哪些内容。

② 教师引导，帮助幼儿明确海报的设计内容。

（2）中间部分。

① 幼儿自愿结合，分组进行海报的制作。

② 引导幼儿学会和同伴合作，通过展览会流程的回忆，用提问的方式丰富故事情节。

③ 幼儿分组进行海报的制作，标记出演出时间、演出地点。

（3）结束部分。

分享活动：请每组幼儿请一名代表跟大家说一说自己组的宣传海报。

活动六：美术——雪花（剪纸）

活动目标：

● 了解中国剪纸传统艺术，学习雪花的折叠方法，尝试剪出各种形状的雪花。

● 培养幼儿的观察力及动手操作能力，体验剪纸的乐趣。

活动重点：

学习剪纸雪花的方法。

活动难点：

尝试剪出各种各样的雪花。

活动准备：

经验准备：幼儿见过剪纸雪花的图片。

物品准备：各种颜色的正方形彩纸、剪纸工具材料、雪花图片、剪纸雪花的实物。

活动过程：

（1）开始部分。

欣赏视频，感受贴窗花的喜庆气氛。

（了解中国的传统艺术——贴窗花，知道贴窗花是装饰环境，渲染节日的气氛。激发幼儿参与活动的兴趣。）

（2）中间部分。

① 欣赏剪纸雪花

感受剪纸雪花的颜色美、形状美、对称美。

② 学习剪纸雪花。

● 出示剪纸雪花的制作步骤。

● 教师示范剪纸雪花，幼儿仔细观察。

③ 幼儿操作。

教师鼓励幼儿根据剪纸雪花的步骤进行大胆创作，提示幼儿使用剪刀时要注意安全。教师巡回指导。

（3）结束部分。

作品展示：教师引导幼儿将自己的雪花作品粘贴到班级环境中，准备迎接新年的到来！

活动花絮：

图31 我们一起制作剪纸"雪花"

图32 粘贴剪纸"雪花"

活动七：社会——我来介绍剪纸展览会

活动目标：

● 能主动参与剪纸作品展的活动，愿意大胆地表现自我，充分地感受表现与合作的乐趣。

● 引导幼儿能主动地承担班级任务。

活动重点：

愿意大胆地表现自我，主动与客人进行交流。

活动难点：

能主动承担在剪纸作品展上的职责。

活动准备：

经验准备：看过有关展示会的视频，知道工作人员都有哪些职责。

物品准备：水壶、水杯、视频、自制胸卡。

活动过程：

（1）开始部分。

● 引导幼儿做好展示会前的准备，明确自己的任务。

● 按照各自的职责，模拟展示会的流程。

● 教师肯定和鼓励幼儿用礼貌用语招待客人。

（2）基本部分。

展示会演习开始：

① 一部分幼儿扮演客人，另一部分幼儿扮演工作人员。

② 迎宾人员有礼貌地向客人问好，大方自信。

③ 讲述组向客人讲述班级环境与故事。

④ 制作组可以邀请小客人一起剪纸创作。

（3）结束部分。

作品展结束，引导幼儿合作整理物品，教师小结此次演习活动还须调整的部分。

活动花絮：

图33　教客人老师剪纸

图34　迎接客人们

六、主题活动5：超级故宫

班级：中二班　　教师：米海静　任冬花

（一）主题缘起

通过我的观察发现，班级幼儿对图书区的绘本《北京——中轴线上的城市》十分感兴趣，他们会围绕绘本自发地讨论"我看到过天安门""我去过故宫，超级大"。幼儿通过欣赏这个绘本，知道了中国古代建筑的宏伟，教师认为，开展"超级故宫"主题活动，进一步探索和了解故宫，可以让幼儿感受到中国古代建筑的色彩美、布局美、大殿美，更深入地感受中国古代建筑的美。

故宫是独具代表性的中国古代建筑，建于中国首都北京，幼儿可以很方便地走近故宫。《幼儿园教育指导纲要》中指出，要"充分利用社会资源，引导幼儿感受祖国文化的丰富与优秀，激发幼儿爱家乡、爱祖国的情感"。围绕故宫进行主题探索，不仅能增进幼儿对古代建筑文化和艺术遗产的了解，还能让幼儿在主题活动中"潜移默化"地爱上中国的建筑文化，激发幼儿爱家乡、爱祖国的情感。

（二）主题目标

（1）能够知道在参观故宫时，不离开成人的视线单独活动，不跟陌生人走。

（2）能够将看过的图书《北京——中轴线上的城市》用清晰流畅的语言讲给别人听。

（3）能基本完整地讲述自己参观故宫后的所见所闻，对故宫建筑的存在感到骄傲。

（4）能够知道故宫是中国有名的古建筑，为自己是中国人而感到自豪。

（5）乐于动手动脑探索故宫"不倒"的秘密，感受中国人智慧的伟大。

（6）能感知太和殿的形体结构特征，运用搭建、绘画、捏泥、手工制作等多种形式（表现自己所见到的太和殿，感受太和殿的高大宏伟）。

（7）在欣赏故宫时，幼儿能关注其色彩、形态等特征，了解中国古建筑的主要色调及装饰纹样，从中获得美的感受。

（三）主题网络图

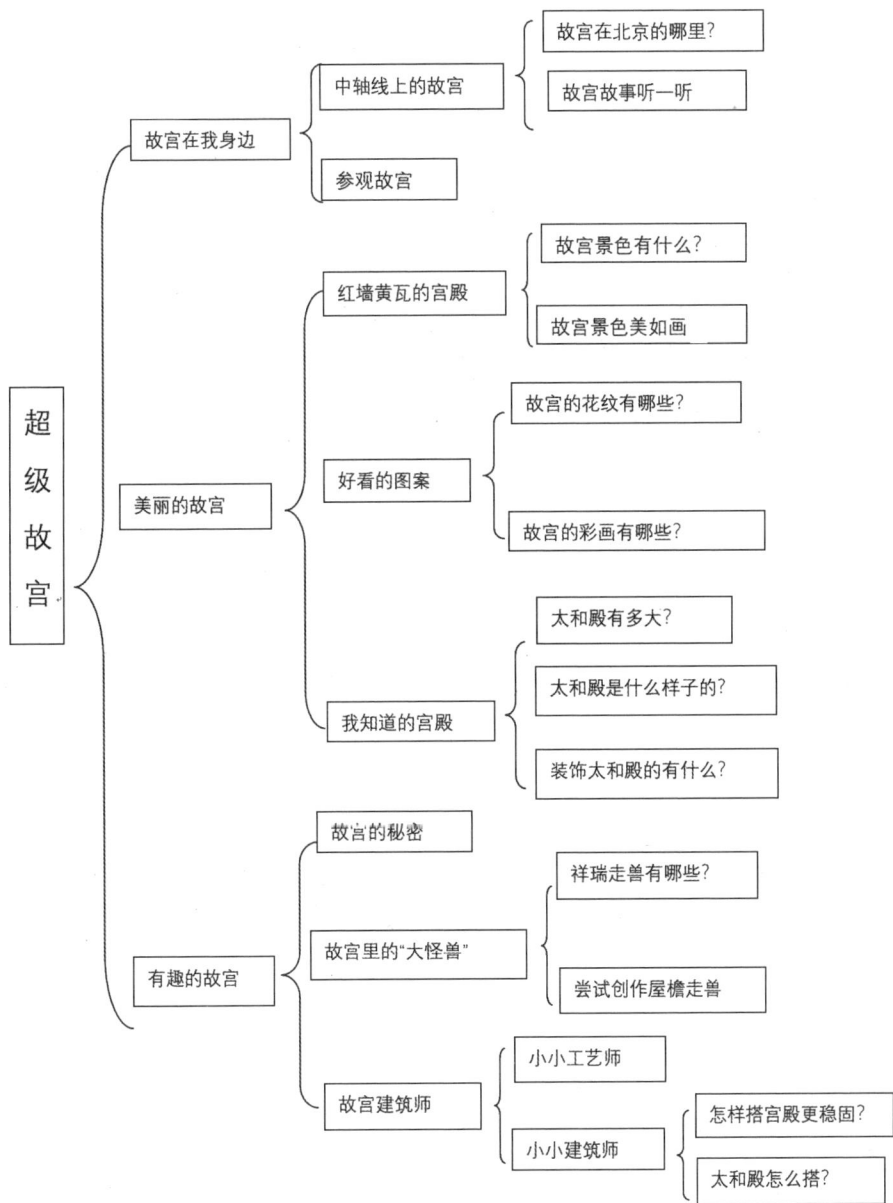

```
                                                    ┌─ 故宫在北京的哪里?
                                    中轴线上的故宫 ──┤
                                                    └─ 故宫故事听一听
                    故宫在我身边 ──┤
                                    参观故宫

                                                    ┌─ 故宫景色有什么?
                                    红墙黄瓦的宫殿 ──┤
                                                    └─ 故宫景色美如画

                                                    ┌─ 故宫的花纹有哪些?
超                  美丽的故宫 ────┤ 好看的图案 ────┤
级                                                  └─ 故宫的彩画有哪些?
故
宫                                                  ┌─ 太和殿有多大?
                                    我知道的宫殿 ───┤ 太和殿是什么样子的?
                                                    └─ 装饰太和殿的有什么?

                                    故宫的秘密

                                                    ┌─ 祥瑞走兽有哪些?
                    有趣的故宫 ────┤ 故宫里的"大怪兽" ─┤
                                                    └─ 尝试创作屋檐走兽

                                                    ┌─ 小小工艺师
                                    故宫建筑师 ─────┤
                                                    │          ┌─ 怎样搭宫殿更稳固?
                                                    └─ 小小建筑师 ─┤
                                                               └─ 太和殿怎么搭?
```

（四）活动计划表

1. 教育活动

	活动名称	活动目标与内容
第一周	1. 社会——我知道的故宫 2. 语言——故宫的故事（故事） 3. 语言——《北京——中轴线的城市》 4. 美术——漂亮的故宫（欣赏） 5. 美术——红墙黄瓦的宫殿（绘画）	1. 幼儿通过分享在家中搜集的故宫相关资料，以了解故宫是中国代表性的建筑物，并为此感到自豪。 2. 通过听故事和说故事，幼儿能够知道故宫的悠久，并了解中国人智慧的伟大。 3. 幼儿集体赏析绘本，能够在欣赏绘本后大致说出绘本的内容及自身的感受。 4. 通过图片及社会实践，幼儿愿意欣赏故宫建筑，为中国拥有这般伟大的建筑感到骄傲。 5. 幼儿通过欣赏多媒体和搜集的资料，能够感受中国建筑的色彩美，了解其寓意，运用绘画的形式展现出来。
第二周	1. 社会——中心的太和殿 2. 语言——我知道的太和殿（谈话） 3. 科学——故宫的秘密 4. 语言——各式各样的神兽（故事） 5. 美术——吉祥神兽（泥工）	1. 通过实地参观，观察故宫平面图。幼儿知道太和殿是故宫中最大的建筑。 2. 幼儿在搜集资料后，能够与同伴分享，完整地讲述自己见过的太和殿或了解的太和殿。 3. 运用多媒体手段，幼儿通过观看《紫禁城的秘密》片段，[27] 能够知道故宫10级地震不倒的秘密，愿意尝试探索。 4. 结合图书《故宫里的大怪兽》，幼儿了解故宫中的代表性神兽，能大体讲出几种神兽的寓意象征，愿意探索神兽的秘密。 5. 了解太和殿上的神兽后，幼儿愿意且能够运用捏泥的形式表现故宫中的神兽。

㉗【中英双字】《紫禁城的秘密（2017）》（Secrets of China's Forbidden City）_哔哩哔哩（ °-°）つロ 干杯~-bilibili https://www.bilibili.com/video/av13396509/

第三周	1. 美术——漂亮的彩画（绘画） 2. 科学——搭建太和殿 3. 科学——我设计的不倒宫殿 4. 健康——我是小小搬运工（体育游戏） 5. 美术——好看的花纹（绘画）	1. 幼儿在观看故宫美景时，发现和玺彩画中的美感，愿意自己进行相应的创作。 2. 结合益智区的太和殿摆件，幼儿感知太和殿内部与外部的比例对称关系，能够运用堆高、围拢、增宽等基本技能进行搭建太和殿。 3. 幼儿愿意自主探索故宫"不倒"秘密，运用不同种类的积木尝试搭建，能够对故宫建筑稳固原因进行主动探究，及时记录，敢于尝试搭建不倒宫殿，从中体会快乐。 4. 在了解故宫建造人们搬运巨石不怕艰辛后，幼儿参与障碍运物。能较平稳协调地进行推车运物通过障碍，不怕困难，体验体育游戏的快乐。 5. 幼儿欣赏故宫中的二龙戏珠、龙凤纹等花纹，能够运用水彩笔画和线描画的方式表现。

2. 区域创设与活动指导

（1）阅读区：创设故宫书籍角。

① 材料准备：

● 自制图书。《故宫的故事》《幼儿参观照片记录册》等。

● 相关故宫书籍《北京——中轴线上的城市》[28]《故宫里的大怪兽》[29]等。

● 故宫整体建筑平面图。

---

[28]《北京——中轴线上的城市》是 2012 年连环画出版社出版的图书，本书用细致的工笔画描绘北京中轴线的四季和时代的变化。表现北京城正中央——紫禁城三大殿的拉页格外震撼。通过卷末的解说，能了解更多有关中轴线周围的结构美学和建筑艺术。

[29]《故宫里的大怪兽》系列童话通过小学生李小雨在故宫捡到了一个神奇的宝石耳环而展开，由此，故宫里生活了几百年的怪兽们得以开口说话，并发生了许多惊险故事，作者通过故宫实际存在的这些"怪兽"，挖掘众多中国神话和文化传统资源，可谓古典味十足。

图 1   《北京——中轴线上的城市》   图 2   《故宫里的大怪兽》和故宫平面图

图 1 是活动由来中所提到的绘本故事，其中讲述了中轴线上的古建筑。图 2 讲的是相关故宫瑞兽的故事，很好地激发了幼儿对于故宫仙人走兽的兴趣，并能够在阅读过程中，观察到不同走兽的形态。

② 活动指导：

● 幼儿在欣赏自制图书时，鼓励幼儿将所看到的内容讲述给他人听。

● 通过组织的亲子活动，幼儿与家长一起将他们听讲解员的解说学到的知识和拍下来的故宫图片设计成自制图书，在园内进行欣赏和分享。

● 支持幼儿整体了解故宫建筑的布局，欣赏故宫整体建筑的宏伟，观察故宫外朝和内庭的建筑分布，使其对里、外、上下、左右等方位有所了解。

图 3   《故宫里的大怪兽》真有趣

图 3 孩子们正在专注地阅读《故宫里的大怪兽》，通过故事中对于故宫中瑞兽的趣味故事介绍，激发了幼儿了解瑞兽的兴趣。

图 4　看！放大的平面图

图 4 教师为了更好地支持幼儿观察，创设了更大的平面图供幼儿欣赏，以便其了解故宫建筑的布局。

（2）美工区：创设中国风建筑色彩的环境。

① 材料准备：

● 可供欣赏的故宫相关摆件、图片和图书（太和殿摆件、水墨紫禁城等）。

● 丰富的美工材料（马克笔、大黄泥等）。

② 活动指导：

● 幼儿在欣赏摆件和图书时，教师引导幼儿欣赏故宫建筑的结构美，[30] 并愿意尝试用画笔画下来。

● 教师作为游戏的参与者，引导幼儿运用不同美工材料表现故宫中的建筑及装饰花纹等。

（3）建筑区：最大太和殿。

① 材料准备：

● 太和殿的相关图片及摆件。

● 搭建辅助材料（PD 板的硬山顶、自制匾额等）。

---

[30] 北京故宫是古代建筑的杰作，是世界现存最大、最完整的木质结构的古建筑群。

② 活动指导：

● 教师引导幼儿学会观察，勇于探索和尝试搭建太和殿。

● 当幼儿的建筑搭建好，教师可以引导幼儿运用辅助材料使搭建的太和殿增添色彩。

图 5　建筑区的太和殿模型

图 6　我们搭建的太和殿

图 5 是太和殿的模型，有助于幼儿通过观察了解太和殿的架构。图 6 幼儿通过多次的尝试，终于将太和殿搭建完成，在一次次的失败与尝试中，幼儿收获了成就感。

（4）益智区：

① 材料准备：木质太和殿模型玩具。

② 活动指导：当幼儿遇到困难时，教师帮助幼儿查阅模型拼插图示。

图 7　认真组装太和殿的孩子们

通过动手操作组装太和殿的模型，幼儿能够从中感知太和殿的整体架构，支持幼儿后期在建筑区搭建太和殿！

（5）科学区：

① 材料准备：

● 电脑和小平板电脑。

● 可操作性强的小搭建材料（纸牌、积木和纸盒）。

② 活动指导：

● 通过观看《紫禁城的秘密》，教师引导幼儿自己尝试探索，进行猜想、试验、记录过程、验证结果、总结归纳搭建地基的经验。

● 有针对性地运用材料，尝试运用纸牌掌握基础要稳固；尝试运用积木探索宫殿"不倒"的秘密；运用纸盒尝试造型叠高。

3. 主题墙布置

设计思路：《超级故宫》主题活动分为三部分内容，这三部分呈递进式推动主题活动开展，分别为"故宫在我身边""有趣的故宫""美丽的故宫"。

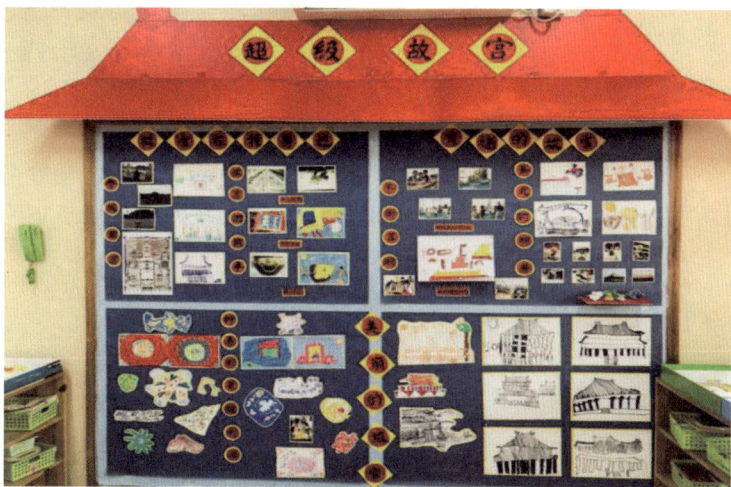

图 8　主题墙整体布置

① 故宫在我身边

幼儿主要通过家园配合，搜集资料和进行社会实践，了解故宫，其目的在于激发幼儿更加主动参与主题的愿望，能够用语言及艺术形式表现自己所见所闻的故宫。过程中更是能够把握幼儿对于故宫建筑的兴趣点，找到下一步计划的目标。

参观故宫。将幼儿参观故宫的照片及所拍的故宫照片展现于主题墙，激发幼儿参与活动的兴趣，让幼儿在实际参观查阅资料后，能更加了解故宫。

故宫的故事。将故宫著名典故图片及幼儿作品展现于主题墙，使幼儿在有兴趣地了解故宫后有所收获，愿意进一步参与活动。

在参观故宫的过程中，孩子们发现故宫处在北京中轴线上，因此选取了故宫的平面图创设于墙面，便于与幼儿观察互动。

图 9   主题墙第一板块 "故宫在我身边"

通过集体活动和日常交流发现，幼儿更为关注并且了解相关故宫的三个故事，《冰上运物》《箭射牌匾》《持刀刮金》，其中《持刀刮金》的故事还能够增进幼儿的国民认同感。

② 有趣的故宫。

幼儿主要通过实际操作，进行搭建故宫建筑和泥工创作神兽，表达自己对故宫的进一步认知，其目的在于让幼儿以探索的形式参与到故宫主题活动中来，增强主题活动的趣味性，让幼儿可以在玩中了解、感受、表现自己感兴趣的故宫中的事物。

a. 不倒宫殿。搜集故宫 "不倒试验" 照片及幼儿自己设计的搭建计划展现于主题墙，幼儿在探索操作中了解故宫的架构，喜欢故宫，知道中国人智慧的伟大。

b. 故宫里的 "大怪兽"。将幼儿搜集的图片及画的神兽和泥工捏的神兽展现于主题墙，体验参与故宫主题的趣味性，能够在动手制作中知道中国古代的神兽，感受自己动手创作带来的乐趣。

幼儿搜集喜爱的神兽图片及他们创作的神兽作品，包括绘画和泥工的形式。展示板上的作品幼儿可以及时更换，如果创作了新的神兽，可以与墙面互动。

图10　主题墙第二板块"有趣的故宫"

幼儿在尝试搭建过程中，设计了搭建计划。为了日后幼儿想要巩固经验，将搭建计划和关键图片创设到主题墙。

③ 美丽的故宫

幼儿主要通过艺术创作表现自己观察欣赏到的故宫，其目的在于让幼儿运用不同的艺术形式诠释自己对于故宫美的感受，教师支持鼓励幼儿艺术创作。最终使幼儿在参与主题活动《超级故宫》后，能够对我们中国的代表性建筑有所了解，从中感受我们中国的建筑艺术美。

a. 好看的花纹彩画。将幼儿设计的装饰花纹展现于主题墙，让幼儿可以在创作后体验二龙戏珠的纹饰，处处欣赏美，感受美，获得自我创作后的成就感。

b. 美丽的宫殿。将幼儿画的线条画太和殿展现于主题墙，运用线条画的形式记录太和殿的架构，了解太和殿建筑的宏伟大气。

图 11　主题墙第三板块 "美丽的故宫"

4. 家园共育

（1）活动初期，引导幼儿与家长去参观故宫，让幼儿实地观察，丰富对于故宫的认识与了解。

（2）发动家长资源，共同搜集故宫中的典故，激发幼儿探索故宫的兴趣。

（3）活动过程中，与家长们交流分享中国古建筑对于幼儿国家认同感的影响，家长们也参与其中，为亲子拥有机会了解故宫感到快乐，更加支持配合班级主题活动的开展。

（4）与家长们分享幼儿搭建太和殿的经历，阐述搭建太和殿的过程，让家长们认可幼儿克服困难的精神，并且在日后能够鼓励幼儿勇于挑战。

（五）具体活动方案

活动一：艺术——漂亮的故宫（欣赏）

活动目标：

① 感受故宫建筑红墙黄瓦的中国美。

② 掌握多种艺术形式的创作方式。

③ 能够尝试用自己喜欢的形式表现故宫。

重点难点：

① 重点：感受中国建筑的色彩、装饰美。

② 难点：尝试用自己喜欢的形式表现故宫。

活动准备：

① 经验准备：对故宫有所了解。

② 物品准备：PPT（幼儿搜集故宫图片及媒体资源）、彩笔、纸张、泥。

活动过程：

① 播放 PPT，进行谈话导入。

——教师：故宫是一个怎样的建筑？

——幼儿 A：很大的。

——幼儿 B：特别漂亮、高高的。

——幼儿 C：有角的建筑。

教师分析：幼儿对于故宫建筑物的外部架构特点有了初步的认识，但是针对故宫的整体布局了解还不清晰，在没有加以引导的基础上，尚未从色彩方面关注故宫。

② 观察故宫整体建筑群，发现建筑群特点。

● 出示故宫高清平面图，引导幼儿发现故宫建筑群整体呈对称性建构。

——教师：你们观察一下这张图片，从这张图片中，你看到了什么？

——幼儿 A：大房子都在中间，像排队一样。

——幼儿 B：每个角都有房子。

——幼儿 C：中轴线左边和右边的图形长得很像。

——教师：对的，沿着中轴线上的主殿，左右两侧的建筑是呈对称搭建的。

教师分析：幼儿通过观察平面图发现了左右建筑的相似，这时需要教师告诉幼儿在建筑方面，我们将其称之为对称性建筑。

● 请幼儿谈一谈观看故宫整体建筑群后的感受。

——教师：小朋友们在欣赏故宫后，有什么感受？

——幼儿 A：庄严。

——幼儿 B：雄伟。

——幼儿 C：壮观。

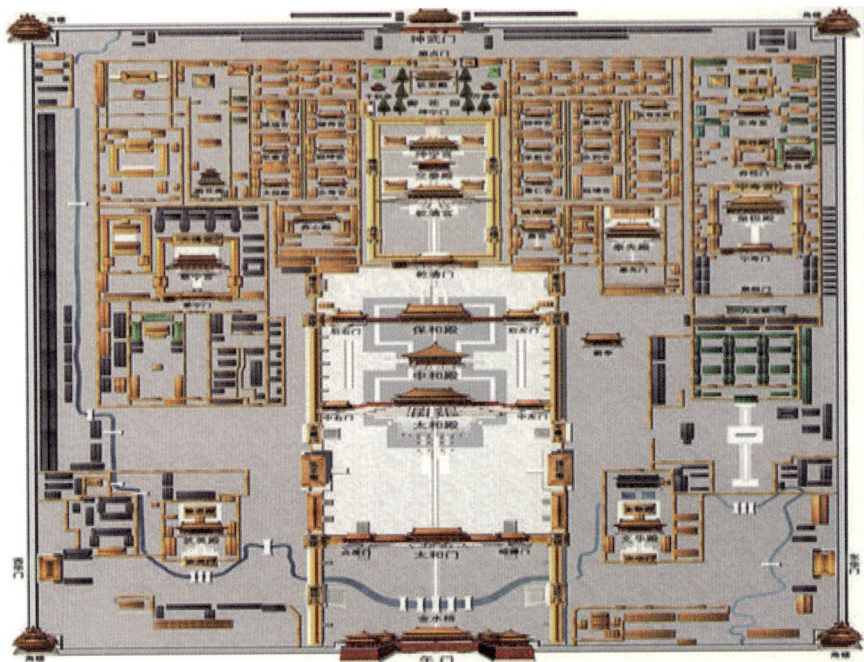

图 12　故宫高清平面图

教师分析：通过实地参观等，幼儿对于故宫建筑群的感受多为整体建筑的形容，但故宫的内、外廷建筑是有差异的，因此接下来和幼儿共同探讨不同宫殿的不同分布。

● 了解故宫内的分布，感受不同殿宇的外部特征，知道故宫分为外朝和内廷。

——教师：你们在参观故宫时，有没有发现宫殿之间有什么不同？（大小不同、有的宫殿边有花有树等）以太和殿为首的外朝更为庄严、雄伟。以乾清宫为首的内廷更为严谨深邃。

● 发现故宫的主要色调及装饰彩画的美。

▲ 引导幼儿说说喜欢故宫的理由

——教师：你最喜欢故宫的什么？为什么？

——幼儿 A：颜色，因为我喜欢红色。

——幼儿 B：花纹，因为花纹好看啊！

教师分析：幼儿对于色彩的关注还是十分强烈的，而且红色是中国的代表色，教师可依据中国红再进一步引导幼儿增强国家认同感。

▲ 观察故宫建筑的整体色彩，知道故宫是以红墙黄瓦的中国特色进行的建构。

▲ 找一找，寻找故宫中幼儿认为最漂亮的地方。如彩画、图腾等。

▲ 幼儿通过各种形式表现自己发现的故宫。

——教师：选一种你喜欢的方式表现一下你看到的故宫。（线条画、刮画、泥工、手工制作等）

3）经验总结。

▲ 教师鼓励幼儿表现故宫建筑，和幼儿共同熟悉故宫红墙黄瓦的特点。

▲ 将幼儿作品装订成册或布置于主题墙面。

活动实施与反思：

本次活动是基于幼儿前期参观故宫和搜集资料后开展的。

第一，旨在通过与幼儿在语言交流中发现故宫建筑的色彩美。运用多媒体微信公众号"微故宫"带幼儿再"逛"故宫，发现故宫的主要色调——红色，更加吸引幼儿。

第二，对于故宫中动物和植物的装饰物，幼儿十分感兴趣。最终，在幼儿的艺术表现下，教师对于日后的活动开展方向有所了解，同时对于幼儿的艺术表达，美术形式的创作，有了一定的认知。让幼儿在活动中更加尽情表现，展示自己所看到的故宫特点。

第三，结束后，幼儿作品一部分放到了主题墙，另一部分装订成册放到了图书区和照片图册一起供幼儿讲述，以支撑故宫主题活动的进一步开展。

图 13　我们"去"故宫啦

通过多媒体的运用，共享资源，现场"实地观摩故宫！"[31]

活动二：美术——好看的花纹（绘画）

活动目标：

① 能够观察到故宫中的各式花纹，并获得美的感受。

② 知道中国花式纹样所代表的吉祥寓意。

③ 喜欢用绘画的形式表达自己欣赏过的故宫各式花纹。

重点难点：

① 重点：能够用绘画的形式表现自己欣赏过的各式花纹。

② 难点：知道中国花式纹样的吉祥寓意。

活动准备：

① 经验准备：参观过故宫。

② 物品准备：PPT（龙凤纹、植物纹等花纹图片）、纸张、彩笔。

---

[31] 关注微信公众号"微故宫"，其中的"逛一逛"可即时浏览故宫全景。

图 14　二龙戏珠

活动过程：

① 谈话导入，教师和幼儿一起表达对于故宫的喜爱之情。

——教师：咱们中国的故宫你们觉得怎么样？（大、好看等）你们认为故宫里边什么地方让你觉得很漂亮？（植物、仙鹤和花纹等）

② 探索故宫中的装饰花纹

第一，观看 PPT，欣赏故宫内的装饰花纹。

● 播放故宫图片，幼儿观察故宫的哪里有装饰花纹。（房顶、匾额还有柱子等）

● 分别了解故宫不同花纹的寓意。

——教师：每个不同的装饰花纹的意义也各不相同，故宫多以祥禽瑞兽（龙凤）纹居多，体现其地位……

● 运用绘画的形式表现花纹。

▲ 引导幼儿说说自己印象最为深刻的一处花纹。

——教师：你最喜欢的是哪个装饰花纹？为什么？

——幼儿 A：有黄色和绿色的好多花，特别好看。

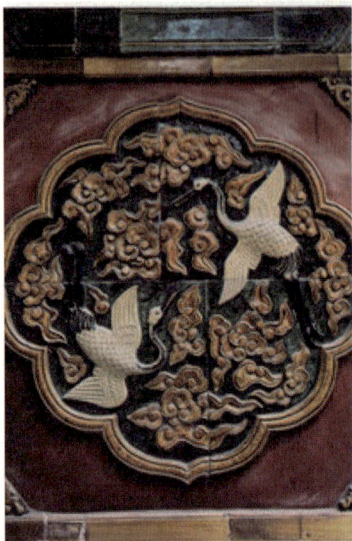

图 15　故宫的装饰花纹 a

图 16　故宫的装饰花纹 b

——幼儿 B：我喜欢大龙，龙看着特别厉害。

教师分析：故宫建筑中的花纹装饰，多以龙纹为主，教师可结合幼儿的回答，引导幼儿了解龙在中国的象征与地位，加深幼儿对于中国的认识。

▲ 幼儿创作，教师巡回指导。

▲ 分享作品，可以从色彩和形态上介绍自己的创作。（两只龙在飞，抢珠子）

③ 教师和幼儿共同布置装饰主题墙面。

活动实施与反思：

班级中的幼儿对于故宫中植物和动物的装饰十分关注，其中包括仙鹤、神龟还有石狮子等。

第一，故宫中的花纹装饰皆有寓意，其中多以龙凤纹装饰，这有一定的地位与价值。因此开展活动的目的在于提炼出二龙戏珠的纹样装饰，过程中幼儿细致观察其形态并且通过搜集的资料和教师的引领了解其寓意，从而激发了幼儿的国家认同感。

第二，通过绘画的形式表现，也是进一步巩固幼儿对于故宫纹样装饰的形态及色彩的认识。了解到中国人能够将如此精美的画工装饰于建筑体中，是多么厉害。

图 17　认真画纹样的孩子们

运用绘画的形式表现幼儿所观察到的装饰纹样！

活动三：科学——我搭建的不倒宫殿

活动目标：

① 能够对故宫建筑稳固原因进行主动探究。

② 敢于实践搭建不倒宫殿，从中体会快乐。

③ 在搭建过程中感知宫殿结构的方位与布局。

重点难点：

① 重点：能够对故宫建筑稳固原因进行主动探究，敢于实践搭建不倒宫殿。

② 难点：感知宫殿结构的方位与布局。

活动准备：

① 经验准备：观看过紫禁城的秘密。

② 物品准备：PPT（故宫建筑图片）、彩色小积木。

活动过程：

① 播放《紫禁城的秘密》片段，鼓励幼儿观察。

——教师：故宫中的宫殿是什么材料搭建的？（木头）故宫的秘密是什么？（地震时仍十分坚固）

② 通过观看视频，幼儿尝试搭建"不倒宫殿"。

第一，观看图片，幼儿讨论故宫中宫殿十级地震不倒的原因。

▲ 教师引导幼儿互相讨论故宫宫殿不倒的原因。

——教师：你可以跟你身边的小伙伴谈论一下，什么原因使故宫的宫殿在地震时屹立不倒？

幼儿 A：因为柱子直立在地上，不是插进去的。

幼儿 B：结实所以才不容易倒。

教师分析：幼儿通过观看视频后，能够对于宫殿不倒的原因，有初步的认识，教师进一步可以通过搭建示例图引导幼儿尝试搭建。

▲ 出示搭建示例图，鼓励幼儿说出宫殿不倒的原因。（柱子是立于地面、建筑对称等）

第二，幼儿尝试搭建创作，教师巡视鼓励。

▲ 教师引导幼儿搭建过程中，关注搭建时积木放的前后、左右等的位置。

——教师：在我们搭建宫殿时，我们需要注意什么？（根基、对称）那我们积木的位置应该如何摆放呢？（放于平面、前后一样等）

▲ 幼儿独立自主搭建，教师巡回指导。

▲ 幼儿小组进行搭建，教师巡回指导。

② 验证不倒宫殿搭建成果。

第一，教师组织幼儿分别介绍自己及小组搭建的不倒宫殿。

第二，集体实践个别宫殿的坚固性，尝试挪动桌子，体验探索活动的快乐。

活动实施与反思：

本节活动幼儿主要通过实际探索与操作，尝试感知故宫建筑十分坚固。

● 幼儿在分组搭建过程中，通过稳固基础，高层连接，对自己的建筑都自信满满。

● 尝试移动过程中，孩子们小心翼翼，用小手保护着自己的建筑，通过我们不同的分组尝试，根据坍塌速度，发现更为对称的搭建，相对更加稳固。同时也总结经验，垂直建于地面的柱子，更能够承受住震荡，这也更加激发了幼儿想要进入建筑区搭建太和殿的愿望。

图 18　搭建场面十分热闹啊

探索尝试搭建故宫过程中，幼儿们分组体验，尝试合作完成！

活动四：科学——搭建太和殿

活动目标

①　感知太和殿内部与外部的比例对称关系，能够运用堆高、围拢、增宽等基本技能进行搭建。

②　能够在搭建中有计划、分工和合作。

③　愿意向同伴介绍自己的搭建成果，表述清楚。

重点难点：

①　重点：能够运用堆高、围拢、增宽等技能进行搭建太和殿。

②　难点：感知太和殿结构进行搭建并能做简单介绍。

活动准备：

①　经验准备：观察过太和殿的模型。

②　物品准备：积木、模型、图片。

活动过程：

①　出示模型，谈话导入。

——教师：咱们在组装太和模型时，是先从哪里搭建的呢？

②　巩固搭建经验，尝试搭建。

观看图片，激发幼儿原有搭建经验。

第一，出示建筑区搭建图片，鼓励幼儿说说搭建建筑时的顺序。

——教师：咱们在搭建建筑时，我们首先要搭建哪里？（底层）为什么？（起到稳固根基的作用等）

第二，教师引导幼儿讨论太和殿的搭建特点。

——教师：太和殿的搭建特色是什么？（屋檐等）

第三，幼儿搭建，教师从旁协助。

● 巩固幼儿堆高、围拢等基本技能。

● 关注幼儿搭建过程中的困难，适时适度进行指导。

第四，介绍搭建好的太和殿。

● 教师引导幼儿从搭建材料、搭建方法等方面介绍搭建过程。

● 班级幼儿共同评价作品。

③ 活动结束：

a. 教师拍照记录搭建成果，放置建筑区，激发幼儿搭建兴趣。

b. 将太和殿模型放于建筑区供幼儿欣赏。

活动实施与反思：

搭建活动的开展是进一步让幼儿感知故宫的外部结构特征。

第一，在搭建过程中，幼儿发现太和殿的庑殿顶不好搭建，尝试垫高，放上积木，会倾斜滑下。教师在观察到这一现象后，首先引导幼儿观察模型，描述庑殿顶是什么样子的。

第二，引导幼儿观察身边所有材料，选择可利用的材料一一尝试。幼儿在寻找材料时发现，有一木制积木，自身便带有角度，幼儿在尝试过程中发现，运用它可以更好地呈现庑殿顶的特点，因此，通过他们的多次尝试，为保建筑稳固，还进行了叠放，使其有作用力，最终孩子们完成太和殿的搭建。在体验着成功的喜悦下，大家共同分享经验，真可谓是在实际操作中感受中国人智慧和故宫建筑的伟大。

图 19　分享我们的搭建的太和殿

　　幼儿分享通过反复尝试后搭建的太和殿，其中分享内容包括他们面对殿顶搭建的困难和最终发现材料能够更好支持他们的结果。

活动五：美术——吉祥神兽（泥工）

活动目标：

① 能够运用团、捏、搓等形式制作各式各样的神兽。

② 知道不同神兽的特征，并能表现出来。

③ 喜欢用捏泥的形式表现太和殿上的神兽。

重点难点：

① 重点：运用团、捏、搓等形式制作各式各样的神兽。

② 难点：能够在捏泥的过程中表现不同神兽的主要特征。

活动准备：

① 经验准备：知道太和殿上的十只神兽。

② 物品准备：PPT（仙人走兽图片）黄泥等泥工工具。

活动过程：

① 通过谈话和观看 PPT 的形式了解太和殿上的神兽

——教师：小朋友们你们还记得太和殿上几只神兽吗？

——教师：那它们都是谁？它们分别叫什么？

　　幼儿 A：有斗牛、天马、仙人。

　　幼儿 B：天马，还有狮子、海马。

　　——教师：它们有哪些寓意呢？（寓意吉祥等）

　　——教师：咱们看一看这些神兽是什么样子的？（有马、人等）

　　——教师：天马是什么样子的？它的哪些地方是与众不同的？（有翅膀）

　　② 幼儿欣赏泥塑作品《骑凤仙人》，并创作自己看到的神兽。

　　第一，欣赏骑凤仙人，激发幼儿创作愿望。

　　——教师：你们看这个骑凤仙人用什么泥做的？为什么我们选择黄泥？（黄泥更结实）

　　——教师：那我们大家齐心协力，为太和殿制作神兽好不好？

　　第二，幼儿自由创作。

● 引导幼儿注意泥工活动时的常规要求，在垫板上进行创作。

● 教师观察指导，关注幼儿分泥创作的经验，鼓励幼儿积极参与创作。

　　③ 展览作品，幼儿互相欣赏，教师总结点评。

　　活动实施与反思：

　　第一，本次活动是结合图书区书籍《故宫里的大怪兽》开展，前期与幼儿进行了讨论，并且在区域中与部分幼儿共同运用多种泥工材料做了骑凤仙人[32]，通过探索发现黄泥的材料更为坚固。所以本次活动组织集体活动，运用较为坚固的黄泥进行其他神兽的创作。

　　第二，幼儿在创作过程中，能够关注不同神兽的自身特点，有角或者有翅膀等。小部分幼儿选择了合作创作。其中也遇到了问题，比如：翅膀粘到马身上有困难等。教师发现这一问题，现场丰富了材料如棉签、清漆等。最终大部分幼儿完成了创作，小部分幼儿的作品在区域中继续完成，这些泥工神兽也与建筑区相结合，会被摆放在搭建好的太和殿上。

---

　　[32] 相传战国时期齐国国君齐缗王败北后被追兵紧逼，逃到江边，危急中，遇一大鸟。于是，缗王骑上大鸟，渡江而去，化险为夷。古建上将骑凤仙人安排在首位，表示腾空飞翔并有祈愿吉祥意。其作用是固定垂脊下端的第一块瓦件。

图 20 黄泥作品《骑凤仙人》

前期教师幼儿共同在区域创作的黄泥作品《骑凤仙人》。

活动六：科学——故宫的秘密

活动目标：

① 能够对故宫的现象进行大胆的猜想，并体会到其中的快乐。

② 了解中国人的智慧的伟大，知道要勤于思考。

③ 愿意和同伴分享探索的结论和快乐。

重点难点：

① 重点：能够通过观看视频，了解故宫的秘密。

② 难点：对故宫的一些现象做猜想，并大胆表述。

活动准备：

① 经验准备：搜集过故宫有趣传说的资料。

② 物品准备：《紫禁城的秘密》视频、纸张、彩笔。

活动过程：

① 谈话引入，根据故事展开探索。

——教师：小朋友们，如果我们是故宫的建筑师，我们在建立故宫的时候会遇到哪些困难呢？

幼儿 A：故宫那么大，我们的木头，没有大吊车怎么站起来呢？

幼儿 B：丹陛[33]是怎么运到故宫的？

② 分享交流。

第一，教师分享，引导幼儿猜想。

● 教师分享故宫神秘趣闻——"震不倒的宫殿"。

——教师：故宫之中的建筑，在十级地震的时候都震不倒，小朋友们猜想一下为什么？（坚固、防震措施等）

● 请幼儿分享神秘趣闻，大家共同解答。

● 师幼总结最有趣的两件事。丹陛进城和震不倒的宫殿。

第二，播放视频《紫禁城的秘密》寻求答案。

● 播放视频，观看视频寻找答案。

● 教师鼓励幼儿交流观看感受，和同伴分享探究结果。

第三，记录经验，分享交流。

● 教师引导幼儿将今天发现的秘密，用纸笔记录下来。

● 幼儿交流作品，巩固故宫的秘密。

● 师幼交流对于故宫建筑特别坚固的看法。（人们聪明、遇到问题动脑筋等）

③ 结束部分

● 教师将幼儿的作品，装订成册，放在图书区供幼儿讲述。

● 鼓励幼儿继续发现故宫的秘密，进行交流分享。

活动实施与反思：

在参与本次活动中幼儿十分专注，他们能够通过自己对于故宫的了解，思考在建故宫时遇到的困难。带着问题寻求答案，观看视频时，能够看到孩子们看到人们的试验后，十分震惊，时而发出"哇"的声音。更是惊叹于在过去的时代，当遇到问题时，我们还能够寻求多种方法去解决问题。在大自然提供的福利下，人们轻松地运送沉重的石头等。这节活动让孩子们在震撼中了解了我们的故宫，了解了我们人类的智慧。

---

[33] 丹陛石又称陛阶石，是古代宫殿门前台阶中间镶嵌的那块长方形大石头，一般是一整块石头，有的还由好几段石头组成。

七、主题活动 6：美丽的扇子

班级：中一班　　教师：胡紫檬　付珊

（一）主题缘起

一天桃子小朋友在美工区做了一把扇子，引起了不少幼儿的关注，"扇一扇，有风出来时特别凉快，扇子上还画着漂亮的画"，孩子们高兴极了，都想尝试做扇子，还有的小朋友说："我家的扇子特别大，扇起风来可厉害了。"借此话题开展了此次活动。

《3～6岁儿童发展指南》中指出：儿童的发展是在适宜的环境中，以主动、积极、内涵丰富的活动为基础的。结合本班幼儿已知经验，通过了解扇文化、亲手设计制作扇子培养幼儿的审美情趣，感受中国扇的美。

小小的扇子除了日用外，还孕育着中华文化艺术的智慧，凝聚了古今工艺美术之精华，是民族传统文物中的艺术瑰宝。引导孩子们了解和喜欢扇子，喜欢中国的民俗工艺品，传承了本民族文化，使幼儿萌发爱国情感。

（二）主题目标

（1）通过欣赏扇子，了解和认识扇子的种类和结构，知道扇子是我国特有的民俗文化。

（2）能够利用不同材料来制作扇子，体验动手操作带来的乐趣，学习用折、画的方法自制扇子。

（3）通过搜集和制作扇子，初步具备不怕困难、勇于探索的科学品质。

（4）通过欣赏不同种类的扇子，知道不同的扇子是由不同材料制成的，能在集体面前大胆表述扇子的类型及用途，激发幼儿民族自豪感。

（5）知道扇子是中国传统的消暑工具，可以扇凉风，还能作为一种工艺品供人们欣赏，激发幼儿爱家乡、爱祖国的情感。

（6）初步了解中国扇文化，萌发幼儿对民间艺术的兴趣，认识扇面绘画的特点。

（三）主题网络图

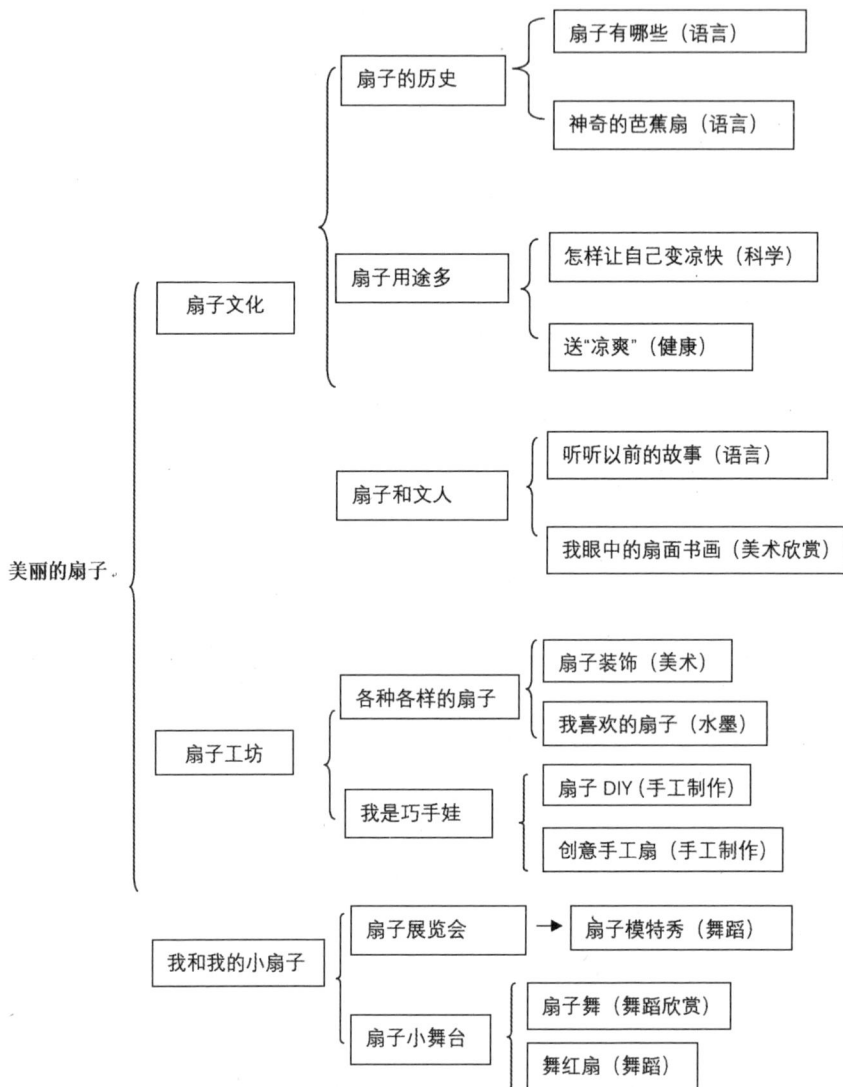

扇子的历史
- 扇子有哪些（语言）
- 神奇的芭蕉扇（语言）

扇子用途多
- 怎样让自己变凉快（科学）
- 送"凉爽"（健康）

扇子文化

扇子和文人
- 听听以前的故事（语言）
- 我眼中的扇面书画（美术欣赏）

美丽的扇子

扇子工坊

各种各样的扇子
- 扇子装饰（美术）
- 我喜欢的扇子（水墨）

我是巧手娃
- 扇子 DIY（手工制作）
- 创意手工扇（手工制作）

我和我的小扇子

扇子展览会 → 扇子模特秀（舞蹈）

扇子小舞台
- 扇子舞（舞蹈欣赏）
- 舞红扇（舞蹈）

（四）活动计划表

1. 教育活动

	活动名称	活动目标与内容
第一周"扇子文化"	1. 语言：扇子有哪些 2. 语言：神奇的芭蕉扇 3. 科学：怎样让自己变凉快 4. 健康：送"凉爽" 5. 语言：听听以前的故事 6. 美术：我眼中的扇面书画（欣赏）	1. 幼儿观察各种扇子的形状、色彩以及材料，了解其特征及用途。通过搜集和观察欣赏活动，能够较完整地讲述扇子的主要特征及用途。 2. 幼儿理解儿歌内容，了解芭蕉扇的超凡功能，启发幼儿尝试仿编、创编儿歌，提高幼儿想象力和语言表达能力，通过说儿歌感受到中国扇的魅力。 3. 幼儿通过探索降温的正确方式，发现扇子能产生风，可以达到降暑的效果，知道扇子是夏天的生活用品，它能使人们凉快。在观赏各种扇子的过程中，感受中国传统扇子的美和现代电风扇的方便。 4. 幼儿知道在夏天炎热的天气下容易中暑，了解扇子与我们生活的关系，可以用扇子来扇风降暑，增强自我保护意识。 5. 幼儿听故事了解扇子的历史文化和由来，知道扇子是我国特有的民俗文化，激发幼儿的民族自豪感。 6. 幼儿了解扇子的历史、相关知识，认识扇面绘画的特点。通过欣赏创作扇面画，激发学习中国画的兴趣，提高对祖国传统艺术的热爱之情。

第二周"扇子工坊"	1. 美术：中国扇（社会） 2. 美术：扇子装饰（绘画） 3. 美术：我喜欢的扇子（水墨） 4. 美术：扇子 DIY（手工制作） 5. 美术：创意手工扇（手工制作）	1. 幼儿初步认识各种扇子，知道扇子可以扇凉风，还可以作为一种工艺品供人们欣赏。在搜集扇子的过程中，了解扇子的种类、材料和用途，培养幼儿对民间艺术的兴趣，感受中国扇的美。 2. 在装饰扇面的过程中，培养幼儿对装饰画的兴趣，引导幼儿感受装饰的对称美和色彩美。并指导幼儿学习目测中心点，用已经学过的纹样和装饰方法对扇面中心和边缘进行装饰。 3. 幼儿欣赏文人的扇面书画，能用水墨的形式大胆画出自己喜欢的扇面画。 4. 幼儿有过欣赏不同种类的扇子和扇面的经验，学习用折、画的方法自制扇子。 5. 了解扇子的种类及组成部分，利用多种废旧材料与自然物制作手工扇，激发幼儿的创造性，培养幼儿的动手能力。
第三周"我和我的小扇子"	1. 音乐：扇子模特秀（舞蹈） 2. 音乐：扇子舞（舞蹈欣赏） 3. 音乐：舞红扇（舞蹈）	1. 幼儿大胆参与扇子展览活动，通过展示自己的小扇子，增强自信心。 2. 幼儿观看扇子舞蹈的视频，初步了解到扇子舞的特点，感受扇子舞的魅力。增强国家认同感。 3. 幼儿有过展示扇子和观看扇子舞蹈视频的经验，自选舞蹈扇或自制小扇子跟音乐进行舞蹈创编，感受到扇子带给我们的乐趣，大胆表现自己。

2. 区域创设与活动指导

（1）表演区。

① 材料准备：

● 《舞红扇》音乐。

● 中国扇。

● 幼儿自制小扇子。

② 活动指导：

● 教师指导幼儿掌握拿扇子跳舞的技巧，可以听音乐创编舞蹈动作。

● 教师鼓励幼儿用自制小扇子表演 T 台秀，增强幼儿自信心。

（2）美工区。

① 材料准备：

● 冰棍棒。

● 多种规格的空白折扇、空白团扇。

● 多种废旧物与自然物，如树皮、坚果壳、树枝、旧挂历纸等。

② 活动指导：

● 鼓励幼儿尝试用多种美术形式装饰扇面，如水墨、彩泥、绘画、剪纸等。

● 引导幼儿了解扇子的结构与材料，大胆制作并绘画扇面。

（3）主题墙布置

设计思路:《美丽的扇子》主题活动包括三个子主题，分别是扇子文化、扇子工坊、我和我的小扇子三部分。在活动的第一个阶段，首先让幼儿了解有关扇子的历史文化有哪些，通过神话故事导入主题，感受到扇子是我国特有的民俗文化，激发幼儿对扇子文化背后的探知欲望。在第二个阶段，幼儿有了了解扇子结构与种类的经验和欣赏扇面书画的经验后，开始设计自己喜欢的扇子，从装饰扇面到手工制作小扇子，层层递进，不断激发幼儿对扇子的好奇心，通过制作创意手工扇，使幼儿感受到中国扇文化的魅力，同时也提高对我国传统民间艺术的热爱。在第三个阶段时，幼儿可以利用自制的小扇子进行扇子展览和舞蹈表演，让幼儿了解到扇子与我们生活之间的关系，激发幼儿对扇子的喜爱，和爱家乡、爱祖国的情感。

① 扇子文化。

a. 了解扇子的文化历史，激发幼儿对中国传统文化的热爱。

b. 欣赏文人的扇面书画，增强幼儿的民族自豪感，提高幼儿的审美情趣。

② 扇子工坊。

a. 运用多种形式的绘画方法装饰扇面，初步掌握扇面作画的特点。

b. 了解扇子的种类及组成部分，学习折、画的方法，利用废旧材料和自然物自制扇子。

③ 我和我的小扇子。

a. 感受扇子与人们生活之间的关系，了解扇子带给我们的乐趣，激发幼儿热爱生活、爱祖国、爱家乡的情感。

b. 尝试用中国扇和自制小扇子创编舞蹈《舞红扇》。

4.家园共育

（1）家长和幼儿一同查阅有关扇子的资料，搜集不同种类的扇子。

（2）充分利用家长资源，将幼儿与家长一同制作的手工扇子带到班中，布置班级环境，让幼儿充分感受中国扇的魅力。

（3）开展以"扇子"为主题的亲子活动，向家长介绍班级主题的开展进程，让家长了解幼儿的发展，更好地配合班级工作。

图1　主题墙整体布置

（五）具体活动方案

活动一：语言——扇子有哪些？

活动目标：

① 观察各种扇子的形状、色彩以及材料，了解其特征及用途。

② 通过搜集和观察欣赏活动，能够较完整地讲述扇子的主要特征及用途。

③ 逐步养成注意倾听他人讲述的好习惯。

活动重难点：

① 重点：了解扇子的种类特征以及用途。

② 难点：通过欣赏不同的扇子，可以较完整地讲述扇子的主要特征及用途。

活动准备：

经验准备：

幼儿和家长一起搜集扇子，了解扇子的种类多种多样。

物品准备：

① 每人从家里带一把扇子，在教室布置一个展览角。

② 人手一张长方形的纸，彩笔一盒，人手一根线。

活动过程：

① 开始部分。

通过猜谜语活动，引出讲述主题。

● 谜语：有风它不动，一动就有风，要让它不动，等到起秋风。

● 请幼儿猜谜，引出扇子。

② 基本部分。

第一，幼儿观察自己带来的扇子，老师提问：

● 这是什么？它是什么形状的？

● 它是用什么材料做成的？

● 它是由哪几部分组成的？（扇面、扇把）

● 扇子有什么用处？

让幼儿与同伴自主地进行交流，并在集体面前介绍自己带来的扇子。提醒幼儿安静地倾听别人讲述。

第二，教师出示一把折扇，启发幼儿从扇子的形状、构造、制作材料、颜色、用途、使用方法等方面认识扇子。

③ 结束部分。

老师与幼儿共同将自己带来的扇子布置成一个非常美丽的展览角。让幼儿在展区内欣赏各种不同的扇子，还可以请几名幼儿讲讲他们喜欢的别人的扇子。老师注意引导幼儿运用已有的讲述经验进行讲述。

活动实施与反思：

为丰富幼儿的对扇子的认知，在活动开始前，通过家园共育的方式，让幼儿和家长一起搜集各种各样美丽的扇子，孩子们对扇子的认识不再只是停留在用来扇风的作用上，而是了解到了扇子还有很多其他的用途，如可以作为装饰品，还可以作为表演道具，而每一种扇子的外形特征也是不一样的。通过老师引导式的提问，幼儿认真观察不同种类的扇子，能用清楚、连贯的语言在集体面前大胆介绍自己带来的扇子，进一步激发幼儿探索有关扇子的秘密的欲望。

活动花絮：

图 2　幼儿自制团扇、折扇 a

图 3　幼儿自制团扇、折扇 b

活动二：语言——神奇的芭蕉扇

活动目标：

① 幼儿体验神奇的芭蕉扇给大家带来的乐趣，增加幼儿对语言活动的兴趣。

② 理解儿歌内容，了解芭蕉扇的超凡功能，启发幼儿尝试仿编、创编儿歌，提高幼儿想象力和语言表达能力。

活动重难点：

① 重点：理解儿歌内容，增加幼儿对语言活动的兴趣。

② 难点：了解芭蕉扇的超凡功能，幼儿尝试自己仿编儿歌。

活动准备：

① 经验准备：熟悉《火焰山》的故事。

② 物品准备：动画课件、大芭蕉扇，图片。

活动过程：

① 开始部分。

故事导入：

教师："小朋友们还记得《火焰山》的故事吗？铁扇公主有一把神奇的扇子叫什么？"（芭蕉扇）芭蕉扇非常厉害，它有什么超凡功能呢？（能生风、能下雨、能灭火）

② 基本部分。

第一，出示图片。

教师："孙悟空向铁扇公主借芭蕉扇，铁扇公主不愿意，一挥扇子就把孙悟空扇走了五万里之外，如果你得到了铁扇公主的芭蕉扇，你想用这把神奇的扇子把什么东西扇过来？"

● 教师出示图片《火焰山》故事，完整复述儿歌内容。

● 完整复述芭蕉扇的超凡功能儿歌，请幼儿欣赏。

扇一扇，扇一扇，铁扇公主芭蕉扇；一扇能生风，二扇乌云来，

三扇下起雨，四扇能灭火；扇一扇，扇一扇，超凡功能手中现。

第二，仿编儿歌。

● 教师："你喜欢芭蕉扇的哪种超凡功能？"

幼儿回答，教师用图画的方式记录。

● 幼儿看图片与教师一起朗诵诗歌。

● 出示真实芭蕉扇，幼儿尝试仿编儿歌。

出示图片请幼儿根据图片进行仿编。

请幼儿发挥想象，分组讨论，想一想如果他们有一把芭蕉扇，它有什么功能呢？并用绘画的方式记录下来。

③ 结束部分。

表演儿歌：请每个小组的幼儿在集体面前完整讲述自编儿歌。

活动实施与反思：

利用过渡环节时，提前让幼儿熟悉《火焰山》的大致故事内容，活动开始部分，教师通过引导语提示和播放动画课件，帮助幼儿回忆《火焰山》的故事内容和情节，激发幼儿参与活动的兴趣。在教幼儿说《芭蕉扇》的儿歌前，教师出示了图示卡，帮助幼儿加深印象，并且抓住了中班幼儿爱说、爱模仿这一特点，引导、鼓励幼儿根据《芭蕉扇》儿歌的内容、格式仿编新儿歌，培养幼儿的想象力和语言表达能力。

活动花絮：

图 4　观看神奇的芭蕉扇的故事　　　图 5　分组进行讨论创编儿歌并记录

活动三：艺术——我眼中的扇面书画（欣赏）

活动目标：

① 了解扇子的历史、相关知识及认识扇面绘画的特点。

② 欣赏创作扇面画，激发学习中国画兴趣，提高对祖国传统艺术的热爱之情。

③ 学习运用水墨画的方法创作扇面画，培养学生的国画绘画能力。

活动重难点：

① 重点：通过欣赏扇面书画，了解扇面书画的绘画特点。

② 难点：创作扇面画，激发幼儿对中国传统艺术的热爱之情。

活动准备：

① 经验准备：幼儿欣赏过扇子的种类、外形特征和材质，对扇子有大概的了解。

② 物品准备：图片资料，团扇、折扇等成品。

活动过程：

① 开始部分。

故事导入：老师讲故事"王羲之题字售扇"导入。

② 基本部分：欣赏扇子。

● 学生共同欣赏扇子艺术作品，引出《韩熙载夜宴图》，简要介绍作品的名称与作者，然后请学生观察，"古人是怎样纳凉的？"并说说欣赏感受。

● 介绍扇子的历史、种类和艺术特色等。

教师："画中的扇子叫团扇，根据形状、材料、结构等的不同，扇子还有许多种，你们还知道有哪些不同的扇子？你带来的是什么扇子？每个部分可以怎么称呼？"

比较分析：你们觉得现在我们日常生活中所用的扇子与古代的扇子有什么不同？学生结合自己带的、教师带的扇子、课件上展示的扇子，进行交流，了解与感受中华古扇子的艺术与文化。

● 教师小结：扇子种类繁多，按材质分有羽扇、檀香扇、纸扇等，按形式分有团扇、折扇等。中国传统艺术源远流长，书画家扇面上题诗作画，形成了书画艺术中的"别体之作"，扇子也由此成了融书画、工艺于一体的精美艺术品。

③ 结束部分：尝试创作。

第一，教师展示扇子图片认识扇子的结构。（扇面、扇骨边、扇骨等）

第二，教师讲解，学生观察。（注意扇子形状、水墨渲染效果及用笔的干湿浓淡等）

第三，学生尝试创作：用水墨画的方式设计扇面，进行构图练习。

活动实施与反思：

通过欣赏大师的作品，幼儿感受到水墨在扇子上表现出独特的古典美，从而萌发自己创作的愿望。幼儿在了解扇子种类、形状、结构的基础上，自选喜欢的空白扇子，利用水墨的形式在空白扇子上进行创作。最后的交流展示环节，孩子们互相介绍自己的作品，玩得不亦乐乎，培养了幼儿对传统民间艺术的兴趣，激发了幼儿热爱民间艺术的情感。

活动花絮：

图6　幼儿介绍扇面书画的特点　　　　图7　幼儿用水墨绘画扇面

活动四：艺术——扇子装饰（绘画）

活动目标：

① 培养幼儿对装饰画的兴趣，引导幼儿感受装饰的对称美和色彩美。

② 指导幼儿学习目测中心点，用已经学过的纹样和装饰方法对扇面中心和边缘进行装饰。

活动重难点：

① 重点：培养幼儿对装饰画的兴趣，引导幼儿感受装饰的对称美和色彩美。

② 难点：能用学过的纹样和装饰方法对扇面中心和边缘进行装饰。

活动准备：

① 经验准备：请幼儿和家长共同搜集扇子。

② 物品准备：

● 视频课件：中国扇艺——艺术百科。

● 幼儿制作材料：卡纸，油画棒，剪刀、扇子图片。

活动过程：

① 开始部分。

引导幼儿欣赏各种扇面装饰，感受装饰带来的美。

出示图片，请幼儿观察扇子都有什么形状，它们的花纹是怎样的？

● 教师：今天老师带来了一把扇子，你们想看看吗？

● 出示扇子：你觉得这把扇子怎么样？（幼儿自由发言）

② 基本部分。

第一，学习装饰方法。

● 请小朋友们欣赏扇子图片，看看它是用什么方法装饰扇子的。

● 教师边示范边讲解：装饰的时候先用眼睛找出扇面的中心点，然后围绕中心点进行边缘装饰和中心纹样装饰，画好装饰图案后，再涂上漂亮的颜色。

第二，幼儿操作，教师巡回指导。

教师根据幼儿的操作情况进行指导，指导幼儿根据形状进行装饰，图形可以采取中心纹样和上下左右对称的方法，鼓励幼儿涂上漂亮的颜色。

③ 结束部分：作品展览。

● 将小朋友自制的扇子与带来的工艺扇子搜集摆好，开办 "扇子展览会"。

● 幼儿以游览的方式进行观看，师幼共同欣赏。

活动实施与反思：

本次开展的扇子装饰活动，让幼儿用硬卡纸自己裁出喜欢的扇子形状，再用水彩笔在扇面上进行装饰，幼儿把学过的花纹样式，对称地装饰在扇面上，通过本次活动，提高了幼儿对色彩美和对称美的感知能力，也锻炼了幼儿的动手操作能力。

活动花絮：

图8　小朋友们制作扇子

图9　看我们做的扇子展览

活动五：艺术——创意手工扇（手工）

活动目标：

① 了解扇子的种类及组成部分，学习用折、画的方法自制扇子。

② 通过制作手工扇，激发幼儿的创造性，培养幼儿的动手能力。

活动重难点：

① 重点：尝试用折、画的方法自制扇子。

② 难点：激发幼儿制作手工扇的创造性，提高动手能力。

活动准备：

① 经验准备：幼儿了解过扇子的不同种类及材质。

② 物品准备：搜集各种扇子实物、彩色卡纸、剪刀、彩色毛根、冰棍棒、扇把、水彩笔、蜡笔、羽毛、树叶、绸面布料、彩色丝线。

活动过程：

① 开始部分：出示扇子。

提问："孩子们，看看这是什么啊？（扇子）　那你们知不知道它有什么用处啊？"

② 基本部分。

第一，扇子分类。

幼儿互相介绍自己的扇子，寻找各种扇子的异同，启发幼儿按大小、形状、制作材料、扇面图案进行分类。

第二，幼儿制作。

教师出示制作材料，启发幼儿按自己的意愿选择材料进行制作，作品完成后可用各色丝线装饰扇把。

教师："你想用哪些材料进行制作？"（幼儿自选材料）

③ 结束部分。

第一，作品展示。

幼儿相互欣赏同伴制作的手工扇，并说一说用了哪些材料，做的是哪种扇子。

第二，体验扇子在生活中的用途。

挑选合适的扇子到音乐区表演节目。

师幼共同布置环境。

活动实施与反思：

通过欣赏扇子、绘画扇面这些活动，幼儿对美丽的扇子充满了兴趣，并且产生了想要DIY扇子的愿望，教师为幼儿提供了丰富的材料、工具，支持幼儿自主探索材料的组合和利用，让每个小朋友都能DIY一把自己喜欢的样式的扇子，通过与同伴介绍、分享制作扇子的过程，锻炼了幼儿的口语表达能力，提高了幼儿的自信心，进一步激发了幼儿对民间艺术的热爱。

活动花絮：

图 10 幼儿自制扇子   图 11 幼儿在绘画扇面

活动六：社会——美丽的扇子

活动目标：

① 认识各种扇子，知道扇子可以扇凉风，还可以作为一种工艺品供人们欣赏。

② 培养幼儿语言表达能力，自主学习能力。

活动重难点：

① 重点：认识各种扇子以及不同用途。

② 难点：通过认识扇子培养幼儿的语言表达能力。

活动准备：

① 经验准备：幼儿已有时装表演的经验。

② 物品准备：幼儿与家长搜集的扇子若干、白色卡纸、蜡笔、剪刀、好听的音乐。

活动过程：

① 开始部分：出示扇子，激发兴趣。

教师：今天，老师带来了一把扇子，你们想看看吗？

出示扇子：你觉得这把扇子怎么样？（幼儿自由发言）

② 基本部分：请幼儿介绍自己带来的扇子。

教师：说一说你带来的是什么扇子，它的色彩和样式，有什么用途？

教师向幼儿介绍几种特殊的扇子。

第一，出示帽扇。

教师：这是把什么扇子？它有什么用途？

小结：这把叫帽扇，它不但可以扇风，而且还可以做遮阳帽。

第二，出示把大的装潢扇。

教师：这把扇子怎么样？猜猜这把扇子是用来干什么的？

小结：人们把它挂在墙壁上，用来装饰房间的，叫工艺装潢扇。

③ 结束部分。

教师小结：看多媒体——中国扇艺（艺术百科）

扇子是各种各样的，有绢扇、折扇、蒲扇、团扇、檀香扇等。

扇子的用处很大，不但在夏天给人们带来凉风，很多扇子上还有艺术作品，供人们欣赏。

活动实施与反思：

通过本次活动，幼儿进一步了解到扇子的种类以及用途都是多种多样的，并且认识到了扇子种类中比较典型的几类扇子的名称、外形、特征，通过同伴间相互交流、讲解不同扇子的种类、用途，培养了幼儿的语言表达能力和倾听能力。

活动花絮：

图 12 幼儿讲述绘画扇面的方法

图 13 幼儿介绍羽毛扇的特点和用途

活动七：科学——五彩的扇子

活动目标：

① 知道扇子是夏天的生活用品，它能使人们凉快。

② 幼儿在观赏各种扇子的过程中，感受传统扇子的美和现代电风扇的方便。

③ 幼儿能初步意识到用电的安全。

活动重难点：

① 活动重点：知道扇子的用途是可以使人凉快。

② 活动难点：通过观赏各种扇子，感受中国传统扇子和现代电风扇的好处。

活动准备：

① 经验准备：幼儿已经有过书面画"画扇子"的经验。

② 物品准备：幼儿从家自带一把扇子到幼儿园，如芭蕉扇、香木扇、纸扇、绢扇。

活动过程：

① 开始部分：谈话引入。

让幼儿知道扇子是夏天常用的纳凉工具。

教师：夏天很热的时候，我们怎样才凉快呢？（吃冷饮、扇扇子、到有风的地方乘凉等）

教师：今天小朋友带来很多扇子，请你向大家介绍一下自己带的是什么扇子？

② 基本部分：引导幼儿观察比较不同材料制作的扇子及其特点。

第一，引导幼儿从制作材料、形状、颜色、美观，产生风的大小、用途等方面进行比较。

教师：看一看，你们的扇子都一样吗？有什么不一样？

教师：你的扇子是用什么做成的？扇起来有什么感觉？

引导幼儿观察自己的扇子并用语言表达。

教师：你觉得哪一把扇子最漂亮？为什么？

第二，引导幼儿将中国传统的扇子和现代的电风扇等做比较。

教师：用电风扇应该注意什么？

第三，结束部分。

师幼小结：扇子在夏天能使我们凉快，我们知道的扇子有各种形状，可以用不同材料制作折扇、羽毛扇、芭蕉扇、香木扇、丝绸扇、电风扇。

活动实施与反思

通过扇子扇风引导幼儿说出电风扇的作用，并向幼儿介绍电风扇的运作原理，让幼儿感受到高科技为我们带来的便利。通过本次活动，发展了幼儿的观察能力，激发了幼儿热爱民间艺术的情感。

活动花絮：

图14　幼儿介绍折扇的特点

图15　幼儿讲述从家带来的扇子

活动八：健康——扇子乐（体育游戏）

活动目标：

① 探索扇子的多种玩法，发展走、跑、跳、钻等动作。

② 利用扇子玩多种民间游戏，提高身体的协调性和灵活性，培养幼儿对民间游戏的兴趣。

活动重难点：

① 重点：能探索扇子的多种玩法，提高身体协调性和灵活性。

② 难点：利用扇子玩多种民间游戏，尝试自编有趣的游戏。

活动准备：

① 经验准备：幼儿玩过走跑跳的游戏，身体有一定的协调能力。

② 物品准备：扇子、《中国功夫》音乐。

活动过程：

① 开始部分：热身运动，活动身体。

说唱儿歌，玩"鼓掌游戏"。

② 基本部分：出示扇子，幼儿进行讨论怎么玩。

● 请幼儿自由结伴，想一想怎么利用扇子来玩民间游戏。

● 共同选择几种经典并且适合用扇子的游戏，引导幼儿互相学习、思考。

● 互相交流探索扇子融入的民间游戏，小组尝试游戏。

● 集合幼儿，请幼儿投票推选好玩的扇子游戏，与幼儿一起完善游戏规则，请大家尝试游戏。

● 教师与幼儿共同游戏。

③ 结束部分：观看扇子舞《中国功夫》。

● 幼儿学习扇子舞，感受中国扇子舞蹈的魅力。

● 放松运动结束活动。

活动实施与反思：

教师引导幼儿自由交流探索扇子的多种玩法，并将扇子融入民间游戏中，与幼儿一起制定游戏规则，自编游戏玩法，为幼儿提供了自主学习的机会和氛围，通过本次的活动，丰富了孩子对扇子的认识和理解，培养了幼儿的想象力和创造力。

活动花絮：

图16　幼儿在户外探索扇子的多种玩法 a

图17　幼儿在户外探索扇子的多种玩法 b

活动九：艺术——我制作的小扇子（手工）

活动目标：

① 学习用画、剪、贴等方式自制扇子。

② 知道扇子是中国传统的消暑工具，体验用自制扇子使自己凉快舒适的感受。

活动重难点：

① 重点：能用画、剪、贴等方式自制扇子，初步了解扇子的种类。

② 难点：知道扇子是中国传统消暑工具，能运用多种方法制作扇子。

活动准备：

① 经验准备：幼儿有过使用扇子避暑的经历。

② 物品准备：

● 各种不同形式的扇子

● 卡纸、冰棍棒、图画纸、水彩笔。

活动过程：

① 开始部分

第一，请幼儿说一说夏天避暑的方法。

教师提问："夏天到了，外面的天越来越热，有什么能让自己变得凉快起来呢"？（吹电扇、吃冰激凌、扇扇子、开空调、穿裙子、穿背心）

第二，出示搜集来的扇子，请幼儿欣赏各种扇子。

师：我拿了有许多不同的扇子，我们一起来看一看它们都是什么样子的。你们见到过哪些扇子呢？它们都是什么样子的？什么图案？你知道它们叫什么名字吗？

② 基本部分：学习制作扇子。

出示各种不同的扇子，请幼儿来摸一摸、扇一扇。

● 师：刚才看了这么多的扇子，现在我们自己也来做一把小扇子。

● 出示折扇和团扇各一把，教师演示团善于折扇的制作方法。

● 提问：团扇除了可以是圆形的以外还可以是什么形状的呢？大家可以做各种不同形状的扇子。提示大家的扇子上都有美丽的图案，请大家在做的时候也能把大家的小扇子做漂亮。

● 幼儿制作扇子。

▲团扇：将卡纸剪出自己喜欢的形状，装饰上美丽的图案，在后面贴上冰棍棒。

▲折扇：先在卡纸上画上图案，再将卡纸来回折叠，完成后可在一端剪出花边。

③ 结束部分。

展示幼儿作品，请幼儿介绍自己制作的扇子。

活动实施与反思：

孩子们通过之前的活动，对扇子的种类、外形、用途有了一个大概的了解，教师为幼儿提供充足的制作材料，支持幼儿自主探索团扇和折扇的做法，通过本次活动，发展了幼儿的动手能力。

活动花絮：

图 18　绘制我们小扇子上美丽的图案

图 19　我们组做的是团扇

活动十：社会——中国扇

活动目标：

① 初步认识各种扇子，知道扇子可以扇凉风，还可以作为一种工艺品供人们欣赏。

② 了解扇子的种类、材料和用途，萌发幼儿对民间艺术的兴趣，感受中国扇的美。

活动重难点：

① 重点：能用连贯的语言清楚地表述扇子，了解扇子的种类。

② 难点：了解扇子材料和用途，让幼儿萌发对民间艺术的兴趣。

活动准备：

经验准备：幼儿通过多种途径了解扇子的相关知识，丰富经验。

物品准备：

不同种类的扇子、音乐、工艺装饰扇、木兰扇。

活动过程：

① 开始部分：故事引入。

教师为幼儿讲解扇子的故事（文化和历史），激发幼儿对民间艺术的兴趣。

②　基本部分：

第一，介绍工艺装饰扇。

提问：扇子像什么形状？扇面上有什么？是用什么材料做的？扇骨是用什么材料做的？这把扇子有什么作用？

小结：这把扇子叫作工艺装饰扇，人们把它挂在墙壁上来装饰房间。

第二，介绍其他种类的扇子。

教师与幼儿交流，引导幼儿认识不同扇子的名称、样子和材料。（羽扇、绢扇、折扇、葵扇、麦秆扇和檀香扇）

通过不同方式，表述自己喜欢的扇子。

● 组织幼儿选一把自己喜欢的扇子，说一说扇子的名称和材料，为什么喜欢它。

● 引导幼儿主动表述自己选择扇子的名称、样式和材料。

小结：中国的扇子是各种各样的，扇子的名字、样式、用的材料都不同，每一把扇子都有自己的特点，都很漂亮，都是中国的民间艺术。

第三，引导幼儿发现扇子的作用。

提问：这些扇子都可以干什么用呢？启发幼儿思考，引导幼儿发现扇子的不同作用。

扇子分类。

请幼儿按照扇子的种类将它们放到展览架上。

向幼儿介绍羽毛扇。

提问：这么漂亮的扇子可以干什么？（用它做道具能使舞蹈更加好看）

③　结束部分：自制小扇子。

请每名幼儿选择一把自己喜欢的扇子，教师和幼儿搜集各种废旧材料，开展动手做扇子活动。

活动实施与反思：

通过故事引入，激发幼儿的活动兴趣。教师与幼儿重温扇子的种类、结构和制作材料，让幼儿了解扇子的种类有很多。通过本次活动，发展了幼儿的语言表达能力和动手操作能力，丰富了对扇子的认知。

活动花絮：

图 20 幼儿欣赏扇子的不同种类

图 21 幼儿欣赏扇子的不同种类

八、主题活动 7：好看的蓝印花布

班级：中二班　　教师：陶苑玲　高杨　李泷

（一）主题缘起

升入中班后，幼儿对新班级的环境产生了浓厚的兴趣。一天在美工区角落，一名幼儿在美工材料里发现了一块蓝色的花布，孩子们没见过，像发现新大陆似的跑过来问我："老师，这块布是什么呀！"我一看，是一块蓝印花布，应该是上个班级留下的美工材料。孩子们围住我问道："这块布是干什么的？""这块布怎么这么蓝？"孩子们对这块"来历不明"的蓝印花布产生了浓厚的兴趣，纷纷问了我好多问题。

《3～6岁儿童学习与发展指南》提出："要充分尊重和保护幼儿的好奇心和学习兴趣，引导幼儿接受良好的社会环境和文化熏陶，形成基本的认同感和归属感。"《幼儿园教育指导纲要》也指出："要拓展幼儿对社会生活环境的认识，激发爱家乡、爱祖国的情感。""蓝印花布"是我国独有的民族文化和艺术瑰宝，色彩鲜明，花纹种类繁多，蕴含着淳朴的乡俗气息。

因此，为了进一步了解花布背后的历史文化和民俗气息，我们与幼儿一起开展了"好看的蓝印花布"主题活动，在动手动脑中探索蓝印花布，制作蓝印花布，丰富幼儿对民间艺术的认识，培养幼儿的民族认同感。

（二）主题目标

（1）欣赏各种蓝印花布制品，感受蓝白对比的美，知道图案的象征意义，感受民族手工艺的美。

（2）认识蓝印花布的家乡，了解南通地区的地理环境和文化特色，激发爱祖国爱家乡的情感。

（3）初步了解蓝印花布的印染种类和方法，感受江南水乡劳动人民的聪明才智，为自己是一名中国人而感到骄傲。

（4）知道蓝印花布的历史，了解蓝印花布传承的重要性，对保护和发扬我国传统的优秀民族手工艺有初步的责任感和使命感。

（5）同蓝印花布的种类和创意作品，愿意自己尝试制作和印染蓝印花布，并有创新地将图案花纹应用到其他物品上，体验成功的喜悦。

（6）喜欢在户外和同伴进行"蓝印花布变变变"等有趣的体育游戏，感受民间体育游戏的快乐。

（三）主题网络图

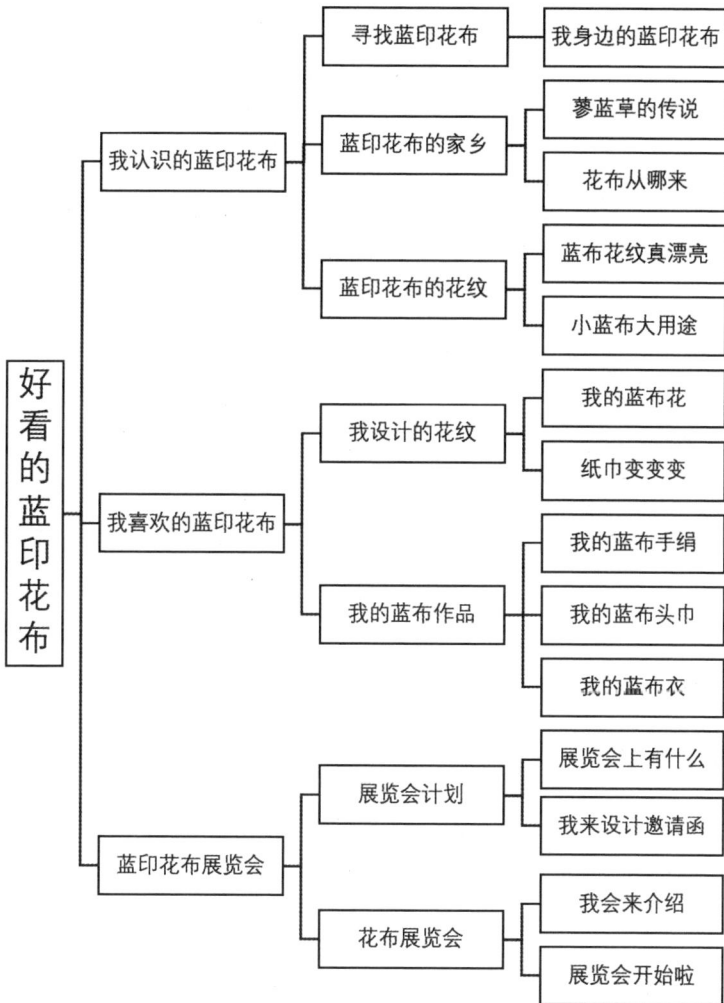

好看的蓝印花布

- 我认识的蓝印花布
  - 寻找蓝印花布
    - 我身边的蓝印花布
  - 蓝印花布的家乡
    - 蓼蓝草的传说
    - 花布从哪来
  - 蓝印花布的花纹
    - 蓝布花纹真漂亮
    - 小蓝布大用途
- 我喜欢的蓝印花布
  - 我设计的花纹
    - 我的蓝布花
    - 纸巾变变变
  - 我的蓝布作品
    - 我的蓝布手绢
    - 我的蓝布头巾
    - 我的蓝布衣
- 蓝印花布展览会
  - 展览会计划
    - 展览会上有什么
    - 我来设计邀请函
  - 花布展览会
    - 我会来介绍
    - 展览会开始啦

（四）活动计划表

1. 教育活动

	活动名称	活动目标与内容
第一周	1. 语言——我知道的蓝印花布（谈话） 2. 社会——花布家乡好风光 3. 美术——蓝布花纹真漂亮（欣赏） 4. 科学——神奇的南通屋顶（建筑欣赏） 5. 科学——神奇的扎染（科学探究） 6. 体育——蓝印花布变变变（体育游戏）	1. 愿意和大家分享假期搜集到的蓝印花布资料，知道蓝印花布是中国特色的民间艺术。 2. 初步认识蓝印花布的家乡——中国南通，初步感知南通的风土人情，为祖国的美好山河感到骄傲和自豪。 3. 喜欢蓝印花布的图案和纹路，初步认识蓝印花布的图案含义，及纹路线条对称、重复的艺术美。 4. 知道南通传统建筑的特点和作用，初步了解江南房屋建筑与当地气候、风土人情的关系。 5. 对蓝印花布的制作方法感兴趣，愿意观察和探究蓝印花布的制作过程，对中国的扎染工艺产生热爱和自豪。 6. 喜欢参加蓝印花布相关的体育游戏，锻炼大肌肉发展和身体协调能力，感受体育游戏的快乐。
第二周	1. 语言——蓼蓝草的传说（故事） 2. 科学——染料里面有什么（探究） 3. 美术——我的蓝布花（蜡染） 4. 音乐——蓝印花开（音乐欣赏） 5. 科学——蓝印花布怎么绑（科学探究） 6. 社会——展览会上有什么	1. 知道蓝印花布的传说和由来，能大致讲述出蓝印花布的传说故事。 2. 对蓝布印花的扎染染料感兴趣，愿意动手动脑探究蓝印花布的染料组成。 3. 初步体验蜡染方法，能大胆设计自己喜欢的蓝印花布花纹。 4. 喜欢欣赏江南水乡的经典音乐，感知并初步认识音乐中使用的民族器乐和演唱方法。 5. 通过观察、操作，了解蓝印花布的捆绑材料与方法，感受材料的特性，体验蓝印花布色彩与纹理美。 6. 了解展览会的形式，初步尝试与同伴共同商定蓝印花布展览会的展品，确定展出的作品和展览区域。

第三周	1. 科学——小蓝布大用途 2. 美术——我的蓝布手绢（扎染） 3. 美术——制作蓝布衣裳（亲子活动） 4. 语言——我会来介绍 5. 美术——我来设计邀请函 6. 社会——展览会开始啦	1. 初步了解蓝布印花的种类，知道蓝布印花在人们日常生活中的重要作用。 2. 愿意动手尝试扎染，用捆绑、系扎等方式制作自己喜欢的蓝布手绢，体验成就感。 3. 与父母一起动手扎染，充分利用废旧衣物，感受亲子共同活动的愉快。 4. 知道展览会中的展品名称和种类，能基本完整地介绍展会上的不同展品。 5. 初步了解邀请函的组成部分，尝试动手设计蓝印花布展览会邀请函卡片，并邀请身边的人前来参观展览。 6. 知道自己在展览会中的角色，喜欢在展览会中大胆表现自己，愿意向前来参观展览的人们大胆介绍不同展品。

2. 区域材料投放与活动指导

（1）阅读区：创设蓝印花布书籍角。

① 材料准备：

● 家长与幼儿共同搜集的有关蓝印花布的资料，如扎染的图示讲解、搜集的花纹样式、好看的图案等。

● 蓝印花布图案相关书籍，如《中国蓝印花布图案大全》。

● 幼儿自己设计的蓝印花布图案和花纹作品装订成册。

● 颜色变化的相关拓展绘本，如《颜色变变变》《红色和蓝色》。

图1　颜色变化类绘本　　　图2　幼儿搜集的资料册　　　图3　蓝印花布花纹图案类书籍

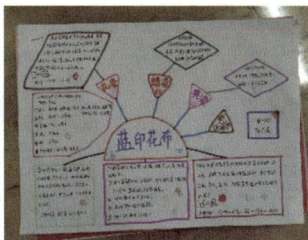

② 活动指导：

● 鼓励幼儿将自己搜集的图画、资料等进行讲述和分享。

● 引导幼儿感受蓝印花布图案纹样，并尝试用画图的形式来表达。

● 引导幼儿感受颜色变化的含义和内涵，拓展幼儿对中国扎染工艺的认识。

（2）美工区： 创设有关蓝印花布扎染的欣赏和创作环境。

① 材料准备：

● 蓝印花布扎染颜料、多种布料、尖嘴瓶、皮筋、塑料小球等扎染工具和材料。

● 中国蓝印花布制作和扎染工具类书籍，如《手工扎染艺术教程》。

② 活动指导：

● 引导幼儿探索多种扎染工具和材料结合的不同效果，感受扎染的有趣和奇妙。

● 引导幼儿制作蓝印花布的时候结合扎染相关工具书，探索不同的扎染方法。

图 4　扎染瓶、皮筋、冰棍棒、一次性手套 　　　图 5　白色 40×40cm 扎染衬布

图 6　夹子、皮套、球等材料供幼儿捆绑

（3）美食区：创设具有南通传统美食特色的"南通风味小吃"角。

① 材料准备：

● 蓝印花布家乡——南通传统美食的相关图片。

● 有助于幼儿制作美食的半成品材料，如彩泥、皱纹纸。

● 蓝印花布制作的围裙、头巾等服饰。

② 活动指导：

● 家园共育共同搜集有关南通传统美食的资料，引导幼儿丰富相关经验，体验南通传统特色美食。

● 引导幼儿形成分工合作、互相协商的好习惯，引导幼儿商定美食区角色，利用半成品制作出各种美食。

图7 创设"美食区"

（4）表演区：

① 材料准备：

● 蓝印花布制作的相关服饰，如衣服、裙子、头巾等。

● 带有中国蓝印花布吉祥图案的手绢，如"二龙戏珠""狮子滚绣球"。

● 南通地区江南水乡的特色民俗音乐，包含丝竹、扬琴、古筝、南通号子等音乐元素的歌曲，如《蓝印花开》《旱天雷》等。

　　① 活动指导：

　　● 引导幼儿欣赏江南的经典民间音乐，感受我国传统民间乐器的音色、音调。

　　● 引导幼儿在进行表演的同时用蓝印花布装饰自己，运用多种蓝印花布的元素进行表演。

3. 主题墙布置

　　设计思路：

　　主题墙呈现的内容根据幼儿的兴趣与主题的进展过程展开，具体由三部分组成，第一部分是"我认识的蓝印花布"，第二部分是"我喜欢的蓝印花布"，第三部分是"蓝印花布展览会"。板块分为"寻找蓝印花布"和"谁才是蓝印花布"，将幼儿寻找来的蓝印花布悬挂起来，供幼儿欣赏，"谁才是蓝印花布"是帮助幼儿分辨梳理经验，找到蓝印花布的特点。"蓝印花布的家"板块主要是帮助幼儿探索蓝衣花布家乡——南通地区的传统房屋特点及水乡的风土人情，包括"我设计的花纹"和"我设计的图案"，将花纹和图案分类，将幼儿作品装订上墙，让幼儿可以随时取下翻阅。板块"我身边的蓝印花布"和"我知道的制作工具"是幼儿自己寻找和发现的经验，供幼儿进行活动时参考。将幼儿的展览会计划以绘画的形式展现出来，是幼儿自己讨论经验的总结，可以帮助幼儿明确职责和分工。

　　（1）我认识的蓝印花布。

　　蓝印花布的家。将南通的建筑、音乐、美食等资料展现主题墙，帮助幼儿探索蓝衣花布家乡——南通地区的传统房屋特点，及水乡的风土人情。

　　寻找蓝印花布。用幼儿在生活中找到的蓝印花布扎染作品，帮助幼儿梳理蓝印花布的特点。

　　我身边的蓝印花布。幼儿寻找到的身边蓝印花布制品及照片展示主在题墙，丰富幼儿经验。

　　我知道的制作工具。幼儿搜集到的制作蓝印花布用的工具展示在主题墙，帮助幼儿认识工具、丰富经验。

图8 "蓝印花布的家"　　　　图10 "我身边的蓝印花布"　　　图9 "我认识的蓝印花布"
　　　　　　　　　　　　　和 "我知道的制作工具"

（2）我喜欢的蓝印花布。

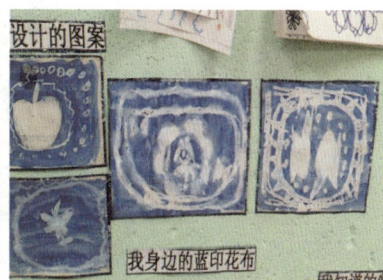

① 我设计的花纹。展示幼儿寻找到的花纹种类，如中心对称式、重复排列式花纹，并将幼儿设计的花纹装订起来，幼儿随时可以拿下来翻阅。

② 我设计的图案。按照图案的种类展示幼儿的作品，如植物类、动物类等，帮助幼儿丰富对图案的认识。

图11 蓝印花布展示墙　　图12 "我喜欢的蓝印花布"　　　图13 "我设计的图案"

图14 幼儿作品墙（右）　　　　　图15 幼儿作品墙（左）

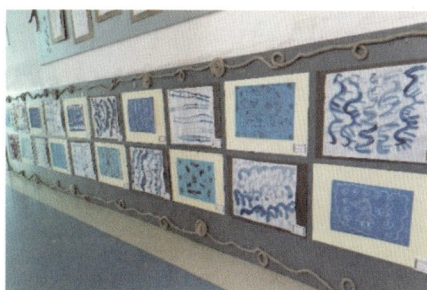

（3）蓝印花布展览会。

①　展览会计划。幼儿设计的邀请函卡及搜集的相关资料，幼儿绘画形式的展览会步骤及内容，供幼儿展览会时参考。

②　花布展览会。展现幼儿排练和演出的照片，布置展览会墙面，发挥环境的整体性作用。幼儿的展览会内容以绘画的形式展示出来，是幼儿自己讨论经验的总结，可以帮助幼儿明确职责和分工。

图16　"蓝印花布展览会"

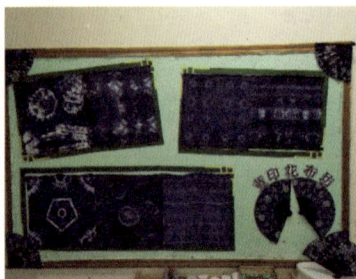
图17　"蓝印花布坊"

图18　"蓝印花布展示架"

图19　孩子们欣赏蓝印制品

图20　孩子们展示蓝印制品

4. 家园共育

（1）家长同幼儿一起参观中国民间艺术博物馆，欣赏扎染工艺和蓝印花布。

（2）家长与幼儿搜集家里不用的纯色衣服，共同扎染，制作蓝印花布衣裳。

（3）家长与幼儿一起上网搜集和寻找蓝印花布的资料，制作成蓝印花布手册。

（五）具体活动方案

活动一：语言活动——我知道的蓝印花布（谈话）

活动目标

① 愿意围绕"我知道的蓝印花布"这一话题与同伴分享自己在假期搜集到的有关蓝印花布的图片、作品等。

② 在集体中能安静、认真听他人讲话，有听说轮换意识。

③ 能用完整句较连贯、清楚地围绕主题谈论自己对蓝印花布的认识和感受。

活动准备：

① 经验准备：假期参观了民间美术馆，参观了蓝印花布作品。

② 物品准备：幼儿参观的照片、幼儿搜集的相关资料、幼儿的扎染作品、蓝印花布 PPT。

活动过程：

① 开始部分：

出示幼儿开学带回来的蓝印花布资料，激发幼儿讨论兴趣。

——看！小朋友们假期带回来这么多礼物？这些都是什么？

② 基本部分：

第一，教师提问，引出谈话主题。

——桌子上这么多跟蓝印花布有关的东西，你们假期都去哪儿玩了？

第二，教师请幼儿到前面分享自己的假期收获。

教师请几名小朋友在集体面前结合自己带来的东西讲述，并提醒其他幼儿认真聆听。

——你今天带来的是什么作品？它是什么样子的？是怎么做出来的？

教师继续请其他幼儿到前面分享讲述，给予幼儿充分表达交流的时间。

——你假期和爸爸妈妈去哪里玩了？有什么好玩的事情？

第三，教师小结：假期小朋友们和爸爸妈妈去参观了蓝印花布，有的小朋友和父母上网搜集了一些蓝印花布的知识，还有的小朋友体验了扎染活动，小朋友们都收获了好多，认识了好多蓝印花布。我们一起把小朋友们的作品排列起来，一起欣赏吧！

③ 结束部分。

将幼儿在假期搜集的作品和资料展示在"我知道的蓝印花布"专栏中，引导幼儿们有序欣赏。

活动实施与反思：

通过谈话活动，孩子们互相分享交流了自己找到的蓝印花布。有的小朋友说："蓝印花布蓝蓝的、旧旧的。"说明幼儿已经对蓝印花布有了一定的认识。但是也有幼儿在假期体验扎染的时候，带来了彩色的布，我们通过讨论"谁才是蓝印花布"，让幼儿知道了蓝印花布的特点，通过比对不同的布，幼儿知道了什么是蓝印花布，为什么叫蓝印花布，知道了蓝印花布的典型特征。

图 21　孩子们讨论蓝印花布　　　　图 22　幼儿介绍自己找到的蓝印花布

活动二：　美术活动——蓝布花纹真漂亮（美术欣赏）

活动目标：

① 喜欢欣赏蓝印花布的花纹，通过观察发现蓝印花布的花纹简单的排列顺序。

② 感受蓝白对比的美，喜欢蓝印花布简单又朴素的美。

③ 通过欣赏蓝印花布的花纹，大胆表达自己对蓝印花布花纹的感受。

活动准备：

① 经验准备：认识并见过蓝印花布。

② 物品准备：蓝印花布图片若干。

活动过程：

① 开始部分：

视频导入，引起幼儿兴趣。

——这些是什么？你觉得哪块布最好看？为什么？

② 基本部分：

第一，欣赏蓝印花布图片。

引导幼儿欣赏蓝印花布，感受蓝白组合的美。

——蓝印花布上有什么颜色？你看见这两种颜色搭配在一起有什么感觉？

教师小结：蓝印花布只有蓝白两种颜色，两种颜色在一起，让我们感觉很舒服、安静。

第二，欣赏蓝印花布花纹，发现花纹排列规律。

● 引导幼儿观察蓝印花布花纹。

——你们看，蓝印花布上有哪些图案和花纹？都是什么样子的？

● 引导幼儿观察蓝印花布图案边花纹排列顺序。

——图案边上的花纹好看吗？有什么特点？它的规律是什么？

● 教师小结：蓝印花布的花纹有动物的、有植物的，还有人物的。它们都是有规律排列的，比如有的花纹在四周重复出现，有的花纹是对称的，排列整齐，十分美丽。

③ 结束部分。

引导幼儿讲述自己最喜欢的蓝印花布。

——你最喜欢的蓝印花布是哪一块？为什么？它有什么特点？

活动实施与反思：

通过欣赏活动，孩子们对蓝印花布的花纹和图案有了初步的了解和认识，知道了蓝印花布花纹的一些简单排列规律，如中心对称式、重复排列式等。孩子们在欣赏完后充满了创作欲望，想动手试一试或画一画自己喜欢的蓝印花布。用孩子的话说："老师，我做的蓝印花布会更好看！"

图 23　幼儿近距离观察蓝印花布

活动三：　美术活动——蓝印花布怎么绑（科学探索）

活动目标：

① 通过观察、操作，了解蓝印花布的捆绑材料与方法。

② 感受材料的特性，体验蓝印花布色彩与纹理美。

活动准备：

① 经验准备：欣赏过各种图案、花纹的蓝印花布。

② 物品准备：白布、皮筋、毛线、小球、不同形状的物品、夹子等。

活动过程：

① 开始部分：

● 出示图片，幼儿进行猜想。

——这是什么布？它有什么花纹？我们可以用什么材料制作出它呢？

● 分组交流讨论。

② 基本部分：

● 根据实验记录进行猜想。

● 分享各组猜想。

● 分别出示材料，知道材料的名称、感知它们的特点。

● 根据欣赏不同蓝印花布图案，尝试进行捆绑。

● 验证猜想结果：幼儿分享自己捆绑中运用的材料与捆绑的方法。

③ 结束部分：

分享自己的验证记录，介绍印染的图案。教师根据幼儿的操作进行展示，验证猜想结果、提升幼儿经验。

活动实施与反思：

幼儿们通过在活动中动手动脑探索蓝印花布的捆绑方式，尝试扎染前的捆绑练习。幼儿们尝试将各式各样的球、冰棍棒等材料绑紧布料，用皮筋或绳子固定，观察不同捆绑后的效果，乐在其中，不仅发展动手探索能力，也进一步发展了幼儿的小肌肉动作。

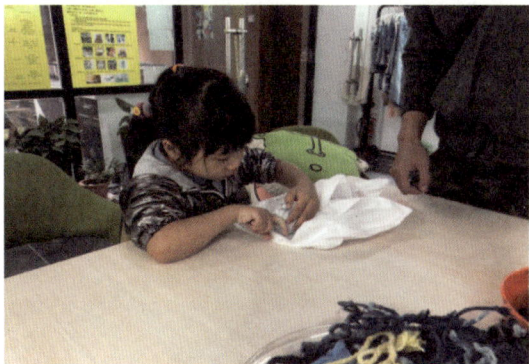

图 24　幼儿探索蓝印花布捆绑方法

活动四：　美术活动——我的蓝印花布（油水分离）

活动目标：

① 初步了解蓝印花布蜡染方法，尝试用简单的方法制作自己喜欢的蓝印花布。

② 感知蓝印花布花纹图案的排列规律，愿意大胆尝试自己设计花纹。

③ 喜欢用油水分离的方式参与蓝印花布制作活动，体验成功制作蓝印花布的喜悦。

活动准备：

① 经验准备：认识蓝印花布、知道蜡不溶于水、有用蜡笔作画的经验。

② 物品准备：蓝印花布一块、油水分离画、蜡染课件、蓝色颜料、小刷子、纸、白色油画棒。

活动过程：

① 开始部分：

出示用蜡染制作的蓝印花布，引起幼儿兴趣。

——请你仔细看看这块花布什么地方最特别？为什么？

② 基本部分：

第一，欣赏蓝印花布，感知蓝印花布花纹排列规律。

——请你看一看，这块花布的花纹有什么特点？是怎样排列的？

第二，出示蓝印花布课件，了解蜡染制作蓝印花布的方法。

播放蜡染视频，引导幼儿观察制作蓝印花布的方法。

——请你仔细看视频，这块花布是怎么做出来的？

教师小结：先将布放在板下，在纸板上刻花，再用防染浆均匀地涂在纸板上，这样底下有花纹的花布就不会被颜料染色，这时再将布放入染缸，最后取出布，把浆刮干净，晾干，漂亮的蓝印花布就制作完成了。

第三，教师出示作画材料，与幼儿讨论作画方法。

教师出示用油水分离方法制作的花布，引导幼儿猜想作画方法。

——你们看，老师也用了一个方法让花纹不被颜料染色，从而制作出了这样好看的花布，你们猜猜是什么？

教师出示作画材料，并讲解示范。

——先想好自己要画的花纹，再取白色油画棒在纸上画上花纹，最后用刷子蘸上颜料，轻轻地沿一个方向将纸上刷满颜色，这样蜡笔画过的花纹就被凸显出来啦！

启发幼儿创作欲望。

——你想设计一块自己的蓝印花布吗？你想设计什么花纹？

第四，幼儿自取材料，教师巡回指导。

教师提醒幼儿画花纹的时候要用力些，将花纹画清楚。

鼓励幼儿设计和其他幼儿不一样的花纹，并将花纹画满。

③　结束部分。

● 作品展示，幼儿互相欣赏。

● 引导幼儿讨论最喜欢谁的作品、为什么。

活动五：　美术活动——我的蓝布手绢（扎染）

活动目标：

① 初步感知扎染艺术形式，知道扎染是我国的民间艺术，增强民族自豪感。

② 愿意大胆进行扎染，尝试用折叠、皮套绑扎的方式制作自己的蓝印手绢。

活动准备：

① 经验准备：认识蓝印花布、会使用皮套进行简单绑扎。

② 物品准备：纯棉手帕、深蓝色染料瓶、尖嘴瓶、皮筋、手套、小夹子、一次性桌布。

活动过程：

① 开始部分：

出示扎染方法制作的蓝印花布手绢，激发幼儿兴趣。

——这块手绢好看吗？它是什么样子的？

② 基本部分：

第一，引导幼儿重点观察花布上的颜色特点。

——请大家看一看，这块蓝色手帕上有许多白色的线条，为什么会有白色的线条呢？

第二，观看视频，介绍扎染工艺。

——扎染是我国传统的工艺，撮起或折叠材料时用皮套或绳子进行绑扎、固定，再用色浸染，紧皱处不能渗入染料，这样就可以在材料上留下好看的花纹。你想来试试吗？

第三，出示扎染工具，讲解扎染方法。

● 将手绢折起，用皮筋固定住。

● 用尖嘴瓶给手绢上色。

● 将小手绢打开，用小夹子晾起来。

第四，幼儿自取材料进行操作，教师巡回指导。

● 教师提示幼儿使用材料操作时注意安全，不争抢材料，有序使用。

● 提示幼儿给手绢上颜色时要涂抹均匀，打开时一定要仔细。

● 教师提示幼儿用皮套进行绑扎时要牢固，避免松懈，褶皱处不上颜色。

③ 结束部分。

第一，将制作好的小手绢打开，用小夹子挂在绳子上晾干，幼儿互相欣赏。

第二，引导幼儿分组整理材料，将桌面收拾干净，活动自然结束。

图 25　亲子共同扎染蓝印花布

活动六：　数学活动——蓝印花布花纹大排队

活动目标：

① 通过活动探索发现事物的排列规律，如：ABAB、ABBABB。

② 尝试将两种物体有规律地交替排序。

③ 初步感受生活中的规律美，体验规律在生活中的作用。

活动准备：

① 经验准备：通过蓝印花布主题已知道一些简单的花纹排列规律。

② 物品准备：蓝印花布 PPT、蓝色纸条若干、白色图案若干、日常生活中有排列规律的图片。

活动过程：

① 开始部分：

情境导入，激发幼儿活动兴趣。

——这是什么？今天老师带来了一块长长的蓝印花布，你想看看吗？

② 基本部分：

● 出示一块蓝印花布，引发幼儿观察。

——这块长长的蓝印花布上有什么图案？它们怎么排队的？

——请你猜猜后面的图案是什么？为什么？

● 出示另一块花纹排列不一样的蓝印花布，引导幼儿探索排列规律。

——这块长长的蓝印花布上有什么图案？它们是怎么排队的？

——它们的排列方式有什么秘密吗？

● 教师小结：这些蓝印花布上面的图案是按照同样的顺序排列的，它们是有规律的，而且每个图案之间的距离都是一样的。

● 请每组幼儿派一名代表来自取蓝色纸条和白色图案，幼儿进行拼摆，设计自己的蓝印花布。

● 教师提示操作要求，并巡回指导。

● 请幼儿与同伴分享自己的排列规律。

③ 结束部分：

与幼儿发现并欣赏日常生活中有规律排序的事物，如斑马线、壁纸、瓷砖等。

教师小结：小朋友们今天真棒，发现了蓝印花布图案的排列规律，设计了自己的蓝印花布，还发现了生活中一些按规律排序的事物，有规律的事物有一种独特的美感，能让我们感到心情愉悦，小朋友们可以在下次出去玩的时候，跟爸爸妈妈一起发现生活中还有哪些事物是有规律排序的，然后把你的发现跟我们大家一起分享，好吗？

活动七：　社会——蓝印花布展览会

活动目标：

① 通过幼儿搜集蓝印花布资料，相互展示，使幼儿初步了解蓝印花布的由来。

② 通过蓝印花布展示会，激发幼儿参与合作的乐趣。

活动准备：

① 经验准备：有欣赏过各种图案、花纹的蓝印花布。

② 物品准备：图片，蓝印花布的成品。

活动过程：

① 开始部分：

出示图片，幼儿进行展示。

——看看大家做的什么？看看谁的花纹好看？

② 基本部分：

● 分组交流讨论。

——看看谁的花纹不一样？一会儿我们怎么上台展示？

● 展示会活动：分别出示自己的作品，知道作品的名称。

● 根据不同蓝印花布图案，进行介绍。

● 小组进行集体展示。

③ 结束部分：

● 幼儿分享自己制作的蓝印花布作品。

● 请幼儿分享自己的经验。

九、主题活动 8：泥塑总动员

班级：大一班 教师：孟旋 左梦瑶 李泷

（一）主题缘起

区域游戏时，班中美工区的泥工活动最为火爆，小朋友喜欢一起商量着捏泥，有捏海底世界的、有捏食物的，还有捏公主的，内容丰富多样，每到区域介绍环节时，也是做泥工的小朋友最喜欢与大家分享自己的泥工作品，其他幼儿看到后会露出惊喜的表情，并表示自己也要去试试。

《3～6岁儿童学习与发展指南》中提出，"幼儿能用多种工具、材料或不同表现手法表达自己的感受和想象"。泥的本身具有柔软多变的特点，具有很大的可塑性、表现性、多变性，为幼儿提供了无限的想象和表现空间。因此，根据《指南》，结合本班幼儿的兴趣以及幼儿的发展需要，在班中为幼儿提供多种的泥塑材料（如：泥塑摆件、泥塑墙饰、泥等），为幼儿创造机会和条件，支持幼儿自发的艺术表现和创造，使幼儿对我国传统民间艺术有进一步的了解，激发幼儿对祖国的热爱之情。

（二）主题目标

（1）通过参观艺术馆，续编《女娲造人》故事等活动，丰富幼儿对泥塑的认识和了解，激发幼儿对泥塑艺术形式的喜爱，以及对祖国的热爱之情。

（2）能分工合作塑造群像，表现某一主题或场面，体验合作的乐趣。

（3）能够熟练掌握捍泥的基本技能（如：揉、搓、粘、压等），尝试雕刻泥塑的细节部分，表现出物体的主要特征和细节，进一步了解泥塑的制作工艺及特点。

（4）能与其他材料相融合，感知泥巴带来的乐趣，激发幼儿的想象力和创造力，体验自由创造的快乐，进一步激发幼儿对泥塑的喜爱之情。

（5）乐意用语言与同伴进行交流探讨，培养幼儿之间的交往能力，知道泥塑是中国历史悠久传统工艺，为自己是中国人感到自豪。

（6）幼儿在四散追逐的过程中体验体育游戏的快乐。

（7）在制作立体泥工、塑造群像的活动中，能够通过观察、发现、猜想、再次尝试解决遇到的困难，培养幼儿不怕困难敢于挑战的良好学习品质。

（三）主题网络图

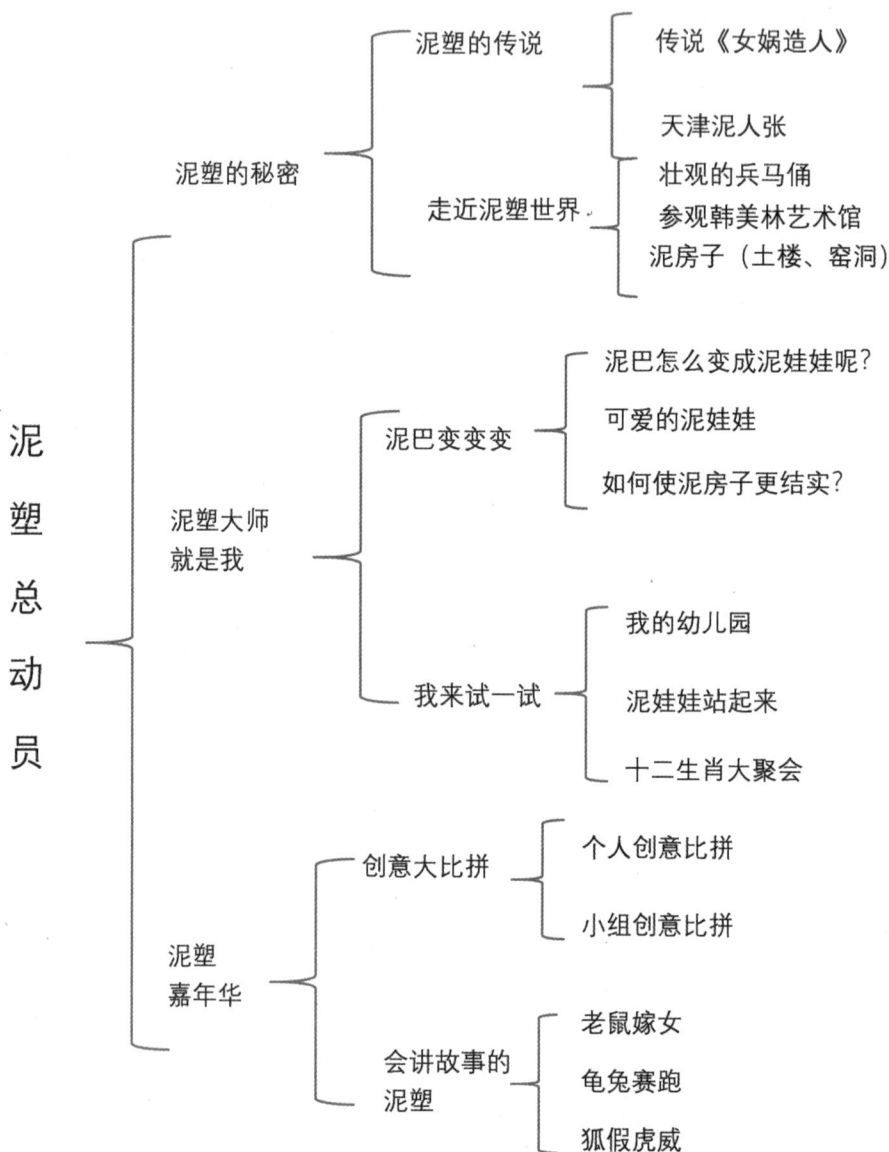

泥塑总动员

- 泥塑的秘密
  - 泥塑的传说
    - 传说《女娲造人》
  - 走近泥塑世界
    - 天津泥人张
    - 壮观的兵马俑
    - 参观韩美林艺术馆
    - 泥房子（土楼、窑洞）
- 泥塑大师就是我
  - 泥巴变变变
    - 泥巴怎么变成泥娃娃呢？
    - 可爱的泥娃娃
    - 如何使泥房子更结实？
  - 我来试一试
    - 我的幼儿园
    - 泥娃娃站起来
    - 十二生肖大聚会
- 泥塑嘉年华
  - 创意大比拼
    - 个人创意比拼
    - 小组创意比拼
  - 会讲故事的泥塑
    - 老鼠嫁女
    - 龟兔赛跑
    - 狐假虎威

（四）活动计划表

1. 教育活动

	活动名称	活动目标与内容
第一周	1. 语言——女娲造人（故事） 2. 社会——天津泥人张 3. 社会——认识和了解兵马俑 4. 科学——和泥（实验） 5. 美术——我的好朋友	1. 通过复述、续编故事，了解泥塑是我国历史悠久的传统工艺。 2. 通过共同搜集关于泥人张的传说，欣赏泥人张的摆件，幼儿大胆交流探讨自己的发现，感受泥塑人物作品的特点，进一步了解泥塑文化。 3. 通过观看兵马俑宣传片，尝试以线条画的形式画出兵马俑，进一步感知泥塑的特点（如：人物不同的肢体动作，人物服饰可以如何装饰），为自己是中国人感到骄傲。 4. 通过自己亲身实验，探索水和土的关系，感知泥的特点，引导幼儿了解在捏泥过程中泥揉搓后仍有裂缝，可以适当加些水抹平。 5. 通过用泥捏自己熟悉的人，在制作过程中教师鼓励引导幼儿抓住好朋友的一大特点（这个特点只有他有，别人都没有），教师将幼儿的作品以照片的形式投放到班级电视中，先请大家根据自己看到的猜出是谁。引导幼儿感知捏泥的表现方式。
第二周	1. 语言——猜猜他是谁 2. 美术——漂亮的泥娃娃（泥工） 3. 美术——泥房子（泥工） 4. 健康——泥人（体育游戏） 5. 美术——我爸爸（亲子）	1. 通过游戏"猜猜他是谁"，幼儿只说出自己好朋友的特征，其他幼儿以这个为线索猜出到底是哪位小朋友。引导幼儿掌握如何观察人物、事物的特征。 2. 幼儿在捏平面人物的基础上，运用捏泥技巧捏出立体的人物，并探索如何让泥娃娃站起来，进一步丰富幼儿的捏泥经验。 3. 以故事《三只小猪》引入，通过欣赏观察不同房屋的造型并交流其看到的特点，鼓励幼儿合理分泥，探索如何使泥越来越黏，建造的房子既漂亮又牢固。 4. 通过玩泥人游戏，进一步感知人物身体各部分造型特点，为捏泥人做准备。 5. 幼儿在活动中尝试用雕刻的技巧，表现人物的细节部分。

第三周	1. 语言——创编故事（故事）	1. 幼儿大胆发挥想象，用生动的语言创编故事《龟兔赛跑》《狐假虎威》，师幼共同确定故事分为几个场景，并探讨每个场景中主要讲述的什么内容，故事中的主人公是怎么做的，幼儿可模仿出动作，教师记录。
	2. 美术——我是泥塑大师（泥工）	2. 幼儿分组分工合作，制作创编的两个故事的故事盒，在捏泥过程中教师注意引导幼儿表现出当时场景中的物体造型，对幼儿的想法及作品及时予以回应。
	3. 美术——泥塑团队大比拼（泥工）	3. 幼儿分小组按照计划，通过协商，分工合作，将单一造型的泥工作品组合成有趣的故事场面或生活情景，从而进一步引导幼儿感知泥塑的趣味性。
	4. 社会——参观泥塑馆（社会实践）	4. 以班为单位，教师、幼儿、家长共同参观艺术馆，近距离地看一看艺术品，说一说自己的想法，进一步感受泥塑的特点及其文化。
	5. 美术——十二生肖大聚会（泥工）	5. 幼儿询问家人的生肖并交流它是什么样子的，运用捏泥技巧表现出生肖的特点。
	小组活动： 1. 狐假虎威 2. 龟兔赛跑	1. 幼儿能够共同捏出有情境的作品。 2. 幼儿自由协商、选择自己负责的工作内容。

2. 区域创设与活动指导

（1）美工区：泥工坊。

① 材料准备：

● 丰富多样的泥工材料，如：传统的大黄泥、颜色鲜艳的纸黏土、塑料工具等。

● 易于幼儿操作制作的半成品材料，如：纸筒、纸杯、吸管、毛根等。

● 可供幼儿欣赏的中国传统泥塑作品摆件，如：兔爷、兵马俑、土楼等。

② 活动指导：

● 在幼儿捏泥过程中出现造型无法表现时，教师可引导幼儿再次观察该事物

并说出不会捏的地方是什么样的。（附案例）

● 教师以同伴的身份介入，倾听幼儿的创作想法并及时肯定鼓励，充分发挥幼儿的主动性，在与幼儿的讨论过程中，引导幼儿利用工具、不同的材料，不断丰富泥塑作品细节。

图1　大胆发挥自己的想象捏泥

图2　幼儿抓住事物的特征进行表现与创造

案例：

　　班中开展的"十二生肖大聚会"的活动中，幼儿基本都是捏了一个或两个家人的生肖属相，在区域活动中，天天和灿灿想继续为其他家人也把属相捏出来。天天要捏一只猪，灿灿要捏一只狗，有了构思之后，两个人开始分泥、揉搓、将捏好的部分粘在一起。当放在展示架上时，天天小心翼翼地将这只小猪放上去，可手刚离开小猪就倒了，天天赶快把它扶起来，两只手用最慢的速度慢慢松开，尽管如此，小猪还是一头倒了下来，天天的心情也随之低落。就在他想把这只小猪揉回大圆球的时候，我走过去说："天天，你的小猪做好啦，我看看行吗？"他沮丧地说："老师您看，我的小猪站不住，我不要它了。"我引导他说："你的小猪怎么倒的呢？往哪边倒呢？"他说："我摆了好几次都是一头就扎下来了。"我继续引导他说："小猪一共有四条腿呢，这么多，你的小猪为什么会站不稳呢？"他专注地看了看小猪腿的部分说："老师您看小猪的这只前腿有点细有点短。"我肯定地说："对啊，小猪的腿粗粗的才有力气支撑它胖胖的身体啊，四条腿不一样长那就一瘸一拐啦。"找到原因天天立刻把四条腿都拆下来揉在一起，重新揉搓成一个粗粗的长条，正当他要用刀直接切开的时候我对他说："现在怎么做才能使小猪的四条腿一样粗、一样长呢？"天天拿来了尺子，每段比着切，安好了四条腿后，天天充满信心地去放小猪的时候，小猪还是一头倒下来了，天天问我："老师，您看，怎么还倒呀？"我说："你觉得猪的身体和头这两个部分哪个会大些，哪个会小些？"他说："当然是身体啦。"我引导他说："你再看看这只小猪。你在分泥的时候怎么分的呢？"他说："我在做的时候分好了两块泥，一块直接搓圆做成了猪头，猪的眼睛耳朵都是从另一部分泥里拿的。"我又说："对呀，这样你这只小猪的头再加重，身体再减轻，就保持不了平衡啦，就一头扎下来了。你这次再重新把头和身体的泥分配一下，重新试试怎么样？我能帮你做点什么？"找到了原因，听到了我的鼓励，天天给我分配了任务，我俩一起合作把猪的头和身体重新做好了。通过不断地修改，这次小猪稳稳地站在了展示架上。

（2）建筑区：我爱搭建

① 材料准备：

● 投放土楼和窑洞的实景照片供幼儿参考。

● 幼儿用积木创建的不同搭建方法以照片的形式展现在墙饰上。

● 为幼儿提供笔、纸供幼儿在操作前画出设计图纸，引导幼儿有目的地进行搭建。

② 活动指导：

● 引导幼儿在欣赏、观察的基础上，利用多种形状的积木搭建。

● 引导鼓励幼儿搭建造型各异的建筑，丰富幼儿的搭建经验。

● 根据幼儿参观美术馆的经验，与幼儿共同讨论搭建班中的泥塑博物馆，与美工区合作（美工区负责捏展览品，建筑区负责搭建）。

图3　幼儿根据自己的已有经验合作搭建泥塑艺术馆

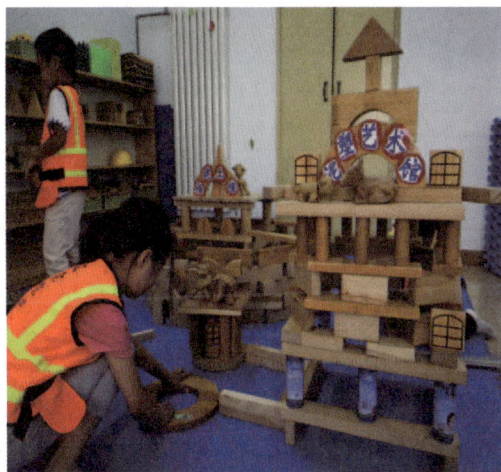

图4　将幼儿搭建的创新办法以照片的形式展现，为幼儿提供经验支持

（3）阅读区：会讲故事的泥塑。

① 材料准备：

● 绘本故事《女娲造人》。

图 5 传说故事《女娲造人》

图 6 女娲将土与水混合制成泥，捏出泥人

故事的主人公女娲是中国神话人物，故事内容以泥人贯穿。

● 自制图书（泥塑传说故事、幼儿创编故事）。

● 幼儿捏制的泥塑组成的故事盒。

② 活动指导：

● 在幼儿用故事盒讲述故事时，教师注意引导幼儿的语气、语调，结合情景尽量把故事人物的心情用不同的语气、语调表现出来。

● 鼓励和支持幼儿与同伴相互讲述故事，引导幼儿能有序、连贯、清楚地讲述故事。

图 7 幼儿改编故事《狐假虎威》《龟兔赛跑》，自制图书

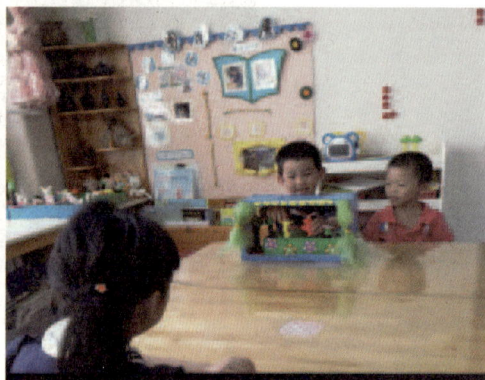

图 8 幼儿用捏好的泥塑作品，与同伴一同进行故事讲述

幼儿在制作剧本时，只需要将故事主要情节或者转折点画下来即可，在讲故事时，幼儿根据自己的想象、故事需要再加入对话。

3. 主题墙创设

设计思路：主题墙包括泥塑的秘密、泥塑大师就是我、泥塑嘉年华三部分。第一部分泥塑的秘密，包括泥塑的传说、走进泥塑世界两方面；第二部分泥塑大师就是我，包括泥巴变变变、我来试一试；第三部分泥塑嘉年华，以创意大比拼的形式呈现。

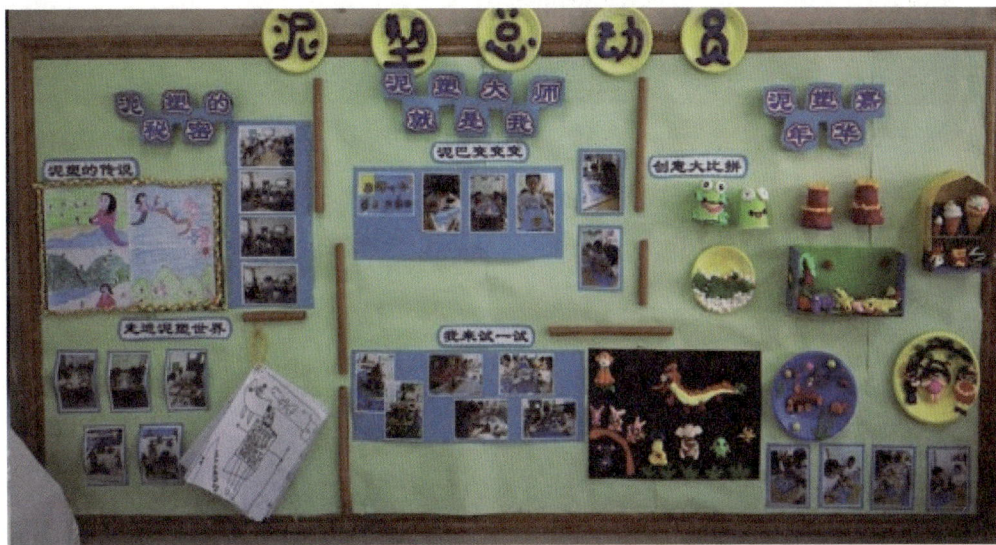

图9　幼儿主题墙饰，体现幼儿探索过程

（1）泥塑的秘密。

① 通过以幼儿感兴趣的神话故事《女娲造人》引入主题，引导幼儿在创编、讲述的过程中，感受泥塑是我国历史悠久的传统文化。

将幼儿绘画故事《女娲造人》的图画呈现在主题墙上，在结尾处设置可随时添加的活页，当幼儿有新的故事情节时随时可以画出来并加上去，为幼儿提供讲述故事的宽松环境。

② 幼儿可围绕女娲造人这一主题进行分组讨论续编故事，使幼儿感受泥塑是我国历史悠久的传统文化。

图10　《女娲造人》故事引入，了解泥的多变性

图11　幼儿小组讨论、创编故事结尾，激发幼儿对泥的探究兴趣

（2）泥塑大师就是我。

通过集体活动、小组活动、亲子活动等多种活动形式，引导幼儿在玩中充分感知泥的特性，能由平面到立体泥塑，由单独个体作品到有主题的作品，由大件的如房屋的制作到精细的人物刻画等，感知泥的可塑性，进一步感知泥塑的工艺。

① 幼儿分泥、揉捏、粘连，用大黄泥制作不同单独作品的精彩瞬间，如果幼儿在捏泥过程中遇到问题，帮助解决问题提供支持。

② 亲子活动，结合父亲节幼儿用大黄泥捏出爸爸，引导幼儿进一步细致地雕刻泥塑作品的细节。

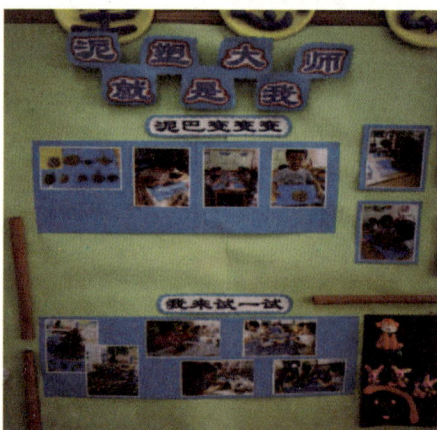

图12　展现幼儿捏泥的探索过程，幼儿间互相分享经验

注：主题墙的呈现应以幼儿的发展为依托，根据幼儿需要的关键经验提升点

变化而改变，使其能够始终支持幼儿的发展。如：在活动初期，为了使幼儿体验制作的成功，感受泥工活动的乐趣，激发幼儿的制作欲望，大部分版面呈现的内容为幼儿制作中的精彩瞬间及作品。随着活动的深入，在进入下一阶段时教师要提炼归纳这一阶段对幼儿最有价值或能够支持幼儿深入探索活动的经验，如：怎样使泥的连接处更牢固？如何分泥使整个作品比例协调？如何雕刻作品的细节装饰？等等。

（3）泥塑嘉年华

通过个人、小组等多种制作方式，幼儿合理利用多种材料，捏制立体并富有情境的主题作品，能通过雕刻加以细节装饰。

① 幼儿利用废旧物大胆创造泥工作品，塑造出物体的特征。体验综合运用不同手工材料制作作品的乐趣，更能激发幼儿的兴趣，从而积极地用泥塑表达自己的感受和想法。

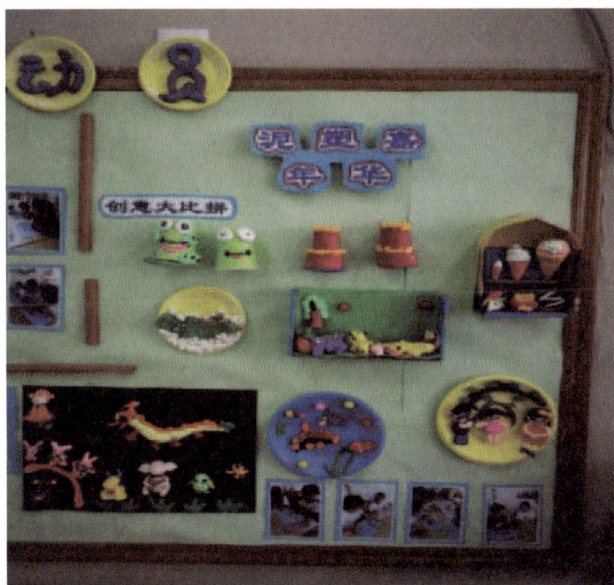

图 13　结合幼儿生活经验、提供丰富的材料，
支持幼儿大胆发挥想象力，进行泥塑创作，并为幼儿提供展示空间

② 幼儿制作有情境的泥工作品，幼儿能在活动中与他人相互配合，体验合作的乐趣。

图14 幼儿分组创编喜欢的成语故   图15 幼儿创编故事，自制剧本   图16 根据本组创编的故事，
事，教师帮助记录情节   分工合作捏制故事中的主人公
                                                                              及景物

　　幼儿小组共同创编喜欢的成语故事，教师帮助记录剧本，尤其是记录幼儿创编的情节，如：《龟兔赛跑》中，小乌龟和小兔子是因为同时喜欢一个玩具而引发的以跑步定输赢，最后小乌龟赢了比赛，但是它还是觉得一起分享着玩更开心，小兔子和小乌龟成为了最好的朋友。

4. 家园共育

　　（1）亲子活动：结合父亲节，幼儿用泥捏爸爸。引导幼儿仔细观察爸爸的特征后使用捏泥技巧捏出各自的爸爸，在活动中爸爸们也乐在其中地用泥捏出了幼儿、捏出了一家三口，使家长回忆起自己快乐的童年时光，增进亲子感情的交流。教师为幼儿提供自由表现的机会，鼓励幼儿用不同艺术形式大胆表达自己的情感、理解和想象，尊重幼儿的想法和创造，肯定和接纳他们独特的审美感受和表现方式，分享他们创造的快乐。

图 17　亲子活动"我爸爸"，幼儿探索如何使人物站立起来

（2）社会实践活动：全班幼儿、教师、家长，一同参观韩美林艺术馆，通过看一看、听一听、说一说，使幼儿与泥塑艺术品近距离地接触，丰富幼儿对泥塑的认识，进一步激发幼儿对泥塑的喜爱之情。

图 18　一同参观韩美林艺术馆，感受泥工作品的视觉冲击

（五）具体活动方案

活动一：语言——《女娲造人》（故事）

活动目标：

① 能用比较生动的语言，有序连贯地讲故事。

② 通过讲述故事了解泥塑是我国历史悠久的传统文化。

③ 感受故事中的情节内容，激发幼儿对泥塑的喜爱之情。

活动重点、难点：

① 活动重点：理解故事情境，根据故事开头合理续编故事的中间和结尾部分。

② 活动难点：能用比较生动的语言讲故事。

活动准备：

① 物品准备：《女娲造人》PPT、故事大王争霸赛背景图、故事大王王冠若干、

——可供幼儿选择的小组讨论场地。

——经验准备：幼儿有续编故事的经验。

活动过程：

① 创设故事情境。

第一，出示女娲的图片，激发幼儿兴趣。

——教师：小朋友看一看，图片上有什么？

——教师：今天老师给小朋友带来一个女娲造人的故事，请你认真地听一听故事里讲了一件什么事情？

第二，讲述故事开始部分，引导幼儿理解故事情境。

——教师：故事的名字叫什么？女娲做了什么事？

——教师：请小朋友们加上语气、表情和动作，一起和老师把故事的这一段再讲一遍。

② 续编故事内容。

第一，幼儿大胆想象并表达，引导幼儿根据故事开头续编中间部分。

——教师：女娲会怎么想？泥人活了以后会发生什么事呢？

第二，引导幼儿根据中间部分续编出合理的结尾部分。

第三，幼儿自由分组并选择活动室一角，小组合作完整续编《女娲造人》，教师巡回指导。

——教师：我们可以把故事讲得更精彩、更完整，对吗？请小朋友们分小组合作续编故事。

——教师：每小组各派一名代表来参加故事比赛，看哪个小组能得到"故事大王"称号。

3）"故事大王"争霸赛。

第一，教师提出争霸赛的规则：声音洪亮，故事表达清楚、连贯、完整等。

第二，各小组代表讲本组续编的故事，引导幼儿认真倾听并比较自己组的故事。

    a. 引导幼儿认真倾听，和你们组编的一样吗？

    b. 小结故事的精彩之处，鼓励幼儿。

    c. 授予故事大王称号（每组小结后和幼儿一起商议授予）。

活动实施与分析：

故事有图文并茂的特点，《女娲造人》的故事主人公女娲是中国独有的神话人物，故事中泥娃娃变成真的人的情节更是生动有趣，以此故事作为引入点，更能使幼儿形象、直观感受中国历史悠久的泥塑文化。通过创编后续的故事情节，幼儿从单一的泥地娃娃形象进行衍生，泥娃娃可以从头发上、服饰上的不同区分男女；在大森林里泥娃娃用树枝做成茅草屋，每个人都有自己的家，房子越来越多，就形成了泥娃娃小区等有细节装饰、有情境的经验提升。

活动二：社会——《雄伟的兵马俑》

活动目标：

① 通过欣赏观察认识秦兵马俑，知道兵马俑是我国古时候的制造。

② 通过观察、对比了解泥人的整体特征。

③ 通过了解感受其宏伟气势，激发幼儿的民族自豪感。

活动重点难点：

① 活动重点：认识秦兵马俑，了解泥人的整体特征。

② 活动难点：线条画的形式表现兵马俑的服装细节及肢体动作。

活动准备：

① 经验准备：搜集秦始皇兵马俑的相关资料。

② 物品准备：秦始皇兵马俑的短片介绍、兵马俑的 PPT，兵马俑模型。

活动过程：

① 出示兵马俑模型，吸引幼儿活动兴趣。

——教师：谁知道它是什么？它是用什么做的？

② 进一步了解兵马俑，感受它的宏伟气势。

第一，播放秦始皇兵马俑的短片介绍视频，对秦始皇兵马俑有个简单的了解。

——教师：欣赏完这段视频介绍，你有什么感受？

第二，播放 PPT 图片，简要介绍兵马俑，请幼儿观察并讨论。

——教师：兵马俑都是一样的吗？你观察到的兵马俑是什么样子的？它的服装是什么样的？表情是什么样的？它的动作又是什么样的？

第三，请幼儿看模型兵马俑，摸一摸，进一步对兵马俑有更深入的观察和了解。

③ 活动结束。

——教师：小朋友说得都很好，观察得很仔细。现在就请你为兵马俑画一幅画像吧。（幼儿用线条画画出兵马俑）

活动三：美术——《泥房子》（泥工）

活动目标：

① 能够运用揉、搓、捏、连接等方法塑造立体房子形象。

② 能够根据自己的需要，独立分泥。

③ 体验创作的快乐，激发幼儿对泥工活动的喜爱。

活动重难点：

① 活动重点：能够运用揉、搓、捏、连接等方法塑造立体房子形象。

② 活动难点：能够捏出房屋的大体结构。

活动准备：

① 物品准备：大黄泥若干、泥工工具、垫板、报纸、PPT（不同房屋外形图片）。

② 经验准备：幼儿有用积木搭建不同外形房屋的经验。

活动过程：

① 故事引入活动，激发幼儿的兴趣。

教师讲述故事《三只小猪》。

——教师：最后三兄弟都住在哪里啦？三只小猪想请小朋友帮忙，帮助他们建造一个结实的泥房子。

② 幼儿进行创作。

第一，进一步引导幼儿了解房屋的外部特征。

——教师：你见过什么样的房子呢？你觉得什么样的房子最结实？

播放 PPT。

——教师：这是小猪们自己设计的几款房子，你最喜欢哪一款？为什么？它的屋顶是什么样的？屋身是什么样的？它有什么花纹？

第二，幼儿自选材料，自主创作。

——教师：好啦，现在到了我们小朋友创作的时间啦，请小朋友们帮助小猪们捏出结实又漂亮的泥房子吧。

第三，结合幼儿已有经验，鼓励幼儿大胆运用捏泥技巧及辅助工具。

——教师：小朋友想一想怎么样房屋不会有裂缝，怎么样连接屋顶和房子，房子不会漏雨。

引导幼儿捏完房子后，装饰花纹。

③ 作品欣赏。

第一，幼儿互相自由交流分享，给予同伴间相互学习的机会。

第二，幼儿共同交流欣赏，体验泥工的乐趣。

——教师：你捏的是什么样的房子？是怎么捏的呢？

活动四：美术——《好朋友的脸》（泥工）

活动目标：

① 运用团、搓、压、捏、拉等多种技能，表现朋友的五官、发型等丰富脸部特征。

② 能够观察并说出朋友的五官特征，增进同伴间的情感。

③ 尝试借助辅助小工具，雕刻人物细节部分。

活动重点难点：

① 活动重点：运用团、搓、压、捏、拉等多种技能，表现朋友的五官、发型等丰富脸部特征。

② 活动难点：捏出好友的表情。

活动准备：

① 物品准备：大黄泥（若干）、辅助工具、泥工垫板、音乐《找朋友》。

② 精神准备：幼儿有好朋友，知道人的头部由哪些部分组成。

活动过程：

① 情境引入，激发幼儿的兴趣。

教师分别头戴四种情绪面具

——教师：今天有四个小朋友来咱班做客了，小朋友猜一猜谁是乐乐、谁是喜喜、谁是怒怒、谁是哀哀？

——教师：你是怎么知道谁是谁的？（引导幼儿讨论每个表情的五官变化）

② 幼儿进行操作。

第一，游戏"找朋友"，教师播放音乐《找朋友》。

——教师：小朋友还记得自己最好的朋友长什么样吗？现在我们随音乐玩找朋友的游戏，在音乐停止时与你的好朋友两两在一起。

第二，讨论制作方法

——教师：谁想跟我们分享一下自己的好朋友是长什么样子的？

——教师：今天我们要各自为好朋友制作一个礼物，就是用泥做出好朋友的脸部画像。我们怎么捏呢？

第三，幼儿与好朋友面对面而坐，边观察边捏，教师巡回指导。

③ 作品分享。

猜猜他是谁？（教师将幼儿的作品拍照并传送到一体机上）

——教师：小朋友看看这个泥脸，他是我们班的哪个小朋友呢？你是怎么看出来的？

——教师：我们请这个小作者来介绍一下他用了什么方法，是怎么捏的？

活动实施与分析：

幼儿在捏人物的时候，能够表现出基本的人物结构，但是缺少目的性及对周边人、事、物特征的细致观察，因此本次活动，以游戏的形式引导幼儿观察身边某一幼儿的头部特征并表现出来，再动手操作。在作品分享环节时，教师以照片的形式分享，请幼儿猜，就是进一步引导幼儿感知观察并明白抓住其特征的重要性。

活动五：健康——《泥人》（体育游戏）

活动目标：

① 能在游戏中控制自己的身体，锻炼幼儿的反应能力。

② 通过游戏丰富幼儿对人体动作的感知。

③ 幼儿在四散追逐的过程中体验体育游戏的快乐。

活动重点难点：

① 活动重点：能在游戏中控制自己的身体，锻炼幼儿的反应能力。

② 活动难点：幼儿在说出"泥人"口号时，摆一个动作。

活动准备：

① 物品准备：宽阔的场地、哨子、女娲头饰。

② 精神准备：幼儿会四散追逐。

活动过程：

① 热身活动。

● 队列练习：切分队齐步走。

● 幼儿慢跑热身。

● 游戏"木头人"（身体各关节部位准备活动）。

● 幼儿齐说儿歌，儿歌结束后，摆一个姿势不动，从头部活动开始，教师吹一次哨子活动一个关节部位。

② 游戏"泥人"。

● 师幼共同游戏，巩固游戏规则。

● 幼儿讨论，初步掌握游戏策略。

——教师：我们逃跑的人怎样才能不被抓到呢？

——教师：追的人怎么样才能最快抓到泥人呢？

师幼共同小结：如果快被抓住，赶快说"泥人"，站好不动，追的小朋友则抓离自己最近的小朋友。

● 幼儿再次游戏。

● 讨论游戏新玩法和新规则。

——教师：泥人如果还想参加游戏怎么办？

——教师：如果女娲被抓了怎么办？

师幼共同小结：每轮游戏都有一个小朋友当女娲去救人，如果女娲被抓了则游戏直接结束。

● 师幼再次集体游戏。

③ 结束部分。

● 幼儿排队慢走，自然结束。

——教师：好啦，现在泥人们要回班喝水补充身体里的水分了。

活动六：美术——《我爸爸》（泥工）

活动目标：

① 幼儿能够运用揉、搓、切割、连接等方法，捏出人物的立体外形。

② 幼儿能够运用泥工工具，雕刻人物的细节特征。

③ 幼儿与父亲一同动手制作，进一步增进亲子间的情感交流。

活动重点难点：

① 活动重点：幼儿能够运用揉、搓、切割、连接等方法，捏出人物的立体外形。

② 活动难点：幼儿能够捏出父亲的表情及肢体动作。

活动准备：

① 物品准备：大黄泥（若干）、泥工板、辅助工具。

② 精神准备：幼儿了解人物外形组成，掌握一定的捏泥技巧。

活动过程：

① 诗朗诵《我爸爸》，引入主题幼儿集体面向爸爸们，齐声配乐朗诵诗歌，表达自己对爸爸的爱。

② 亲子制作

a. 游戏"猜猜他是谁"。

——教师：爸爸们负责提供一位爸爸的特征，包括发型、服饰、长相都可以，孩子们根据这些线索来猜出，这是谁的爸爸。

b.——教师：刚才的游戏大家观察得都很仔细，现在给小朋友两分钟时间再好好观察观察爸爸，一会儿马上进入我们的制作环节。

c. 亲子共同制作，教师巡回指导。

——教师：捏完爸爸的小朋友，可以试着捏捏妈妈，回家给妈妈一个惊喜。

③ 作品分享。

幼儿自由交流自己的作品。

活动七：美术——《生肖大聚会》（泥工）

活动目标：

① 幼儿能够用泥塑造出动物的主要特征和细节。

② 幼儿能够合作，有主题地表现动物聚会的场面。

③ 幼儿分工合作，体验合作的快乐。

活动重点难点：

① 活动重点：幼儿能够用泥塑造出动物的主要特征和细节。

② 活动难点：幼儿能够合作表现动物聚会的场面。

活动准备：

① 物品准备：彩泥、卡纸、辅助工具、泥工板、动物声音。

② 精神准备：幼儿知道自己及父母的属相。

活动过程：

① 情境引入，激发幼儿的兴趣。

教师播放动物声音，幼儿猜都有谁。

——教师：小朋友的耳朵很灵敏，都听出来了。今天森林里可热闹了，有个生肖大聚会。

② 幼儿制作。

第一，回忆生肖特征。

——教师：小朋友是属什么的呢？这个属相长什么样子？有哪些特征是最明显的？

——教师：你的爸爸妈妈是属什么的呢？爸爸妈妈的属相又是什么样子的呢？有哪些最明显的特征呢？

第二，幼儿自由分组。

——教师：我们有的小朋友属相是重复的，现在分为三组，一组有四个属相，请小朋友们自由选择吧。

第三，幼儿讨论制作方法、分工制作。

——教师：刚才我们小朋友把属相该有的特征都说出来了，怎么捏呢？

——教师：属相动物们来到森林里是聚会的，都需要什么装饰品来布置会场呢？（引导幼儿丰富情境）

幼儿制作，教师巡回指导。

③ 作品分享。

每组派一个代表来介绍作品的制作分工情况及方法。

活动八：美术（泥工）——会讲故事的泥塑

活动目标：

① 幼儿能够分工合作塑造群像，表现成语故事。

② 体验综合运用不同手工材料制作作品的快乐。

③ 幼儿合作共同完成主题作品，进一步激发幼儿对泥塑的喜爱之情。

活动重点难点：

① 活动重点：幼儿能够分工合作塑造群像，表现成语故事。

② 活动难点：幼儿作品情节有连续性。

活动准备：

① 物品准备：彩泥、泥工板、辅助工具、自制成语故事剧本、酸奶纸盒。

② 精神准备：幼儿熟悉成语故事内容并自制成语故事剧本。

活动过程：

① 讲述成语故事，引入主题。

教师：谁还记得我们《龟兔赛跑》的剧本是什么内容，并给我们讲一讲。

② 幼儿制作。

第一，回忆场景内容。

教师：这个剧本中，一共有几个场景？分别是什么内容呢？

教师：第一场景中小兔子和小乌龟在商量比赛内容时各自应该是什么样的动作、表情？第二场景中兔子远远地超过了乌龟，他俩又各自是什么动作及表情？第三场景中小兔子大意睡着了，乌龟超过他，两人又是怎样的动作及表情？最后一场中，小乌龟愿意与小兔子一起分享时，又都是什么样的动作及表情呢？

第二，幼儿自由分组，并商量如何分工，制作同一场景泥塑。

　　教师：大家分好组后，先讨论一下，这个场景中兔子和乌龟身边的环境是什么样的？是有大树、有草、有花还是有其他小动物助威，这需要小组成员间商量决定。

　　第三，幼儿制作，教师巡回指导。

　　第四，组内尝试运用捏好的场景讲述该场景的故事内容。

　　③ 作品分享。

　　第一，幼儿分享自己组的制作方法。

　　第二，每组幼儿派代表，接龙运用故事盒讲述成语故事。

十、主题活动9：你好！年画！

班级：小二班　　教师：左梦瑶　王景娟

（一）主题缘起

在班里孩子们看到这些色彩鲜艳，形象多样的年画觉得新鲜又好奇，会指着上面的图案说："老师！这个娃娃好可爱呀！""老师，你看这个老爷爷胡子好长！""这上面还有大金鱼呢！好大呀！"孩子们从年画上发现了很多感兴趣的东西。

在《幼儿园教育指导纲要（试行）》中指出，"引导幼儿从具有鲜明色彩和简单造型的生活用品、美术作品及环境景物中获得美的感受，并用语言、表情、动作表达对美好事物的亲近和喜爱"。因此结合小班幼儿喜欢形象突出、色彩鲜明的事物的年龄特点，我们开展了《你好！年画！》主题活动，幼儿通过对年画初步的认识和了解，用自己喜欢的方式表达出对年画的喜爱，增强国民认同感。

（二）主题目标

1. 喜欢观看有关"年画"的绘本，运用自己喜欢的绘画、粘贴、制作木版年画等美术形式表达自己对年画的喜爱之情。并且初步了解年画有着美好、吉祥的寓意。

2. 能够发现并用语言简单描述年画中常见的桃子、金鱼、莲花和"年画宝宝"等元素的特征；能口齿清楚地说有关"年画"的儿歌、童谣及简短的故事，初步了解年画的来历。

3. 愿意与同伴一起参加有关"年画"的各种游戏活动，知道"年画"是中国特有的。

4. 喜欢欣赏各种形式的"年画"作品，喜欢模仿年画中人物有趣的动作和表情。

5. 喜欢参加有关"年画"的体育活动，并在走、跑、跳、钻的过程中平稳地控制自己的身体。

（三）主题网络图

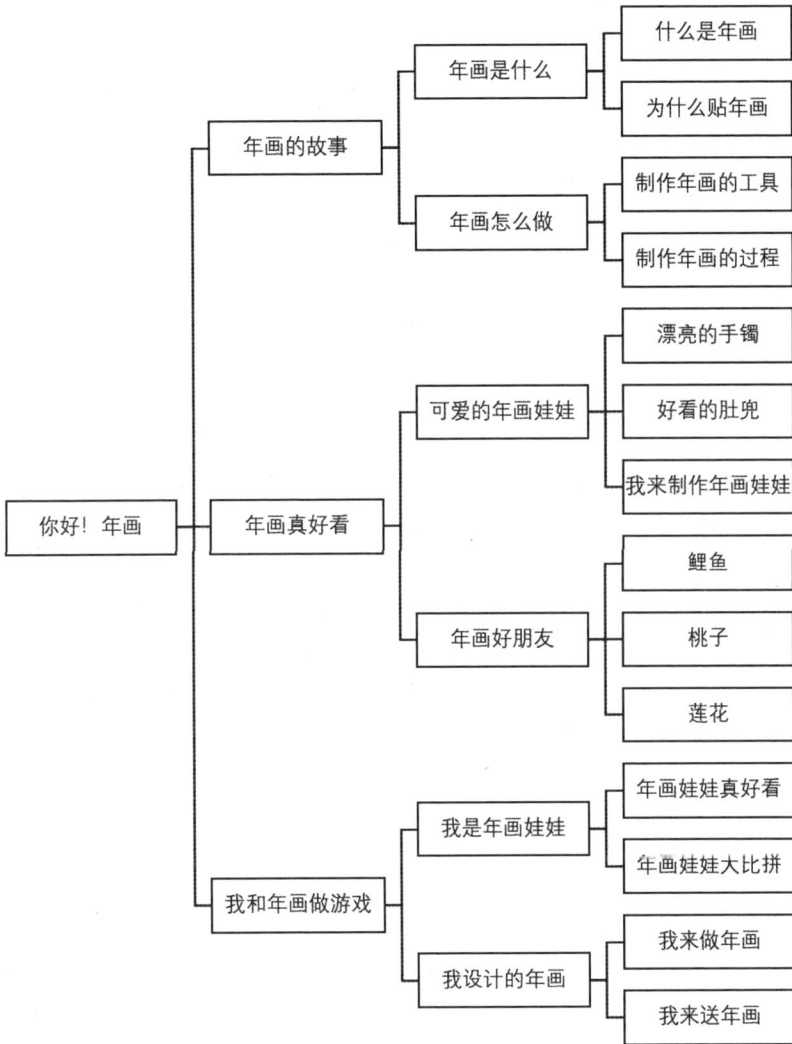

```
                                              ┌─ 什么是年画
                            ┌─ 年画是什么 ─┤
                            │                 └─ 为什么贴年画
             ┌─ 年画的故事 ─┤
             │              │                 ┌─ 制作年画的工具
             │              └─ 年画怎么做 ─┤
             │                                └─ 制作年画的过程
             │
             │                                ┌─ 漂亮的手镯
             │              ┌─ 可爱的年画娃娃 ─┼─ 好看的肚兜
             │              │                 └─ 我来制作年画娃娃
你好！年画 ─┼─ 年画真好看 ─┤
             │              │                 ┌─ 鲤鱼
             │              └─ 年画好朋友 ─┼─ 桃子
             │                                └─ 莲花
             │
             │                                ┌─ 年画娃娃真好看
             │              ┌─ 我是年画娃娃 ─┤
             │              │                 └─ 年画娃娃大比拼
             └─ 我和年画做游戏 ─┤
                            │                 ┌─ 我来做年画
                            └─ 我设计的年画 ─┤
                                              └─ 我来送年画
```

（四）活动计划表

1. 教育活动

	活动名称	活动目标与内容
第一周	1. 科学——什么是"年"？ 2. 社会——为什么贴年画？ 3. 美术——漂亮的年画（欣赏） 4. 美术——我来做年画！（版画） 5. 语言——年画宝宝抱什么？（语言游戏）	1. 通过故事的形式，了解"年"的来历，知道"年"是中国特有的。 2. 通过寻找不同地方贴不同的年画，初步了解年画的类型和作用，知道年画是中国特有的。 3. 通过欣赏不同年画，对其色彩鲜艳、形象突出的造型感兴趣，并且喜爱年画。 4. 通过动手制作木版年画，初步了解年画的制作过程，知道木版年画是传统的制作年画方法，初步感受中国人的智慧。 5. 通过观察年画，运用儿歌的形式认识年画中较常见的"年画宝宝""金鱼""灯笼"等，知道它们有着吉祥、喜庆的美好寓意。
第二周	1. 美术——漂亮的手镯（手工） 2. 语言——年画宝宝抱金鱼（儿歌） 3. 美术——我为年画娃娃做肚兜（粘贴） 4. 科学——可爱的年画娃娃 5. 美术——莲花（水墨）	1. 通过了解"年画娃娃"戴的手镯有辟邪的作用，绘画、制作自己喜欢的手镯。 2. 通过了解"年画宝宝"抱的鱼有美好的寓意，和莲花在一起时是"莲年有鱼"的意思，引导幼儿初步了解年画中的寓意。 3. 通过初步了解肚兜的作用及外形特征，运用粘贴的形式制作自己喜欢的肚兜。 4. 通过观察"年画娃娃"发现他梳着小辫子，点着小红点，穿着鲜艳的服装等特征，增强幼儿对年画的认识。 5. 通过运用水墨的形式绘画莲花，表达自己对莲花的喜爱和对莲花代表"干净""美丽"的认识。

第三周	1. 音乐——我和年画娃娃跳舞（律动） 2. 健康——送年画宝宝回家 3. 美术——我设计的年画（粘贴画） 4. 亲子活动——我来捏年画 5. 社会——我来送年画	1. 通过模仿年画中的人物动作，跟随喜庆的音乐，用动作表达自己愉快的心情，增强幼儿对"年画娃娃"的认识。 2. 通过与"年画宝宝"做游戏，锻炼在走、跑、钻的过程中平稳地控制自己的身体，增强对"年画娃娃"的喜爱之情。 3. 在了解年画的基础上，设计制作自己的年画，将自己喜欢的吉祥图案粘贴在纸上，表达自己对年画的认识。 4. 通过与家长共同欣赏年画，捏出自己喜欢的有关于年画中的事物，增进亲子关系，丰富家长对于年画的认识和了解。 5. 通过将自己制作的年画大胆地向他人进行介绍、分享，表达自己对年画的认识和喜爱。

2. 区域创设与活动指导

（1）图书区：

① 材料准备：

● 幼儿与家长搜集的年画图书。

● 《老顽童》绘本。

② 活动指导：

● 引导幼儿欣赏漂亮的年画，认识不同类型的年画。

● 通过观看关于介绍"灶王爷"的绘本，初步了解年画中"灶王爷"的来历。

图1　家长搜集的《中国杨家埠木版年画》　　图2　活动中选取的《老顽童》绘本

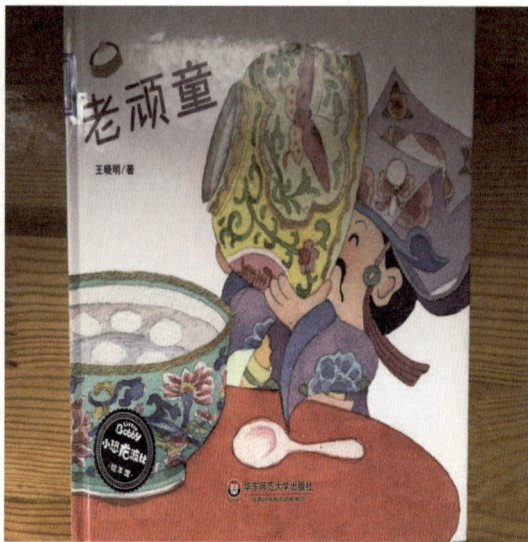

（2）美工区：

① 材料准备：

● 木版年画印画的工具（宣纸、版画颜料、刷子、版材、棕刷）。

● 丰富的美工材料（毛笔、宣纸、纸黏土、画笔）。

● 制作年画的步骤图。

② 活动指导：

● 引导幼儿通过观察年画，运用美工区的各种材料将自己喜欢的年画及年画里的东西表现出来。

● 通过美工区墙面布置的木版印刷步骤图，引导幼儿根据步骤制作印刷年画。

图 3　制作木版印年画的材料

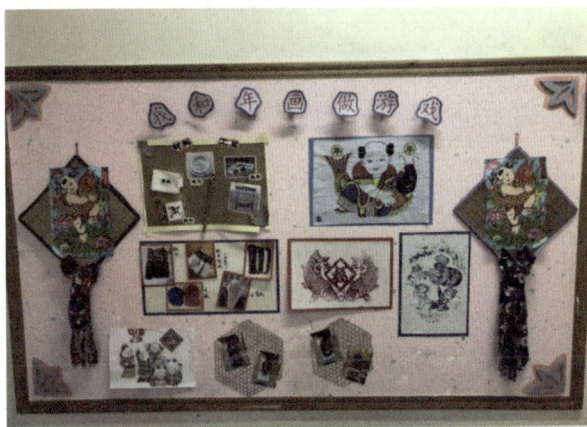

图 4　美工区墙面包括水墨画的材料及水墨年画作品，木版印画的材料、步骤图及成品展示。

（3）建筑区：

① 材料准备：

● 年画宝宝的摆件。

● 搭建示意图以及积木若干。

② 活动指导：

● 引导幼儿运用搭高、围拢等方式搭建自己喜欢的建筑，为"年画娃娃"搭建房子。

● 通过给"年画娃娃"搭建家，激发幼儿对年画的喜爱。

图 5 建筑区墙饰提示幼儿运用多种搭建方法为年画娃娃搭建家

图 6 教师利用废旧易拉罐自制的"年画娃娃"摆件

（4）益智区：

① 材料准备：年画拼图（自制玩教具）。

② 活动指导：

引导幼儿先观察年画的图片，再根据图片将对应的年画拼图拼完整。

图7　幼儿正在拼"年画娃娃"的拼图

（5）表演区：

① 材料准备：

● 模仿"年画娃娃"的道具：金鱼玩偶、肚兜。

● 音乐：歌曲《年画》（歌曲中的歌词介绍年画娃娃的样子，幼儿可以根据歌词的内容做出相应的动作，加深对年画的认识和了解），纯音乐《喜洋洋》（幼儿可以根据音乐模仿年画娃娃的动作或是自己创编动作，表现过年喜庆的节日氛围）。

② 活动指导：

● 引导幼儿选择自己喜欢的道具模仿年画娃娃的动作进行大胆表演。

● 跟随喜庆的音乐做出自己喜欢的动作，表达过年开心的心情。

图8　幼儿可以选自己喜欢的金鱼，抱着表演节目。　　图9　幼儿可以穿上肚兜模仿年画娃娃表演。

3. 主题墙布置

设计思路：

主题分为三部分，分别是"年画的故事""年画真好看""我和年画做游戏"。其中"年画的故事"是将年画的来历通过卡通图片展示出来，便于幼儿欣赏以及理解。"年画真好看"是分别将一整幅年画中富有特殊寓意以及幼儿感兴趣的因素提取出来；"我和年画做游戏"则是将幼儿开展的与年画相关的活动通过照片记录下来，幼儿可以随时翻看，激发幼儿的原有经验。

（1）年画的故事。

年画的来历：通过卡通图片的形式便于幼儿欣赏和理解。

（2）年画真好看。

① 手镯：手镯在很多年画中出现，通常是金色和银色，是家长为了给孩子辟邪，祈福。幼儿通过手工制作自己喜欢的手镯并画上好看的图案并戴在手上。

② 莲花：莲花代表清廉，正直，是人们对自己以及家人的美好期许。幼儿通过水墨的形式表现出荷花的"干净""美丽"。

③ 大金鱼：金鱼代表对来年生活富足的期许，与莲花放在一起有连年有余的含义，幼儿通过手指印画，印出红色的鱼鳞，感受过年喜庆的氛围。

④ 体验制作版画年画：版画是传统的制作年画方式，幼儿通过自己动手感受年画的制作过程，加深对年画的认识和了解。

⑤ 肚兜：通过了解肚兜的外形和作用，用自己喜欢的图形装饰肚兜，表达自己对年画宝宝的喜欢。

⑥ 制作"年画娃娃"：年画中常出现白白胖胖的"年画娃娃"既可爱又喜庆。幼儿通过发现年画娃娃发髻、点红点、红嘴唇、大眼睛等特点，用纸黏土表现出来，表达自己对"年画宝宝"的喜爱之情。

（3）我和年画做游戏。

将幼儿开展的关于年画的游戏活动过程通过照片的形式集结成册展示在墙上，便于幼儿随时翻看，激发幼儿回忆已有的经验。

图 10　主题墙整体布置

4. 家园共育

（1）家长与幼儿共同寻找年画并带来幼儿园与同伴欣赏、装饰班级环境。

（2）家长与幼儿共同装扮"年画宝宝"并拍下照片传到班级群里。

（3）家长与幼儿共同搜集传统、吉祥的图案。

（4）开展亲子活动"我来捏年画"，家长与幼儿共同捏出自己喜欢的年画中的物体。

（五）具体活动方案

活动一：美术——我来做年画（手工制作）

活动目标：

① 能够围绕"年画娃娃"运用自己喜欢的图形进行粘贴装饰。

② 通过设计制作年画感受过年的喜庆氛围，表达对年画的喜爱之情。

活动重难点：

① 活动重点：将"年画娃娃"照片贴在纸的中间，并在周围进行简单装饰制作年画。

② 活动难点：通过制作年画感受过年的喜庆氛围，表达对年画喜爱之情。

活动准备：

① 经验准备：已有欣赏年画的经验，已有粘贴的经验。

② 物品准备：年画图片，胶棒，幼儿"年画娃娃"照片，各种卡纸，各种装饰图片，喜庆的音乐，鞭炮的声音。

活动过程：

① 创设情境，激发幼儿活动兴趣。

教师播放鞭炮的声音引导幼儿过年要贴年画，激发幼儿制作年画的兴趣。

——教师：听！这是什么声音？这是放鞭炮的声音，为什么要放鞭炮呢？因为快要过年了。过年要在家里贴年画，那你们想不想做一张属于自己的年画？

② 幼儿进行创作

第一，教师出示年画图片，引导幼儿观察年画上有年画娃娃、桃子、花、鱼等图案。引导幼儿发现年画中"年画宝宝"在中间，装饰图案在它的周围。

——教师：今天左老师请来了你们的好朋友，我们看看他是谁？年画上都有什么？

——教师：小朋友在制作年画的时候要将自己可爱的"年画娃娃"照片贴在纸的中间，周围用我们一起搜集的装饰图案来装扮它。

第二，幼儿进行创作。

幼儿自选底纸，进行粘贴设计，教师巡回指导。

引导幼儿在粘贴的过程中不要把"年画娃娃"的脸遮住。

③ 欣赏评析。

第一，教师帮助幼儿将年画粘贴在展板上，引导幼儿互相欣赏同伴的作品。

第二，请幼儿介绍自己的作品，说一说年画上都粘贴了什么。

——教师：小朋友做的年画都特别漂亮，我们可以一起将它们粘贴在班里或者家里，迎接新年！

活动实施与反思：

幼儿在制作年画的时候积极性很高，幼儿都是先粘贴自己的照片，会拿着它在纸上比半天，但是有的幼儿在粘贴完自己照片后就不再粘贴其他图案了，这时候教师通过引导幼儿观察教师出示的年画作品有丰富漂亮的图案，让他们自己选择喜欢的图案进行装饰。

图 11 分享介绍幼儿制作的年画

活动二：美术——我为年画娃娃做肚兜（手工制作）

活动目标

① 用自己喜欢的图形，粘贴装饰小肚兜。

② 通过装饰小肚兜的活动，使幼儿感受美术活动粘贴的乐趣，丰富对年画的了解。

活动重难点：

① 活动重点：幼儿能够运用自己喜欢的图形进行粘贴，装饰小肚兜。

② 活动难点：能够合理布局小肚兜上的花纹、图案、找到中间位置进行粘贴。

活动准备：

① 经验准备：见过不同样子的小肚兜。

② 物品准备：小肚兜的图片、实物，胶棒，剪好的图案，水彩笔，画纸。

活动过程：

① 活动导入。

● 出示图片年画娃娃和实物小肚兜，幼儿回忆见过的小肚兜。

● 观察肚兜上面的图案，说一说自己和爸爸妈妈在家都找到了什么样子的图案。

● 出示准备好的印花图案和小肚兜。请幼儿观察肚兜上的小花边都出现在哪儿，我们要把小印花装饰在什么位置。

② 幼儿进行创作。

● 幼儿根据自己的想法用带来的图片和自己喜欢的彩纸对肚兜进行装饰。

● 教师引导幼儿中间粘贴自己带来的图案，在其周围用小印画进行装饰。

③ 欣赏评析。

幼儿将作品粘贴在展示板进行展示，请幼儿说说自己设计的小肚兜。

④ 活动延伸。

将作品投放到美工区，可以进行打孔穿红绳，戴上肚兜在表演区进行年画娃娃的扮演。

活动实施与反思：

在活动准备中，教师前期通过布置小任务请家长与幼儿共同寻找肚兜上的漂亮图案，有的是孩子画的或者从杂志上剪下来的，从寻找图片的过程中也获得了经验的准备。幼儿在活动中专注、投入，能独立完成作品，最后提供了展板让幼儿进行作品的展示和介绍，说一说自己找的图案是什么，有什么含义，在活动中幼儿获得了自信和成就感，也帮助幼儿对年画有更深一层的认识和了解。

图 12　幼儿制作的肚兜作品

活动三：语言——年画宝宝抱什么（语言游戏）

活动目标

① 能根据年画图片中的内容说出"年画宝宝抱什么？""年画宝宝抱××"的简单句式。

② 乐于参加语言游戏活动"我是年画宝宝"，在游戏中大胆表达。

活动重难点：

① 重点：能根据年画图片中的内容说出"年画宝宝抱什么？""年画宝宝抱××"的简单句式。

② 难点：乐于参加语言游戏活动，在游戏中大胆表达。

活动准备：

① 经验准备：幼儿已有观赏年画的经验，幼儿已有参与语言游戏的经验。

② 物品准备：桃子、公鸡、灯笼、金鱼的卡片；关于年画的 PPT。

活动过程：

① 创设游戏情境，激发幼儿游戏的兴趣。

——教师：老师请来了一群年画宝宝来和小朋友们做游戏，咱们一起来看看都有哪些年画宝宝吧！

② 教师出示幻灯片，幼儿认真观察图片。

● 教师出示第一张幻灯片。

——教师：年画宝宝抱什么？幼儿回答：年画宝宝抱金鱼。引导幼儿说出完整句式。

● 教师出示第二张幻灯片。

——教师：年画宝宝抱什么？幼儿回答：年画宝宝抱公鸡。引导幼儿说出完整句式。

● 教师出示第三张幻灯片。

——教师：年画宝宝抱什么？幼儿回答：年画宝宝抱灯笼。引导幼儿说出完整句式。

● 教师出示第四张幻灯片。

——教师：年画宝宝抱什么？幼儿回答：年画宝宝抱桃子。引导幼儿说出完整句式。

● 观看幻灯片，幼儿与教师一起完整说一遍儿歌。

③ 幼儿进行游戏"我是年画宝宝"。

● 教师提问"年画宝宝抱什么？"教师举起金鱼、公鸡、桃子、灯笼其中的一张图片，幼儿根据图片内容回答"年画宝宝抱××"。

● 请个别幼儿上台提问"年画宝宝抱什么？"并举起卡片，其他幼儿根据卡片中的内容说出"年画宝宝抱××"。

● 教师出示苹果、西瓜、猫咪等图片进行提问"年画宝宝抱什么？"幼儿根据图片中的内容说出"年画宝宝抱××"

活动反思：

活动中幼儿能够观察到年画中典型的事物特征，对年画又有了进一步的认识和了解，但是在完整说儿歌的时候，个别幼儿还是一直在说词语"灯笼""金鱼"

等，因此在活动中教师运用动作提示例如抱一抱、摊手等动作引导幼儿说出完整句，还会对个别幼儿不太掌握的词语进行重复提问，加强幼儿的理解。

活动四：健康——年画娃娃回家喽（体育游戏）

活动目标：

① 在走、跑、钻的过程中平稳地控制自己的身体。

② 喜欢参加体育活动，体验游戏中的愉悦。

活动重点与难点：

① 活动重点：在走、跑、钻的过程中平稳地控制自己的身体。

② 活动难点：喜欢参加体育游戏，体验游戏的愉悦。

活动准备：

① 经验准备：幼儿已有跑、钻的经验。

② 物品准备：拱形门、幼儿自己绘画的年画娃娃。

活动过程：

① 开始部分：

幼儿跟随音乐做准备活动。

② 基本部分：

第一，谈话引入：

——教师：咱们带着自己画的年画娃娃出来玩，可是天太冷了，年画娃娃想要回家了，你们愿意送他们回家吗？

——教师：但是我们要钻过圆形的门才能到年画娃娃家哦！

第二，游戏开始：

● 场地终点处放置年画娃娃的"家"，在跑道中设置拱形门，幼儿将自己绘画的"年画宝宝"粘贴在身上，在到达终点后将年画娃娃放到"家"里。

● 教师观察幼儿钻拱形门的动作，引导幼儿在钻的时候将头低下，膝盖弯曲拱形门才不会倒。

③ 结束部分。

做放松活动，游戏自然结束。

活动实施与反思：

此次活动幼儿的兴趣很高，从绘画"年画娃娃"时就一直说要带他出去玩，在活动过程中幼儿将"年画娃娃"粘在身上，会特别小心地保护他，不让他掉在地上，不让他变脏。在钻的时候老师提示幼儿"要把'年画娃娃'保护好哦"，孩子们就自觉地在钻的时候低头弯腰护着"年画娃娃"，这也锻炼了幼儿在钻方面的技能。

图13 幼儿将自己绘画的年画娃娃粘贴在身上，将他送回家。

活动五：社会——我来送年画

活动目标：

① 用适宜的行为与同伴、教师交往并介绍自己的年画。

② 感受通过介绍年画与他人交往带来的快乐。

活动重难点：

① 活动重点：用适宜的行为与同伴、教师交往并介绍自己的年画。

② 活动难点：感受通过介绍年画与他人交往带来的快乐。

活动准备：

① 物品准备：幼儿自己制作的年画。

② 经验准备：幼儿已有对年画内容的认识和了解。

活动过程：

① 开始部分。

教师：今天别的班的老师跟左老师说小二班小朋友做的年画特别好看，贴在墙上特别漂亮，可是他们班没有年画贴怎么办？

教师：你们愿意将自己做的年画送给他们吗？

② 中间部分。

第一，引导幼儿要先介绍自己的年画里有什么，然后用"送给你""不用谢"等礼貌语言与别人交往。

——教师：那我们在送年画的时候要说什么呢？

第二，幼儿去其他班送年画，教师鼓励幼儿大胆介绍。

③ 介绍部分。

今天小朋友们都特别棒！勇敢地分享了自己的年画，回家以后你们也可以继续制作年画，跟自己的爸爸妈妈介绍，然后把它贴在家里。

活动实施与反思：

此次活动培养幼儿的社会交往能力与语言表达能力，大部分幼儿都能大胆自主进行介绍，但是个别幼儿会比较害羞，这时候老师会主动问幼儿："你的年画真漂亮！这是什么？"幼儿会根据教师的提问回答，教师及时给予肯定，幼儿慢慢地就会愿意介绍自己的作品。

图 14　幼儿向老师介绍自己的年画作品

活动六：音乐——我和年画娃娃跳舞（律动）

活动目标：

① 模仿年画娃娃的动作，跟随音乐做简单的律动。

② 通过动作表达自己对年画的喜爱之情。

活动重难点：

① 活动重点：模仿年画娃娃的动作，跟随音乐做简单的律动。

② 活动难点：通过动作表达自己对年画的感情。

活动准备：

① 物品准备：喜庆的音乐、纱巾、鱼的玩偶。

② 精神准备：已有跟随音乐做动作的经验。

活动过程：

① 教师出示年画图片，激发幼儿的兴趣。

引导幼儿观察年画当中人物的动作。

教师：看看年画当中的人在干吗呢？你能学一学他们的动作吗？

教师：那你开心的时候会做什么动作呢？

② 幼儿跟随音乐做动作。

第一，教师播放喜庆的音乐，引导幼儿发现音乐所表达的情感。

——教师：这个音乐好听吗？你喜欢吗？你听完这个音乐你开心吗？你开心的话想要用什么样的动作表达呢？

第二，幼儿跟随音乐做动作。

教师：小朋友们可以选择自己喜欢的材料跟着音乐做好看的动作。可以和年画娃娃的动作一样，也可以做出和"年画娃娃"不一样的动作。

③ 评选最美"年画娃娃"。

教师鼓励幼儿大胆表现自己，奖励小贴画。

教师：小朋友们动作都特别好看，奖励给"年画娃娃"们漂亮的小贴画。

活动实施与反思：

幼儿在活动中能够大胆自主地表现自己，而且听到音乐都特别开心，但是有的孩子比较害羞，站着不做动作，这时候教师运用的策略是引导幼儿模仿年画娃娃的动作，老师也会做一些动作，在老师和小朋友的带动下害羞的孩子也慢慢地开始跳起来，这时候老师及时给予鼓励"你的动作真好看！"教师还应该运用同伴影响的方法，通过请其他幼儿来示范，引导幼儿大胆表现自己。

十一、主题活动10：漂亮的灯笼

班级：大一班　　教师：刘晴　孟旋　付珊

（一）主题缘起

双节来临，处处张灯结彩，大街小巷悬挂的各式各样的灯笼引起了小朋友们的关注。在新年游园会中，"挂灯笼，猜灯谜"的游戏活动，小朋友们也都很感兴趣。进入大班的幼儿对自己感兴趣的事物有着积极探索的欲望和求知的态度，他们对于灯笼有很多问题，如："为什么要挂灯笼？""灯笼会飞吗？"……

"灯笼"是中国的传统工艺品，挂灯笼是我国的传统习俗，有着悠久的历史和丰富的文化内涵。《3～6岁儿童学习与发展指南》中指出："教师要引导幼儿了解中国主要的民族文化。"为了满足幼儿的好奇心、求知欲，鼓励他们积极的探索。同时也是为了引导幼儿初步了解中国传统文化，培养幼儿的民族认同感，激发幼儿对传统文化的兴趣与热爱。根据本班幼儿发展水平，结合大班幼儿年龄特点，开展主题活动——"漂亮的灯笼"。

（二）主题目标

（1）在传统节日中感受中国传统习俗挂灯笼喜庆、团圆的美好寓意。

（2）喜欢阅读关于灯笼的图书及图文信息（如海报、照片等），利用图书、电脑、口头交谈等多种途径搜集关于灯笼的相关信息。学习初步搜集、使用信息。

（3）在欣赏灯笼的过程中，感受灯笼色彩的绚丽，造型的多样、结构的精巧。

（4）对灯笼有初步的认识和了解，大胆地运用各种语言方式清楚连贯地表达对传统工艺"灯笼"的喜爱之情。

（5）在灯笼的制作及展示等活动中，通过讨论明确自己的任务，做事认真、有始有终，形成初步的责任意识。

（6）在搜集、设计和连接灯笼等活动中，会选择所需的工具和适当的方法，通过观察、比较、探究、解决问题，逐渐养成细心、专心、耐心、坚持、不怕困难等品质。

（7）能够大胆地用自己喜欢的方式表现和创造灯笼，如：剪纸、水墨。富有个性地表达自己对于灯笼的情感和体验。

（三）主题网络图

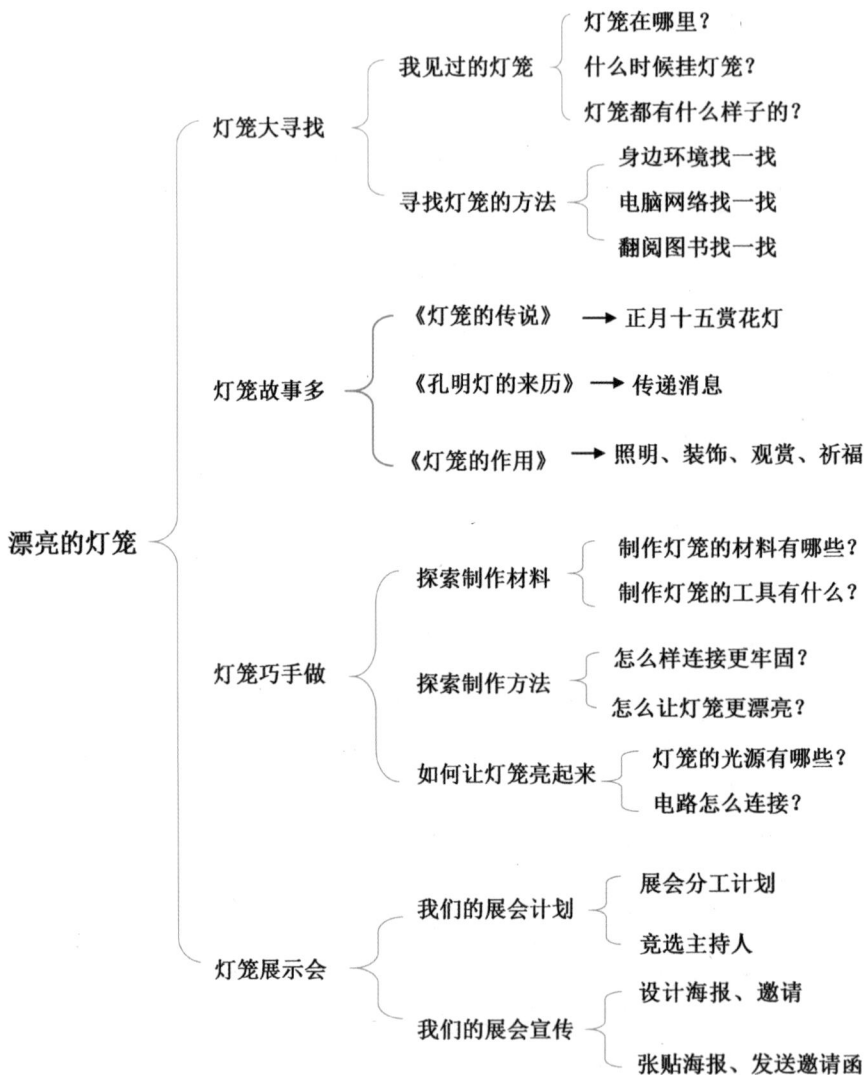

灯笼大寻找
- 我见过的灯笼
  - 灯笼在哪里？
  - 什么时候挂灯笼？
  - 灯笼都有什么样子的？
- 寻找灯笼的方法
  - 身边环境找一找
  - 电脑网络找一找
  - 翻阅图书找一找

灯笼故事多
- 《灯笼的传说》 → 正月十五赏花灯
- 《孔明灯的来历》 → 传递消息
- 《灯笼的作用》 → 照明、装饰、观赏、祈福

漂亮的灯笼

灯笼巧手做
- 探索制作材料
  - 制作灯笼的材料有哪些？
  - 制作灯笼的工具有什么？
- 探索制作方法
  - 怎么样连接更牢固？
  - 怎么让灯笼更漂亮？
- 如何让灯笼亮起来
  - 灯笼的光源有哪些？
  - 电路怎么连接？

灯笼展示会
- 我们的展会计划
  - 展会分工计划
  - 竞选主持人
- 我们的展会宣传
  - 设计海报、邀请
  - 张贴海报、发送邀请函

（4）活动计划表

1. 教育活动

	活动名称	活动目标与内容
第一周	1. 社会——我见过的灯笼 2. 语言——灯笼的传说（故事） 3. 美术——漂亮的灯笼（绘画） 4. 语言——会飞的灯笼（故事） 5. 音乐——灯笼花（歌唱）	1. 幼儿通过分享节日中在生活环境中、网上、书中找到的灯笼的图文信息。感受灯笼的美，初步了解灯笼的寓意。 2. 通过故事《灯笼的传说》，使幼儿了解传统习俗正月十五挂灯笼的由来，知道灯笼有寄托人们美好愿望、给人们带来幸运的寓意。 3. 引导幼儿感受、发现灯笼的图案、造型美，鼓励幼儿大胆地用自己喜欢的绘画形式（水墨、绘画、沙画等）表现灯笼。 4. 通过故事《会飞的灯笼》了解孔明灯的由来，为中国人的智慧及伟大发明创造感到骄傲、自豪，并知道孔明灯在古时候有传递消息的作用。 5. 喜欢参加歌唱活动，在歌唱《灯笼花》的过程中幼儿萌发对灯笼的喜爱之情。
第二周	1. 社会：灯笼的作用 2. 语言——孔明灯的来历（故事） 3. 科学——宫灯的结构 4. 语言——《灯笼的传说》（剧本创编） 5. 美术——漂亮的灯笼（剪纸）	1. 幼儿根据已有的社会常识及搜集到的有关灯笼的资料，通过讨论梳理灯笼的作用及用途。 2. 通过故事《孔明灯的来历》，了解孔明灯的由来及用途，为中国人的智慧及伟大发明创造感到骄傲。 3. 通过对宫灯实物、图片的观察，探索宫灯的结构及组成部分，知道宫灯是由骨架、灯笼面、光源几部分组成。 4. 引导幼儿根据《灯笼的传说》故事内容及情节发展，创编童话剧剧本，共同商量台词及旁白内容，为童话剧表演做准备。 5. 尝试用剪纸的形式表现灯笼，用对折的方法剪灯笼，感受剪纸灯笼外形及花纹的对称美。

第三周	1. 美术——制订"灯笼展示会"计划（绘画） 2. 数学——灯笼分类 3. 语言——竞选主持人 4. 美术——宫灯制作（制作） 5. 科学——灯笼亮起来	1. 引导幼儿通过协商、讨论制订活动计划，并运用绘画的方式合作完成"活动计划书"，从中体验合作的快乐和意义，学习独立解决交往中的问题。 2. 启发、鼓励幼儿对灯笼按不同维度进行分类（如：外形、寓意、用途等），并说出分类理由。引导幼儿用简单符号记录分类方法，鼓励幼儿在活动中探索分类的方法。 3. 引导幼儿回忆自己看到的主持人的职责和任务，共同制定竞选主持人的标准，并商量怎样表演和如何招接观众。活动中引导幼儿围绕一个话题进行讨论，并做到轮流发言，理解并尊重别人的观点。 4. 引导幼儿自主探索宫灯骨架的连接、灯笼面的粘贴等宫灯制作方法，在活动中体验与同伴合作游戏的快乐。 5. 引导幼儿探索电路连接的方法，鼓励幼儿运用电路连接的经验，利用废旧材料制作电池小灯泡作为灯笼的光源。
第四周	1. 美术——设计海报、邀请函（综合） 2. 亲子活动——废旧物创意灯笼大制作 3. 体育——挂灯笼 4. 社会——灯笼展示会（综合）	1. 通过搜集的各种形式的宣传海报及邀请函，引导幼儿认识宣传海报、邀请函，明确设计内容。并运用自己喜欢的形式对内容进行大胆表现与设计。学习与同伴合作，感受合作的快乐。 2. 幼儿与家长运用搜集到的废旧材料合作制作灯笼，活动中体验亲子制作的乐趣，进一步了解、加深对中国传统工艺灯笼的喜爱。 3. 活动中能听口令按游戏规则游戏，锻炼手眼协调和身体动作的协调性，体验体育游戏与成功的乐趣。 4. 幼儿在活动中明确自己的分工职责，并坚持认真完成自己承担的工作内容。活动中热情大方地接待客人，大胆地表达对灯笼的情感与体验，获得成功的喜悦与自信，为中国人的智慧及伟大发明创造感到骄傲。

2.区域创设与活动指导

（1）阅读区：投放灯笼相关书籍。

① 材料准备：

● 有关灯笼的绘本故事、图书：《兔灯》[34]《火树银花不夜天——元宵节》[35] 等。

图1　绘本《火树银花不夜天——元宵节》封面　　　　图2　绘本内图画

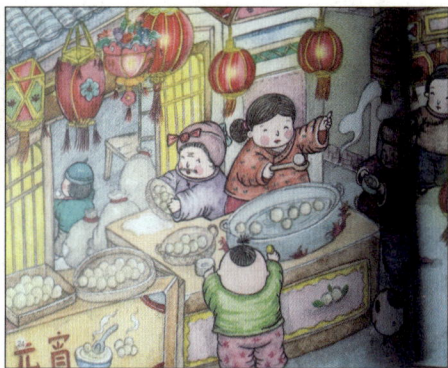

注：图画精美、细腻，故事富有生活气息。自然渗透节日习俗，让幼儿在阅读中接受中国传统文化的熏陶。

---

[34] 绘本故事《兔灯》：全书画面巧妙运用传统工艺美术中"剪纸"和"木版年画"的技法，人物和动物的造型朴素中不失童真的生动和可爱，充满中国传统文化元素如大红灯笼、红福字、红窗花、红对联、门神这些中国风浓郁的场景，时时处处都洋溢着春节的气氛，正是中国传统节日文化的一种体现。这本书让幼儿感受各种中国文化元素的同时，通过故事中爷爷为孙女做"兔灯"来传递爱和情感。使幼儿理解人们通过兔灯来寄寓的一种精神和情感。

[35]《火树银花不夜天——元宵节》，是"中国记忆·传统节日图画书"系列中的其中一本，选取中国传统文化中颇具特色的元素，以故事为主线展开，立足于真实的民间生活，自然渗透中国传统文化的内容，使幼儿在阅读中既感受到温暖和爱，同时也自然而然地了解中国传统文化，唤起心灵深处对中国传统文化的热爱。

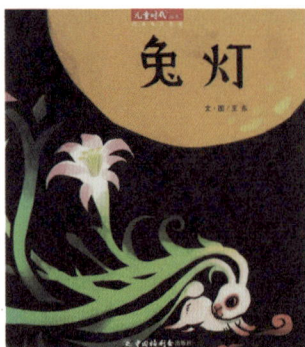

图 3　绘本《兔灯》封面　　　图 4　书中画面处处充满中国传统文化元素如："八仙桌"
　　　　　　　　　　　　　　　　　　"拨浪鼓""门神"

● 自制图书：《灯笼的传说》《孔明灯的来历》。

② 活动指导：

● 将幼儿、老师和家长搜集的有关灯笼的故事进行分享与讲述，幼儿理解故事内容后通过绘画的形式把故事内容绘制下来，或将故事情节的图片搜集起来装订成册，制作成图书投放在阅读区供幼儿阅读与欣赏。

● 幼儿在"自制图书过程中"教师重点引导幼儿把故事的主要情节及故事关键转折点用绘画形式表现出来。

● 阅读绘本故事过程中，引导幼儿关注画面中具有中国传统文化的元素，引导幼儿理解其中的寓意和情感（如门神、挂灯笼、贴福字等）。

图 5　　　　　　　　　　　　　　　图 6

图7　人们为了躲避灾难，家家户户都挂满了灯笼

自制图书时，引导幼儿将主要故事情节及故事关键转折点表现出来，如：《灯笼的传说》中玉帝要放火烧毁村庄的原因——"猎人射杀了天上的神鸟"是故事的主要转折点。所以须绘画记录，如图5。图6为玉帝知道神鸟被射杀后很生气，于是下旨烧毁人间。图7为人们为了躲避灾难，家家户户都挂满了灯笼。

（2）美工区：创设"灯笼坊"，支持幼儿主动探索。

① 材料准备：

● 制作骨架材料：木棍儿、冰棍棍儿。

● 灯笼面材料：琉璃纸、宣纸、彩纸等不同材质的纸张材料。

● 灯笼连接材料工具：胶条、胶棒、双面胶、胶钉、胶枪等。

● 各种辅助材料、半成品、自然物等。

② 活动指导：

大班幼儿在制作灯笼过程中，通常会提出"灯笼骨架怎样连接更牢固""灯笼面怎样粘贴更平整"方面的问题。这时，教师不要急于告诉幼儿答案，要以参与、提问、借助材料引导等方式支持幼儿多尝试，深入探索，帮助幼儿梳理经验。（附案例）

在设计和连接灯笼制作活动中，引导幼儿自主选择所需的工具和适当的方法，安全正确地使用工具材料。

图8 "灯笼坊"美工墙饰

图9 幼儿合作制作灯笼

案例：

班中两个小朋友制作灯笼进行到了糊灯笼面的环节，他们选择了"玻璃纸"作为灯笼面的材料，根据灯笼四个面的长度及灯笼的高度裁剪整张的灯笼面，把裁剪好的灯笼面围在灯笼的骨架上并用双面胶进行固定。由于玻璃纸材质薄，在用整张玻璃纸糊灯笼面时要想使灯笼面绷紧、平整既要保证玻璃纸在每个面的粘贴过程中保持平整，还要保证骨架与灯笼面呈平行状态，一旦一个面歪斜，就会导致其他几个面无法保持水平状态而产生褶皱。显然，这种难度大且需要及其精细的操作对于他们来说是有一定难度的。在糊灯笼面的过程中尽管两个小朋友都很认真，小心翼翼，但依旧出现了粘歪、褶皱的情况。两个小朋友虽然也发现了这个问题，但并没有停下来的意图。这时，我走到他们身边，指着刚刚糊好的灯笼面惋惜地说："这个灯笼面这么褶皱，看起来有些破旧，如果灯笼面能平整些就好了。"萱萱听了犯难地说："我们已经很小心地粘了，太不好粘了。""这个方法不好粘，能不能换一个其他的方法呢？"我问。两个小朋友想了想，还是没有头绪。这时，我把小朋友从家里带过来的宫灯拿到他们面前对他们说："你们看看这个宫灯，它的面为什么这么平整呢？"我们的对话吸引了不少小朋友前来围观，其中的一个小朋友观察一段时间后发现了其中的不同。"这个灯笼的灯笼面是一个面一个面粘的，他们做的是用一张大纸粘的。""那是用一张大纸连续完成四个面的粘贴容易还是用小块儿的纸一个面一个面地粘比较容易些呢？"我问。"一个面一个面地粘更容易些。"小朋友们回答。"那怎么确定灯笼面的大小呢？"我继续提问。"用做好的骨架在纸上比着，画出一个骨架的大小然后剪下来。""那你们试试看，这个方法行不行。"经过尝试，果然这次的灯笼面不仅更容易粘了，而且更平整了。

图 10 幼儿用灯笼一面的骨架比画灯笼面的大小

（3）表演区：提供丰富表演道具，支持幼儿大胆表现。

① 材料准备：

● 自制表演服装及表演道具：

a. 童话剧《灯笼的传说》表演道具：猎人的弓箭、玉帝的帽子及披风、羽扇、老爷爷的胡子、灯笼道具。

b. 童话剧《孔明灯的来历》表演道具：士兵的佩剑、孔明灯、诸葛亮的羽扇。

图 11   儿童制作的孔明灯、玉帝的头饰、玉帝的服装

图 12   幼儿带来的表演道具羽扇、士兵的兵器、猎人的弓箭

● 音频：灯笼 T 台秀背景音乐《喜洋洋》《春江花月夜》。灯笼相关歌曲：《灯笼花》。

② 活动指导：

● 根据自制图书《灯笼的传说》及《孔明灯的来历》中的主要故事情节，引导幼儿创编台词，感受童话剧中不同角色的性格特点，大胆地进行表现，有语气地说台词。（如图 13）

● 引导、鼓励表演灯笼 T 台秀的小演员丰富走秀的姿势和动作，尝试编排队形。

● 引导幼儿在合作表演过程中通过讨论、协商的方法解决遇到的困难和问题。

图 13　幼儿绘制的故事主要情节

图 14　幼儿根据故事情节表演的童话剧场景

例如，第一幕情节幼儿讨论后确定的剧本台词为：

（旁白）很久很久以前，村庄里有一个猎人，他发现了一只漂亮的鸟。

猎人：这只鸟好漂亮，我要把它射下来用它的羽毛做衣裳。

（旁白）玉帝看见了，很生气！

玉帝：可恶的人类，竟敢射杀我心爱的神鸟，我要派天兵天将在正月十五这天放火烧了人间！

（4）益智区：

① 材料准备：自制玩教具"灯笼排排挂"。

② 活动指导：

第一，自制玩具教育目标：

a. 在操作活动中，按灯笼的某一规律排序。

b. 按照灯笼的某一特征如外形、功能等进行分类。

第二，引导幼儿对灯笼进行多维度的分类和排序，加深幼儿对灯笼种类、功能的理解。

图 15   自制玩具，由特征明显的灯笼图片及一根绳子组成

图 16   幼儿对灯笼按外形特征进行排序

（5）科学区：

① 材料准备：

● 电路玩具。

● 电池、小灯泡、线路。

② 活动指导：引导幼儿探索电路连接的方法，鼓励幼儿运用电路连接的经验，利用电池、小灯泡等半成品材料制作灯笼的光源。

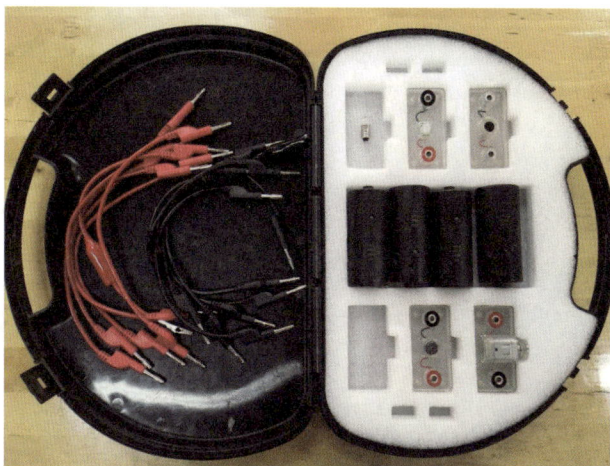

图 17　电路连接玩具构成

图 18　幼儿探索电路的连接方法

3. 主题墙布置

设计思路：

主题墙呈现的内容根据幼儿活动轨迹随机生成，帮助幼儿梳理经验，支持幼儿在活动中进一步深入探究。共分为"灯笼大寻找""灯笼故事多""灯笼巧手做""灯笼展示会"四部分内容。

图 19 主题墙整体布置

（1）灯笼大寻找。

幼儿通过多种途径搜集灯笼的照片及相关资料，将有代表性的照片呈现于主题墙上，帮助幼儿获得搜搜集、使用信息的途径及方法，初步认识、了解灯笼。激发幼儿参与活动的兴趣，并使得幼儿产生了进一步探索与了解灯笼的愿望。

① 生活环境中：将幼儿在名胜古迹、节日的大街小巷、中式餐厅等身边环境中找到的灯笼照片呈现于主题墙上，引导幼儿感受灯笼在日常生活中的应用。

② 电脑里：将幼儿通过手机、电脑上网搜集的灯笼资料及图片呈现于主题墙上，引导幼儿了解可以通过网络途径查找所需要的信息。

③ 图书中：将幼儿通过翻阅绘本、图书查找和了解灯笼资料的照片呈现于主题墙上，引导幼儿了解可以通过翻阅图书的途径查找所需要的信息。

图 20 幼儿在接下来探索灯笼的作用、制作方法、设计海报
等活动中均运用到以上经验获取资料。

注：主题墙最终呈现与过程中的随机调整应体现流动性。如：在活动初期，为了使幼儿充分感知、欣赏灯笼，大部分版面呈现的内容为幼儿搜集来的灯笼图片及照片。随着活动的深入，在进入下一阶段时教师要提炼归纳这一阶段对幼儿最有价值或能够支持幼儿深入探索活动的经验，本次活动教师所提炼的关键经验为帮助幼儿获得搜集、使用信息的途径及方法，故主题墙最终呈现为以上内容。

（2）灯笼故事多。

通过谈话活动，对幼儿的兴趣点及问题进行了归纳。例如：为什么要挂灯笼？灯笼会飞吗？……通过相关的传说、故事引导幼儿深入了解灯笼的由来、作用、寓意等。

① 灯笼的传说：将《灯笼的传说》主要故事情节及由这个传说引发的"正月十五挂灯笼"的习俗以图片及幼儿绘画的形式呈现于主题墙上，引导幼儿了解中国的传统习俗及节日里挂灯笼的美好寓意。

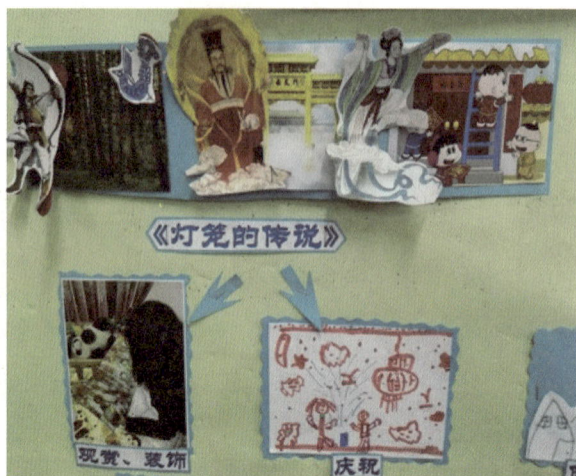

图 21   《灯笼的传说》板块

② 孔明灯的来历：将《孔明灯的来历》主要故事情节以图片的形式呈现于主题墙上，将故事中提到的孔明灯有传递消息的作用以及后来人们在孔明灯上写字寄托美好愿望的用途以幼儿绘画的形式呈现于主题墙上，引导幼儿了解孔明灯的来历及作用，并为中国人的伟大发明与创造感到骄傲和自豪。

图 22   《孔明灯的来历》板块

③ 灯笼本领多又多：将幼儿搜集到的各式各样的灯笼布置于主题墙中，创设互动墙饰。幼儿可以根据灯笼的用途、作用进行分类，帮助幼儿进一步了解灯笼的作用及用途。

（3）灯笼巧手做。

随着对灯笼的深入了解，幼儿越来越爱用自己喜欢的形式表现和创造灯笼，表达自己对灯笼的情感和体验。为了支持幼儿的探索行为，我们及时将幼儿在制作灯笼过程中通过尝试、探索所获得的关键经验及方法呈现在这部分中，为幼儿深入探索提供支持，激发幼儿活动兴趣。

① 灯笼骨架的连接方法：幼儿通过分组实践探索，通过讨论得出两种连接骨架的方法最牢固，将幼儿探索的过程性照片呈现于主题墙上，并归纳出探究结果。引导鼓励幼儿勇于大胆尝试，和同伴间通过协商、合作完成任务。

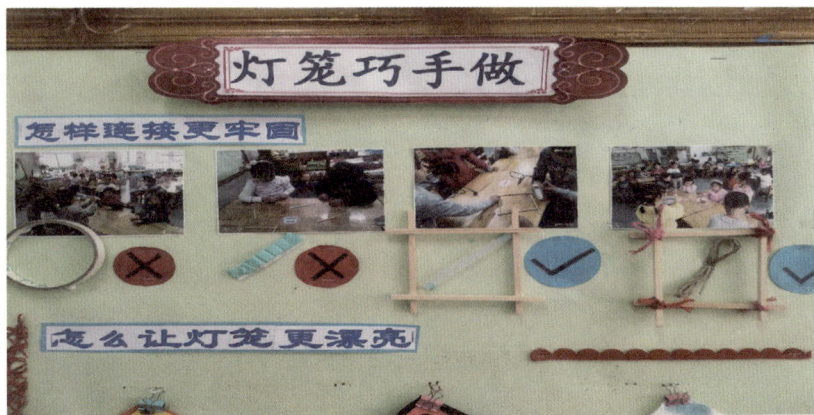

图 23　连接方法主题墙饰

② 怎么让灯笼更漂亮：将幼儿通过多种形式设计的灯笼面装订成册，呈现在主题墙上。幼儿可随时取下翻阅，丰富幼儿的装饰灯笼面的经验与方法，激发幼儿的制作欲望与兴趣。

③将幼儿在区域中小组合作制作灯笼的精彩瞬间与亲子制作的活动照片呈现于主题墙上，感受合作、亲子制作的乐趣，激发幼儿参与活动的兴趣。

图 24　幼儿设计的灯笼面小册子

（4）灯笼展示会。

随着主题活动的不断深入，幼儿产生了将自己的成果及作品进行展示的愿望。因此，结合幼儿的兴趣点及发展需要，我们决定开展灯笼展示会活动，并创设相应主题墙饰。支持、展示幼儿的成果，分享成功的喜悦及自信。

我们的展会计划：与幼儿一起制定灯笼展示会的人员安排及分工、帮助幼儿明确自己的工作职责与内容。通过计划表使幼儿在整个活动过程中有目的有计划地完成自己工作内容。

图 25　我们的展会计划

　　灯笼展示会开始啦：展示幼儿在灯笼展示会活动中通过"童话剧表演""灯笼T台秀""语言介绍"等多种形式表达对中国传统工艺灯笼的精彩表现。

4．家园共育

　　（1）活动初期，引导幼儿与家长共同搜集有关灯笼的图片及资料，为幼儿创造更多感受欣赏灯笼的机会，丰富家长及幼儿对灯笼的感受和经验。

　　（2）发动家长提供资源，将幼儿家中的灯笼工艺品、实物带到班中，布置班级环境，为幼儿感受与欣赏营造氛围。

　　（3）活动过程中，随时与家长分享主题活动的进展、活动精彩瞬间，使家长了解每个阶段活动的目标、价值及意义。获得家长的认可，从而更加配合、支持班级主题活动的开展。

　　（4）开展 "废旧物创意灯笼大制作"亲子活动，引导幼儿与家长运用各种材料合作制作灯笼，体验亲子制作的乐趣，进一步加深幼儿及家长对中国传统工艺灯笼的喜爱之情。

图 26　亲子活动——废旧物创意灯笼大制作

（五）具体活动方案

活动一：美术——漂亮的灯笼（绘画）

活动由来：

每逢节日来临，大街小巷挂满了各式各样的灯笼，洋溢着喜庆热闹的氛围。小朋友们纷纷把发现的灯笼照片分享到群里。《纲要》中指出："教师要支持、鼓励幼儿主动寻找和观察周围环境和生活中的美好事物，不断丰富美的体验，大胆地用自己喜欢的方式表达感受。"因此，我结合幼儿的生活经验和对灯笼的浓厚兴趣，根据本班幼儿能够运用比较简单的图案花纹对画面进行装饰的原有经验设计了本次活动。引导幼儿感受、发现灯笼的图案美。

活动目标：

① 通过欣赏带有民族花纹 [36] 的灯笼（波浪纹 [37]、云纹 [38]、回字纹 [39] 等），感受灯笼的图案美。

② 尝试用多种绘画形式表现自己喜欢的灯笼。

图 27　回字纹　　　　图 28　波浪纹　　　　图 29　云纹

---

[36] 民族花纹，是中国传统文化的重要组成部分，贯穿于中国历史发展的整个流程，贯穿于人们生活的始终，反映出不同时期、不同民族的风俗习惯。——节选自《传统纹样》

[37] 波浪纹：又称"波纹""水纹""水波纹""波状纹"，是模拟流动水波的一种纹饰。专门表现海水波涛的，称"海涛纹""海水纹"；表现流水漩涡的称"漩涡纹""涡纹"。

[38] 云纹：古代中国吉祥图案，象征高升和如意，应用较广。作为印染专业用语，是指不同深浅层次过渡自然的花纹，在铜辊雕刻年代，云纹是带麻点的云纹钉敲打出来的，故此名沿用下来。

[39] 回字纹：因为其形状像汉字中的"回"字，所以称为回字纹。

活动重点难点：

① 重点：运用绘画形式表现出自己喜欢的灯笼。

② 难点：尝试用民族花纹装饰自己绘画的灯笼。

活动准备：

① 经验准备：

● 幼儿欣赏过各式各样的灯笼。

● 班级中开展"灯笼"主题活动。

● 幼儿初步了解简单的民族花纹。

② 物品准备：

● 绘画工具：各种纸张（绘画纸、沙画纸、刮画纸等）、水彩笔、蜡笔、刮画笔等。

● 《美丽的灯笼》幻灯片、背景音乐、展板。

图30　羊字纹灯笼幻灯

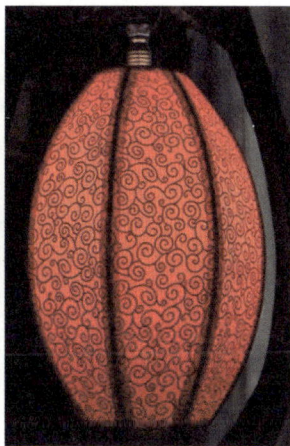

图31　波浪纹灯笼幻灯

幻灯片图片应选取带有民族花纹的灯笼图片，帮助幼儿丰富经验，有助于完成本活动目标，如图30、图31。

活动过程：

① 播放幻灯片，激发幼儿参与活动的兴趣。

第一，播放灯笼照片，调动幼儿原有经验。

提问：小朋友们在假期都去了什么地方？出游时都见过什么样的灯笼？

第二，播放带有民族花纹的灯笼图片，引导幼儿观察与欣赏。

提问：大家刚才看见了什么形状的灯笼？都有哪些颜色？上面有哪些图案？

实施要点：

第一，鼓励幼儿连贯、完整地表述自己的意愿和想法。

第二，引导幼儿通过欣赏各式各样的灯笼感受灯笼的美感特点。

第三，引导幼儿根据物体的特点进行装饰，如：装饰灯笼可在灯笼上、下两头处用花纹进行装饰。

② 幼儿自由创作，教师指导。

● 幼儿选择自己喜欢的形式绘画灯笼。

● 教师根据活动主题进行个性指导。

● 指导幼儿合理构图。

实施要点：

第一，鼓励幼儿选择自己喜欢的绘画形式表现自己喜欢的灯笼，支持、肯定幼儿的想法。

第二，引导幼儿在绘画的过程中用丰富的线条和图形表现灯笼的特征。

第三，关注幼儿创作过程并给予适时的指导，鼓励幼儿尝试用民族花纹装饰灯笼。

分享展示：

提问：谁想和大家分享一下自己画的灯笼？它是什么形状的？你用了哪些图案和花纹装饰它？

实施要点：

● 鼓励幼儿大胆地向同伴展示、分享自己的作品。

● 教师引导其他幼儿认真倾听，对幼儿好的想法及创作方法给予肯定和鼓励。

● 引导幼儿接受并学习别人的优点。

活动延伸：

在过渡环节中，帮助幼儿把自己的作品布置到班级作品栏中，鼓励幼儿和同伴交流、分享，欣赏自己和他人的创作成果。

活动花絮：

图 32　集体欣赏带有民族花纹的灯笼图片

图 33　刮画——绘画的带有民族花纹的灯笼

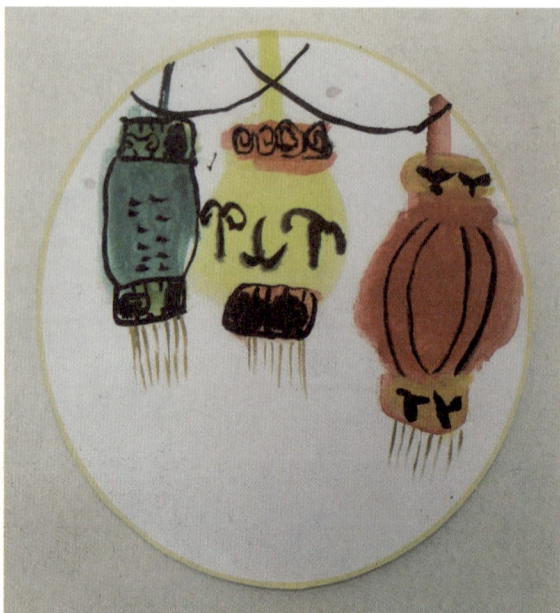

图34 水墨灯笼

活动实施与反思

活动前期，幼儿对灯笼已经进行了充分的感知与欣赏。为了丰富幼儿对于民族花纹的认识和经验。我们在"灯笼坊"墙饰中渗透了几种简单的民族花纹，如："回字纹""云纹""波浪纹""羊角纹"。并在区域指导时鼓励幼儿运用民族花纹装饰自己的绘画作品。

在绘画过程中，大部分幼儿能够运用民族花纹对灯笼进行装饰，但对花纹的布局以及花纹的排序缺乏规律与美感。这时，教师适时引导幼儿观察幻灯片中灯笼上花纹的布局及排序规律。"小朋友们，我们一起来观察一下，灯笼上的花纹一般都在什么位置呢？"幼儿通过观察，发现椭圆形灯笼的花纹多装饰在灯笼上下两头（如图30）。"还有不一样的吗？"有的幼儿说："有的灯笼面上都是花纹。"（如图31）"那我们仔细看看，你发现它的花纹排列有没有规律？""是围着灯笼转着圈的排列的。""一个正一个反。"随后的绘画过程中幼儿在运用民族花纹的同时也关注到了花纹的布局与排列，使灯笼变得更漂亮了。教师要关注幼儿创作过程，及时发现幼儿的关键经验点，帮助幼儿在原有发展水平上获取新的经验。

活动二：语言——《灯笼的传说》（故事）

活动目标：

① 了解故事内容，知道正月十五挂灯笼的由来。

② 知道灯笼有寄托人们美好愿望、给人们带来幸运的寓意。

③ 喜欢讨论故事的内容，并说出自己的看法。

重点难点：

① 重点：知道正月十五挂灯笼的由来，并了解灯笼所蕴含的寓意。

② 难点：能围绕故事内容进行讨论，并说出自己的看法。

活动准备：

① 经验准备：

幼儿查阅了有关灯笼的相关资料，对灯笼有初步的认知和了解。

② 物品准备：

● 故事《灯笼的传说》。

● 故事相关内容配图、挂灯笼的图片。

活动过程：

① 播放幻灯，引出问题，激发幼儿活动兴趣。

第一，播放幻灯片，调动幼儿原有经验。

提问：每到过年过节的时候，大街小巷都要悬挂各式各样的灯笼，人们为什么要挂灯笼呢？

幼儿 a：因为灯笼很漂亮。

幼儿 b：因为挂灯笼感觉很喜庆。

第二，教师小结，引出故事。

在中我们国家有一个节日一直流传着"赏花灯"的习俗。每到这个节日，家家户户都要挂灯笼，赏花灯。小朋友知道是什么节日吗？（正月十五元宵节）

那么为什么会流传下来这个习俗，这个习俗是怎么来的？除了小朋友刚刚说的灯笼特别"喜庆"之外，挂灯笼还有什么寓意呢？

② 教师讲述故事，引导幼儿理解故事内容。

第一，通过提问引导幼儿理解故事情节，初步掌握故事发展线索。

故事中都有谁？（猎人、神鸟、玉帝、玉帝的女儿、老爷爷、天兵天将）

发生了一件什么事情？

指导策略：若幼儿能够将故事的因果关系，发生的主要情节复述下来就可以进入下一环节，若不能还须进一步引导提问，提问内容如下：

——玉帝为什么要放火烧毁村庄？

——老爷爷想出了什么办法使村庄得救了？

第二，教师第二遍讲故事，引导幼儿根据故事内容进行讨论。

● 你喜欢故事里的哪个人物？为什么？

引导幼儿感受玉帝女儿善良的性格特点。

幼儿c：我喜欢玉帝的女儿，因为是她把玉帝要放火烧了村庄的消息告诉了人们，人们才得救了。

幼儿d：我感觉玉帝的女儿特别善良，所以我喜欢她。

引导幼儿感受老爷爷的聪明、智慧。

幼儿e：我喜欢老爷爷，因为他特别聪明，想出了挂灯笼的办法，人们才得救了。

● 以后每年的正月十五都要挂灯笼，小朋友说一说灯笼能够给人们带来什么呢？

指导策略：

① 鼓励幼儿大胆发表自己的观点，并能够认真倾听和尊重他人的观点。

② 引导幼儿感受灯笼有寄托人们美好愿望，给人们带来幸运的寓意。

延伸活动：

根据故事内容创编童话剧，在表演区进行故事表演。

附故事：

《灯笼的传说》

传说在很久以前，有一只神鸟因为迷路而降落人间，却意外地被不知情的猎人给射死了。玉帝知道后十分震怒，就下令让天兵于正月十五日到人间放火，把村庄通通烧毁。玉帝的女儿心地善良，不忍心看百姓无辜受难，就冒着生命危险，把这个消息告诉了人们。众人听说了这个消息，吓得不知如何是好。过了好久好久，才有个老人家想出个法子，他说："在正月十四、十五、十六日这三天，每户人家都在家里挂起红灯笼、点爆竹、放烟火。这样一来，玉帝就会以为村庄被火烧毁了。"大家听了都点头称是，便分头准备去了。到了正月十五这天晚上，天兵往下一看，发觉人间一片红光，以为是大火燃烧的火焰，就禀告玉帝不用下凡放火了。人们就这样保住了生命及财产。为了纪念这次的成功，从此每到正月十五，家家户户都悬挂灯笼、放烟火来纪念这个日子。

活动三：美术——小小设计师（制作）

活动由来：

随着主题活动的不断深入，幼儿愿意与同伴交流、展示自己的表演及作品，并有将自己的成果与作品进行展示的愿望。为给幼儿提供更多展示与交流的机会，满足幼儿的发展需要我们商量举办灯笼展示会，并制作海报及邀请函宣传我们班的展示会活动，让更多的人了解和参加我们的"灯笼展示会"。《幼儿园教育指导纲要（试行）》和《3～6岁儿童学习与发展指南》中对大班幼儿艺术领域的培养目标中均提道："能够大胆地用自己喜欢的方式进行艺术表现和创造，富有个性地表达自己的情感和体验。"因此我设计了本次活动，旨在鼓励幼儿大胆交流自己对灯笼的感知与体验，感受与同伴共同创作的快乐。

活动目标：

① 能用自己喜欢的美术方式和方法为灯笼展示会活动设计海报和邀请卡。

② 积极参与海报和邀请卡制作活动，感受创作、表现与合作的乐趣。

重点难点：

① 重点：能用自己喜欢的美术方式和方法为灯笼展示会活动设计海报和邀请卡。

② 难点：能够与同伴协商合作，大胆地进行设计与制作。

活动准备：

① 经验准备：

● 搜集各种形式的宣传海报、邀请卡片，了解海报及邀请卡应包含的主要内容及作用。

● 班级中开展"漂亮的灯笼"主题活动。

● 幼儿前期已按照意愿分组，制订定海报和邀请卡的设计计划。

② 物品准备：

● 各种纸张、蜡笔、水彩笔、剪刀、纸黏土、粘贴工具、辅助材料、装饰素材等。

● 背景音乐《喜洋洋》、展板。

活动过程：

① 播放照片，激发兴趣。

播放第一场灯笼展示会照片，激发幼儿参与活动的兴趣，使得幼儿萌发为我们班第二场灯笼展示会做宣传的愿望。

核心提问：怎么做能够更好地宣传我们的第二场灯笼展示会，让更多人来参加我们的活动呢？

② 幼儿分组，自由创作。

第一，鼓励幼儿用自己喜欢的美术方式和方法大胆创作，帮助幼儿明确设计及分工内容。

核心提问：请小朋友们按照我们制订的"设计计划书"分工合作，完成你们设计的海报和邀请函吧！

实施要点：

引导幼儿根据前期计划，协商分工合作，教师耐心倾听幼儿的意愿和想法，鼓励幼儿大胆地表现与创作海报和邀请卡。

第二，教师观察、发现幼儿创作方法和遇到的困难，根据个体差异，通过语言提示、材料给予暗示等方法，引导幼儿创作海报和邀请卡。

实施要点：

● 宣传海报组：引导幼儿根据本组的计划，合作设计出宣传海报的内容。

● 童话剧海报组：引导设计童话剧海报组的幼儿能根据童话剧内容有目的地安排画面。

● 邀请卡组：引导幼儿绘画出邀请卡的几点主要内容：时间、地点、观看内容。

交流展示：

第一，幼儿分组进行介绍。

核心提问：哪组小朋友想先来介绍一下你们组创作的作品？你们画的内容是什么？

实施要点：幼儿进行分组介绍，教师引导其他幼儿认真倾听、观察并说出自己的感受。

第二，教师小结：对幼儿好的想法及创作方法给予肯定和鼓励。引导幼儿接受并学习别人的优点。

活动延伸：

与幼儿一起商量海报在幼儿园内张贴的位置，和幼儿一起张贴设计好的宣传海报。引导幼儿在送邀请卡的过程中能用清楚、有礼貌的语言表达请客人来参加"灯笼展示会"的愿望。

活动花絮：

图35　幼儿合作制作海报　　　　图36　展示成果分享交流

活动实施与反思：

活动前期须做好充分的经验及物品准备，活动前了解幼儿的设计方案。依据幼儿兴趣及发展水平，共同制订"设计及分组计划"使每名幼儿明确自己的分工。根据幼儿个体差异安排适宜的活动内容。避免在活动中出现无所事事或消极等待的情况。多提供半成品、辅助材料、装饰材料等供幼儿选择。

活动过程中，几组幼儿忽略了海报及邀请卡所包含的几项重要内容：主题、时间、地点。为了帮助幼儿回忆前期经验教师对幼儿进行了以下提问："你们设计的海报还少了些什么呢？""我看到你们的海报后十分想参加活动，但不知道在什么地方，什么时候开始？"……幼儿听了我的提问很快想到，要在海报上注明时间、地点等关键信息。幼儿不会的文字内容可以在教师帮助下完成，或前期与幼儿商议好后打印出来由幼儿进行粘贴。

活动四：社会——灯笼展示会

活动由来：

随着主题活动的不断深入，班中幼儿每天最开心的事就是与同伴一起欣赏交流有关灯笼的话题，都特别愿意展示自己的成果和作品。《指南》中指出："幼儿的社会性主要是在日常生活和游戏中，通过观察和模仿潜移默化的发展起来的。"因此，为了给幼儿创造更好的交往机会，体会交往的乐趣，我们结合幼儿的兴趣点及发展需要，根据本班幼儿的现有发展水平，开展灯笼展示会活动。

活动目标：

① 能够主动参与灯笼展示会活动，愿意大胆地表现，充分地感受创造、表现与合作的乐趣。

② 知道灯笼是中国人聪明才智的发明和创造，并为此感到自豪。

重点难点：

① 活动重点：能够主动参与灯笼展示会活动，能够使用礼貌用语，热情大方的接待小客人，愿意大胆地表现自我。

② 活动难点：能够明确分工职责，并坚持认真完成自己的工作。

活动准备：

① 经验准备：

首先，看过童话剧，之前进行过排练。

再次，进行过设计宣传海报、主持人竞选、自制邀请卡、舞台设计、背景装饰等活动。

最后，小朋友角色分工：道具组、演员组、招待组、主持人。

2. 物品准备：自制的道具，辅助材料，服装等。

活动过程：

① 引导幼儿做好表演前的准备，明确自己的任务。

教师："我们的灯笼展示会马上就要开始了，小朋友都有各自的分工，在工作时我们怎么做，会使得今天活动取得成功呢？"

按照各自的分工进行准备：

招待组——客人入场过程中，肯定和鼓励幼儿用礼貌用语招待客人；

演员组——进行排练；

道具组——清理每组道具，明确台上的摆放位置；

主持人——进行台词串词。

② 表演开始

● 放开场音乐，当客人陆续入场坐好后，钟声响起，主持人上台，表演开始。

教师：肯定和接纳幼儿的表演，通过信任的眼神、适当的肢体动作给幼儿表演中的提示。

● 每场间场时，主持人说间场词，老师协助下一场表演的小朋友做好表演和舞台道具准备。

③ 展示结束，引导幼儿合作整理会场。

● 幼儿介绍自己今天的活动内容。

教师：通过今天的活动，小朋友们你们有什么感受和想法？

● 客人对小朋友的表现进行评价。

教师：今天参观我们灯笼展示会的客人们，你们有什么想说的？

● 教师对今天的活动进行小结：对各个岗位进行表扬，并提出希望。

● 幼儿引领小客人有序退场，幼儿收拾道具、材料。

④ 庆祝展示成功。

教师用自己的语言、行为感染幼儿，引导幼儿感受成功的喜悦。

活动花絮：

图37　一起讨论分工的内容

图 38   小演员分角色表演灯笼情景剧

图 39   讲解员向客人介绍我们制作的灯笼

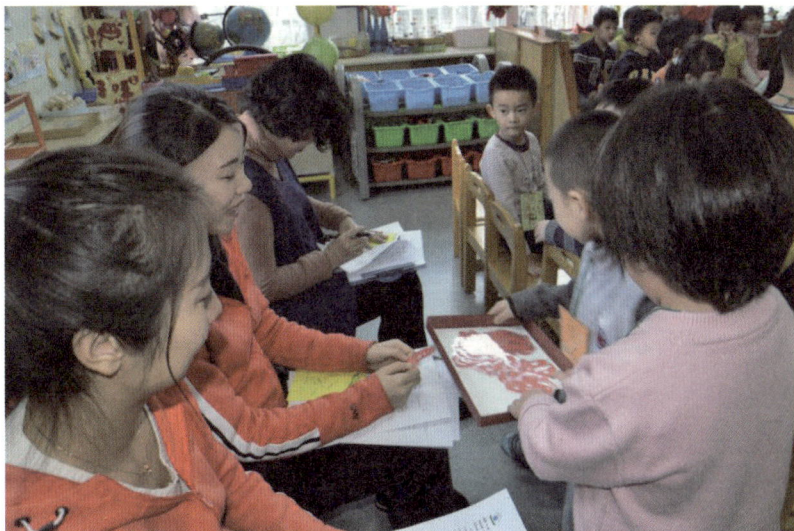

图 40　幼儿将承载着美好祝福的自制灯笼书签送给客人

活动实施与反思：

活动开始部分，教师应针对本次活动重点引导幼儿明确自己的分工与工作职责。这样幼儿才能在活动过程中各司其职，使展示会活动顺利有序地开展。

在作品展示介绍环节，我班明明小朋友在给其他班的小朋友和老师介绍作品时缺乏自信，不敢主动与客人交谈。教师可以鼓励这类幼儿先给自己班的小朋友介绍，如"你可以给果果介绍一下你的作品，然后再和她一起去为小客人做介绍"。在教师的引导下明明很开心地拉着好朋友的手去介绍自己的作品了；随后，在同伴的带动下一起为其他班的小朋友做介绍；最后，变得越来越自信，开始主动地拉着其他班小朋友的手大胆地进行交谈与介绍了。对于大班幼儿，教师要善于利用幼儿间的同伴资源，引导幼儿相互学习，互帮互助。

活动五：健康——挂灯笼（体育、数学）

活动目标：

① 活动中能听口令按游戏规则游戏，体验游戏与成功的乐趣。

② 锻炼手眼协调和身体动作的协调性。

③ 在挂灯笼的游戏中，感知和理解灯笼"量"的特征，并尝试进行分类。

重点难点：

① 活动重点：活动中能听口令，按游戏规则游戏。

② 活动难点：锻炼手眼协调和身体动作的协调性。

活动准备：

① 经验准备：幼儿能够对物体进行两个维度以内的分类、幼儿有一定的规则意识。

② 物品准备：幼儿自制小灯笼人手一个、成品灯笼若干、宽阔安全的活动场地。

活动过程：

① 创设情景激发兴趣。

教师：马上就要到元旦了，各家各户都准备了许许多多的灯笼，我们一起来帮助大人们挂灯笼吧！不过这些灯笼可不是随便挂的，每家需要的灯笼都不一样，需要我们小朋友认真倾听挂灯笼的要求哦！

● 学习将灯笼按类摆放并设计标志记录。

● 幼儿操作后与教师共同检查是否按类摆放。

② 教师介绍游戏材料和游戏规则。

教师：我们一共有两种类型的灯笼，一种是我们小朋友自制的小灯笼，五颜六色的很漂亮，另一种是不同形状的成品小灯笼。每一轮游戏开始前，老师都会说儿歌"张灯结彩挂灯笼，高的高、矮的矮"，接下来老师会描述需要挂的灯笼的颜色、形状和数量，小朋友们一定仔细倾听后快速找到拿与我所说的灯笼类型一致的小朋友，组成与我所描述人数相同的一队。

③ 幼儿进行游戏。

第一，幼儿自选灯笼，教师说儿歌，幼儿认真倾听，根据教师口令迅速做出反应，寻找配对灯笼。第一轮游戏，有少数幼儿成功了，还有一部分幼儿忽略了教师口令中的数量要求，配对失败。还有几名幼儿没有可以配对的同伴。

● 请幼儿尝试后，看一看结果如何？为什么有的幼儿没有成功？

● 引发幼儿讨论：有什么好办法能让所有小朋友都可以有组队的同伴？

第二，幼儿进行第二次游戏。

● 教师说儿歌，幼儿根据口令做出反应。

● 教师请配对最快的两名幼儿分享成功经验。

第三，幼儿进行第三次游戏。

● 游戏前对幼儿进行提示。

● 请幼儿分享成功的经验和感受。

④ 收拾活动材料，律动放松身体。

活动花絮：

图 41　运用自制的小灯笼进行游戏

图 42　幼儿按口令进行分组

活动实施与反思：

教师在说口令时，分别描述了灯笼的颜色、形状和数量。只有同时满足这三个条件，小朋友的组队才算成功。第一轮游戏后，只有少数幼儿成功地挂上了灯笼，大部分幼儿是因为组内人数与口令不符导致游戏失败，个别幼儿没有找到配对的同伴。于是教师以"看一看结果如何？为什么有的小朋友没有成功？"引发幼儿讨论，帮助幼儿加深对游戏规则的理解。第二轮教师请配对最快的两名幼儿分享经验，帮助幼儿进一步掌握游戏的方法。通过多次尝试，成功挂上灯笼的小朋友越来越多了。

附故事：

《孔明灯的来历》

孔明灯又叫天灯，相传是由三国时的诸葛孔明所发明。当年，诸葛孔明被司马懿围困在平阳，无法派兵出城求救。孔明算准风向，制成会飘浮的纸灯笼，系上求救的讯息，其后果然脱险，后人为纪念诸葛亮足智多谋，称此灯为"孔明灯"。从那以后，中国就有了放飞孔明灯的传统，用这种方式来祈福迎祥。

还有一种说法则是这种灯笼的外形像诸葛孔明戴的帽子，因而得名。现代人放孔明灯还有祈福的用途。男女老少亲手写下祝福的心愿，寓意粮食丰收，幸福年年。

十二、主题活动 11：我和泥宝宝做游戏

班级：小三班　　教师：袁月　魏然然　张爱玲

（一）主题缘起

通过观察和发现，班级幼儿对新投放的绘本《泥土好可爱》一书十分感兴趣。泥土是宝贵的自然资源，幼儿可以天天看天天接触，为他们在生活与游戏中学习探索提供了很好的素材。陈鹤琴先生认为："学前儿童是在周围环境中学习的，应该以大自然大社会为中心来组织活动。"《纲要》中指出小班的幼儿对周围的探索主要是通过对物体的看、听、触、闻、尝等感知、操作活动来进行，它与幼儿的"玩"是同一过程。作为教师，我们要很好地把握这些教育资源。于是我们根据孩子的兴趣及发展需要，以"我和泥宝宝做游戏"为题开展主题活动，从幼儿的兴趣入手，为幼儿创设宽松和谐的氛围，提供丰富的环境与材料，鼓励幼儿积极地探索发现，乐于表达。通过丰富的活动提升幼儿已有的知识经验，同时培养幼儿热爱养育我们的这片热土，激发幼儿爱家乡、爱祖国的情感。

（二）主题目标

（1）积极参加"我和泥宝宝做游戏"主题活动，在活动中获得愉快、丰富的情绪体验。

（2）喜欢了解有关于泥土的图书并初步学习收放，理解其中内容，能发现、指认、讲述画面中感兴趣的内容。

（3）在搜集泥土的活动中，了解我国土壤大致有五种颜色，每种颜色土壤的作用不同；能够关注身边的环境，亲近大自然，有初步的环保意识。

（4）能运用各种感官，动手动脑发现泥的外形、颜色、功能等明显特征，在各种有关泥的活动中感知"一"和"许多"的关系。

（5）在欣赏各种中国传统的泥塑作品中，萌发作为中国人的自豪感。

（6）在泥塑的活动中，能够大胆地用自己喜欢的方式进行艺术表现和创造，富有个性地表达自己的情感。

（三）主题网络图

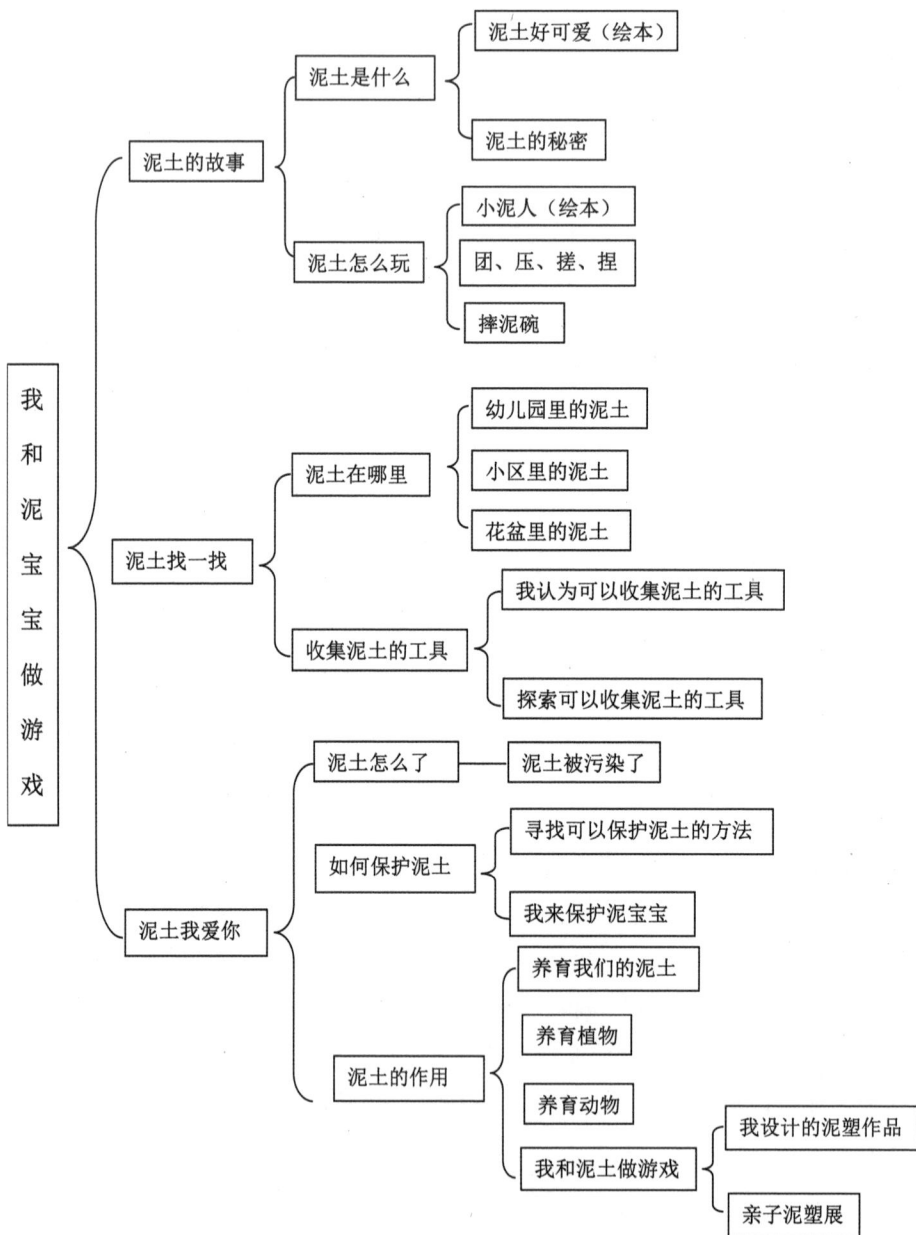

```
                                            ┌─ 泥土好可爱（绘本）
                              ┌─ 泥土是什么 ─┤
                              │              └─ 泥土的秘密
                 ┌─ 泥土的故事 ─┤
                 │            │              ┌─ 小泥人（绘本）
                 │            └─ 泥土怎么玩 ─┼─ 团、压、搓、捏
                 │                           └─ 摔泥碗
                 │
                 │                           ┌─ 幼儿园里的泥土
                 │            ┌─ 泥土在哪里 ─┼─ 小区里的泥土
我              │            │              └─ 花盆里的泥土
和              │            │
泥 ─ 泥土找一找 ─┤
宝              │            │              ┌─ 我认为可以收集泥土的工具
宝              │            └─ 收集泥土的工具 ┤
做              │                           └─ 探索可以收集泥土的工具
游
戏              │            ┌─ 泥土怎么了 ── 泥土被污染了
                 │            │
                 │            │              ┌─ 寻找可以保护泥土的方法
                 │            ├─ 如何保护泥土 ┤
                 └─ 泥土我爱你 ┤              └─ 我来保护泥宝宝
                              │
                              │              ┌─ 养育我们的泥土
                              │              ├─ 养育植物
                              └─ 泥土的作用 ─┼─ 养育动物
                                             │              ┌─ 我设计的泥塑作品
                                             └─ 我和泥土做游戏 ┤
                                                             └─ 亲子泥塑展
```

（四）活动计划表

1. 教育活动

	活动名称	活动目标与内容
第一周	1. 语言——泥土好可爱（故事） 2. 音乐——泥娃娃（欣赏） 3. 健康——小小守护神（家长进课堂） 4. 科学——泥土好可爱 5. 美术——有趣的泥条（泥塑）	1. 通过欣赏、观察绘本故事中的内容培养幼儿喜欢听故事，理解其中的内容并复述其中的一部分。 2. 通过欣赏歌曲《泥娃娃》，在欣赏音乐的过程中，感受关心他人所带来的快乐。 3. 通过护士妈妈进课堂，在体验中掌握正确的洗手方法。 4. 通过操作、比较的游戏，能感知和发现泥土的特性（软硬、颜色、干湿）。 5. 通过游戏的方式，在泥塑活动中获得愉快、丰富的情绪体验。
第二周	1. 科学——幼儿园里的泥土（观察） 2. 科学——挖泥土的工具（探索） 3. 语言——我搜集的泥土（谈话） 4. 社会——我身边的泥土 5. 数学——小老鼠吃面条（比较）	1. 与老师一起进行挖土活动，鼓励幼儿学习探索，积极运用多种感官感知泥土最明显的特征（软软的，凉凉的）。 2. 通过积极地思考，能够利用身边的实物代替专业挖土工具，初步感知和探究物体的性能。 3. 通过谈话活动，幼儿能主动参与收集泥土的活动并富有自信心。 4. 敢于当众介绍自己搜集的泥土，能清楚地进行表达。 5. 通过实际操作、观察和比较，能够对比一个物体的长短。

第三周	1. 语言——"脏脏的"泥宝宝 2. 社会——环保小卫士 3. 语言——泥宝宝作用大 4. 语言——小泥人（绘本） 5. 美术——泥娃娃（泥塑）	1. 通过聆听故事，培养幼儿能听懂短小的故事，萌发对泥土的喜爱之情。 2. 通过观察、寻找等方法，能够关注身边的环境，有初步的环保意识。 3. 通过与家人一同搜集资料，与大家分享，了解我国土壤大致有五种颜色，不同颜色土壤的作用不同。 4. 通过欣赏、观察，能用自己喜欢的方式表达对图书内容的理解。 5. 通过美术活动，体验分泥、搓泥、团圆及创作过程的乐趣。
第四周	1. 体育——会动的小泥人 2. 社会——小老鼠上灯台（亲子社会实践） 3. 音乐——小老鼠上灯台（音乐游戏） 4. 数学——送泥娃娃回家（分类） 5. 美术——十二生肖（欣赏）	1. 在体育游戏中，能够听信号完成向指定方向跑的动作，提高动作的协调性。 2. 利用周末时间，和自己的家人一起欣赏泥塑作品，喜欢参加参观活动，感受观察中的快乐。 3. 通过音乐游戏形式，培养幼儿能够理解音乐内容，根据情节玩游戏。 4. 在观察、比较、操作游戏中，能够根据泥娃娃的大小进行分类。 5. 通过欣赏活动，认识十二生肖的外形特征，萌发喜爱十二生肖的情感。

2. 区域创设与活动指导

（1）图书区：创设有关泥的图书角。

① 材料准备：

● 自制图书（《泥土的故事》《泥土的颜色》等）。

- 相关书籍《泥土好可爱》《小泥人》《滚泥巴》《菜园里，泥土中》等。
② 活动指导：
- 幼儿在欣赏自制图书时，鼓励幼儿将所看到的内容讲述给他人听。
- 幼儿阅读有关泥土的绘本、故事时，教师可以参与陪伴幼儿共同阅读。

图1　通过跟小猪交朋友，了解和理解小猪，

知道泥巴不仅不脏，还能在炎热的夏天帮助小猪降低身体温度

---

⑩《滚泥巴》是 2016 年 11 月中国人口出版社的平装图画书，书中讲述跟小动物们交朋友是每一个孩子心底的小愿望，了解和理解动物是每一个孩子心中的小梦想。

图 2 讲述菜园里、泥土中的秘密

⑪《菜园里，泥土中》是美国童书作家凯特·梅斯纳（Kate Messner）所写。书中讲述菜园里、泥土中，处处可见忙碌的身影——蚯蚓在松土，蛇在捕食，臭鼬在挖洞，还有其他小动物在布置自己的小窝……快快打开这本书，跟随作者一起去菜园里，探寻藏在茎秆间、枝叶下以及泥土中的秘密吧！

（2）美工区：创设"泥塑乐园"。

① 材料准备：

● 可供欣赏的泥塑作品、图片和图书。

● 丰富的美工材料（大黄泥、纸黏土等）。

② 活动指导：

图 3　美工区域墙饰

● 幼儿在欣赏泥塑作品时，教师引导幼儿欣赏泥塑的造型美并愿意尝试动手创作。

● 教师作为游戏的参与者，引导幼儿运用不同美工材料表现自己的作品等。

（3）建筑区：厦门土楼。

① 材料准备：

土楼的相关图片及摆件。

② 活动指导：

● 教师引导幼儿学会观察，勇于探索和尝试搭建土楼。

图 4　建筑区墙饰

● 建筑搭建好后，教师引导幼儿运用辅助材料将搭建的土楼提供给小动物住。

（4）益智区：

① 材料准备：

《梦娃找影子》《泥娃娃找朋友》《泥土分分类》《有趣的五色土》

② 活动指导：

● 介绍玩法，幼儿根据任务卡进行游戏。

● 观察幼儿游戏水平，根据游戏水平引导幼儿创新游戏玩法。

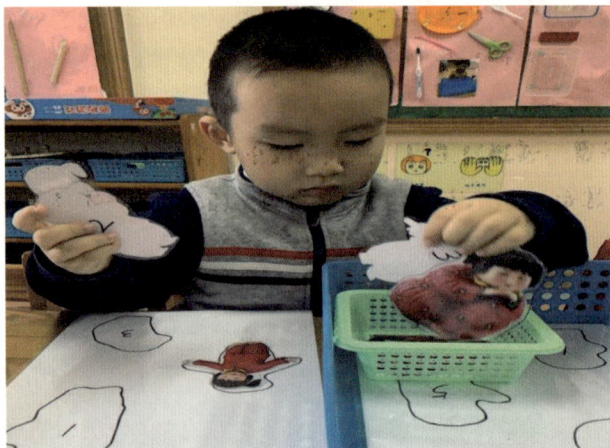

图 5　自制玩教具"梦娃找影子"

（5）表演区：

① 材料准备：

● 音乐、音箱、乐器。

● 表演道具：服装、头饰。

② 活动指导：

● 支持幼儿自发的、纯娱乐性质的、富于想象和创造的表演。

● 以角色的身份与幼儿一起表演，激发幼儿的表演兴趣，丰富幼儿的角色行为与语言。

3. 主题墙布置

设计思路：

《我和泥宝宝做游戏》主题活动分为三个子主题开展："泥土的故事""泥土找一找""泥土我爱你"。阶段一"泥土的故事"主要是让幼儿初步的了解泥土，激发幼儿对泥土的兴趣，主题墙以呈现泥土相关的绘本故事、照片为主；阶段二"泥土找一找"主要是为了引导幼儿真实地接触泥土，发现身边的泥土、了解泥土的多样性，以及挖土的专业工具，主题墙呈现不同颜色的泥土和挖土工具的照片；阶段三"泥土我爱你"主要是为了激发幼儿热爱泥土的情感，从而初步形成一定的环保意识。主题墙主要呈现土壤污染的相关照片、幼儿参与探究问题及实践活动过程的照片、孩子们的新发现或各项小活动的成果展示等内容。采用能够体现孩子年龄特点的呈现形式，如：图片、照片、语言、作品等，能够体现孩子的成长点、发展点，并与区域活动密切联系。

（1）泥土的故事

绘本阅读。主题墙以呈现泥土相关的绘本故事、照片为主，如绘本《泥土好可爱》《小泥人》，萌发幼儿参与主题《我和泥宝宝做游戏》的兴趣。

（2）泥土找一找

①泥土在哪里？呈现生活场景里不同地点的泥土照片，并引导幼儿思考。除了这些地方有泥土，在哪里还有泥土？小朋友搜集后进行分享。

②收集泥土的工具。呈现各种挖土工具的照片，引导幼儿思考有哪些物品可以替代挖土工具，并说一说为什么有的可以替代，有的不可以。

（3）泥土我爱你

① 泥土怎么了。分享土地被污染的资料，帮助幼儿了解土地被污染的原因，培养幼儿初步的环保意识，激发爱护土壤、保护土壤的情感。

② 如何保护泥土。探究保护泥土不受污染的方法，不乱丢垃圾，将垃圾进行分类。

③ 泥土的作用。泥土不仅能够养育大自然中的万物，还是我们天然的玩具。

图6　主题墙饰a

图7　主题墙饰b

4. 家园共育

- 家长与幼儿共同寻找我身边的泥土并带来幼儿园与同伴分享。
- 家长进课堂活动，培养幼儿勤洗手讲卫生的良好习惯。
- 家长与幼儿共同搜集有关于泥土的图书。
- 开展亲子活动"十二生肖""吉祥娃娃"，家长与幼儿共同捏出自己喜欢的作品。

（五）具体活动方案

活动一：数学——送泥娃娃回家

活动目标：

① 能够根据泥娃娃的大小进行分类。

② 能够使用简单数学词汇和语言表达自己操作过程中的感受和发现。

活动重难点：

① 重点：根据泥娃娃的大小进行分类。

② 难点：将自己的感受和发现大胆讲述出来。

活动准备：

① 经验准备：有欣赏泥娃娃经验，知道泥娃娃是我国独有的民间艺术品以及其赋有的吉祥寓意；能够比较出泥娃娃的大小。

② 物品准备：泥娃娃卡片若干、塑料筐、情境底纸、道具房子。

活动过程：

① 情境创设。

出示亲子制作的泥娃娃，激发幼儿参与活动的兴趣。

教师：小朋友们，这些是我们前几天和家长们一起制作的泥娃娃，请小朋友看一看大家制作的泥娃娃，它们抱的东西有什么不一样？有抱鱼的，有抱大元宝的，还有抱寿桃的。（都是有吉祥寓意的）

出示大小不同的泥娃娃，请幼儿观察，并说一说它们分别应该住哪座房子？

小结：小房子给小泥娃娃住，大房子给大泥娃娃住。

② 操作探索。

游戏：送泥娃娃回家。

教师：请小朋友看一看，这两座房子有什么不同？

教师：那老师手里这两个泥娃娃分别应该住在哪座房子里？

幼儿动手操作，教师指导。

教师：现在小朋友们桌上都有一小筐的泥娃娃卡片，请小朋友将筐子里的吉祥娃娃分别送回自己的家。

小结：小朋友们太棒了，都能帮助泥娃娃找到自己的家。大的泥娃娃住在大房子里，小的泥娃娃住在小的房子里。

教师：请问小朋友们你还有什么办法来给泥娃娃分房子住呢？

③ 归纳总结。

小朋友们都很棒，观察得都很仔细。不仅可以按照大小来给泥娃娃安排房子住，还可以按照抱着的鱼、寿桃等送泥娃娃回家。

④ 经验迁移。

幼儿通过操作整理玩具，再次巩固分类的概念。

● 教师出示玩具盒：小朋友的玩具都混在一起了，谁愿意帮助分一分？

● 幼儿在活动室自由选择操作材料，进行玩具分类，教师个别指导。

⑤ 实施与反思。

《送泥娃娃回家》整个活动以和泥娃娃做游戏贯穿，符合小班幼儿的年龄特点，也能激发孩子的学习兴趣。导入部分我出示亲子制作的泥娃娃，然后让孩子们说说泥娃娃的寓意，然后过渡到今天我们要送泥娃娃回家。活动分为三个环节，第一个环节比较大小，第二环节按大小分类、第三环节经验提升观察不同，幼儿根据自己观察到的不同进行分类。孩子们在操作中掌握了分类的方法。从目标的达成度、老师和孩子的互动上看，这节活动是成功的。

活动二：音乐——小老鼠上灯台（游戏）

活动目标：

① 喜欢参加音乐游戏活动，体验民间音乐游戏的快乐。

② 游戏中体验"猫来了"的紧张情绪和迅速跑回家的快乐情绪。

活动重难点：

① 重点：感受歌曲中形象的活泼、趣味。

② 难点：能够遵守游戏规则进行游戏。

活动准备：

① 经验准备：幼儿熟悉歌曲《小老鼠上灯台》。

② 物品准备：小老鼠、猫头饰、音频。

活动过程：

① 开始部分。

入场：播放《走路》音乐入场，幼儿随歌曲内容做小动物走路的姿势。

发声练习：《我爱我的小动物》，引导幼儿用好听的声音演唱，不喊唱。

复习歌曲：《小老鼠上灯台》。

② 基本部分。

第一，情境导入：创设带小老鼠去游戏的情境，激发幼儿参与活动的兴趣。

提问：小老鼠是怎么上灯台的？小心翼翼地走是什么样子的？小猫是怎样叫的？小老鼠是怎样从灯台上滚下来的？你能模仿一下吗？

第二，幼儿边听音乐边用动作表现歌曲内容。

第三，游戏"小老鼠上灯台"。

教师扮演老猫，幼儿扮演小老鼠，根据规则进行游戏。

游戏规则：小老鼠偷油吃，但是一定要小心老猫，老猫出来叫三声"喵！喵！喵"之后，它就要抓老鼠了。所以呀，你们要赶快跑回家，坐在自己的小椅子上（或蹲下来），这样老猫就抓不到你们了。

教师带领幼儿反复游戏2～3遍。

③ 结束部分。

幼儿跟随《小老鼠上灯台》音乐做动作离场，活动自然结束。

实施与反思：

活动过程完整，教师为幼儿创设有趣的游戏情境，充分调动幼儿参与活动的积极性，通过故事导入的方式，让幼儿感知歌曲中"小老鼠"和"猫"的动物形象，帮助幼儿充分想象动物形象的动作与神态，丰富幼儿经验，引导幼儿有节奏地跟随歌曲内容做动作。在游戏中让幼儿扮演小老鼠，在边唱边做中，反复地感受音乐旋律和歌词，充分体验着音乐游戏带给他们的快乐。游戏中孩子躲到教师准备的有趣的教具后。在整个活动过程中，带着孩子们进行表演，充分体现了活动的游戏化、趣味化、生活化的特点，孩子们始终保持活泼、愉快的积极情绪，在轻松、自由的游戏中通过他们自己的"玩""动""学"，自然地跟着老师学习儿歌内容，并体验与同伴一起游戏的快乐。使他们真正做到玩中乐，玩中学。

图8   介绍"小老鼠上灯台"游戏规则

活动三：数学——小老鼠吃面条

活动目标：

① 能够比较长短，知道长短是相对的。

② 能按照从长到短或者从短到长的顺序排序。

③ 在操作的过程中，锻炼幼儿的小肌肉动作，提高幼儿的动手能力。

活动重难点：

① 重点：能够比较长短，知道长短是相对的。

② 难点：能按照从长到短或者从短到长的顺序排序。

活动准备：

① 经验准备：有玩泥、分泥的经验。

② 物品准备：小老鼠头饰、大黄泥、垫板等。

活动过程：

① 活动导入。

师：今天老师在上班的路上遇见了一件奇怪的事情，我隐隐约约地听到从远处传来了哭泣的声音。你们猜一猜是谁在哭？

幼儿观察教师出示的三只小老鼠的头饰，激发幼儿参与活动的兴趣。

师：你们知道小老鼠为什么哭吗？原来，它们已经好几天没有吃东西了，肚子饿极了，小老鼠跟我说它们很想吃一碗热腾腾的面条，它们的愿望能实现吗？

幼儿积极主动地进入情景，有帮助别人的愿望。

② 幼儿操作。

师：现在就请小朋友们帮助小老鼠做一碗热腾腾的面条吧！

● 幼儿自取大黄泥、泥工垫板。

● 幼儿说一说做面条的方法，教师强调玩泥的注意事项。

● 幼儿操作，教师指导。

③ 游戏活动。

● 幼儿比一比自己搓好的面条，选出最长的和最短的面条。

● 幼儿将自己的面条拿到前面，和其他的小朋友比一比，谁的面条最长，谁的面条最短。

● 幼儿用自己搓好的面条按照长短进行排序练习。

④ 幼儿练习。

出示幼儿练习用纸，幼儿完成上面的练习。

图9　看一看、比一比

活动四——科学：有趣的泥土

活动目标：

① 喜欢玩泥土的游戏，享受泥土游戏带来的快乐。

② 能够初步感知泥、水的特性，体验事物的特征。

活动重难点

① 重点：喜欢玩泥土的游戏，享受泥土游戏带来的快乐。

② 难点：能够初步感知泥、水的特性，体验事物的特征。

活动准备：

① 经验准备：读过绘本《泥土好可爱》，有搜集身边泥土的经验。

② 物品准备：准备幼儿搜集来的不同种类的土（黑土、黄土、灰土等）、水、玩泥工具、和好的泥（少量）、各种泥工具。

活动过程：

① 问题导入，激发幼儿兴趣。

出示幼儿之前搜集的泥土，请幼儿仔细观察、感知。

请小朋友用手摸一摸，用小手翻一翻，看看土是什么样的？闻闻有什么气味？看看土里有什么？各种土有什么不同？

② 讨论：想一想土有什么用处？

引导幼儿自由发言，说出土可以用来种花、种树、种庄稼，人们盖房子也要用土，有的小动物也生活在土里（小蚂蚁、蚯蚓……）。

幼儿通过讨论，分享已有的经验，了解土对人及动植物的重要性。

③ 师幼共同玩泥，体验玩泥的乐趣。

● 玩泥巴，说一说泥巴是什么样子？揉一揉、捏一捏有什么感觉？

● 民间游戏《放炮仗》：请幼儿将手中的泥团圆、捏成碗状，念儿歌："东胡同，西胡同，都来听我放炮仗。"然后用力将泥碗口朝下，摔到地上，泥碗会发出清脆的"啪"声，看谁摔出的声音响亮。

活动延伸：将摔成的泥碗晾干后，在美工区进行装饰涂色。

图 10　猜一猜、试一试

活动五：语言——泥土好可爱

活动目标：

① 喜欢阅读绘本，能理解绘本内容，初步了解有关泥土的知识。

② 能够大胆地复述故事的一部分。

活动重难点：

① 重点：感受泥土可亲可爱的特点。

② 难点：能够大胆地复述故事的一部分。

活动准备：

① 经验准备：在生活中，有玩泥的经验。

② 物品准备：绘本《泥土好可爱》、PPT、视频。

活动过程：

① 观察封面，猜测故事的内容。

出示 PPT，用纸将书名遮住，请幼儿观察。

在封面上你看到什么？引导幼儿根据封皮上画面，猜测一下绘本的内容。

② 分页阅读图书，看一看、讲一讲泥土的特点。

● 教师和幼儿一起欣赏绘本的画面，提示幼儿着重观察泥土的形状、颜色、用途等。

● 请幼儿说一说，你看到书里有些什么？你看到了什么样的泥土？

③ 细致了解故事内容

● 教师和幼儿一起观看 PPT，阅读整个故事。

● 请幼儿说一说不同地点泥土有什么不同，请幼儿自己从书里找出答案。

● 教师重点引导幼儿讲述第 6 ～ 13 页，说一说公园里、学校里、乡村里、城市里的泥土的特征．

图画上的泥土在哪里？你怎么看出来的？这些泥土是什么颜色的？泥土上面都有什么东西？你喜欢这些地方的泥土吗？

● 教师播放 PPT 绘本第 14 ～ 17 页，请幼儿自主阅读，说说还发现了泥土中的什么秘密？

● 请幼儿联想，你想在泥土里种些什么？你想用泥土做个什么？请幼儿分享自己的想象。

活动延伸。

① 泥土真的好可爱，我们可以一起去找一找我们身边的泥土，真正感受一下它的可爱。

② 将绘本《泥土好可爱》投放到语言区。

活动六：社会——十二生肖（亲子）

活动目标：

① 通过亲子活动，幼儿感受与家人一起游戏的快乐。

② 体验玩泥的乐趣，在大黄泥制作活动中能够大胆想象与表达。

③ 尝试运用多种方式表现十二生肖的基本特征。

活动准备：

① 经验准备：幼儿有玩大黄泥的经验，幼儿有初步玩泥的技能（团，搓，捏，压）等；幼儿认识常见的泥工工具。

② 物品准备：大黄泥若干、泥工垫板、美工桌布、擀泥杖、辅助材料、PPT。

活动过程：

① 开始部分。

播放 PPT，激发幼儿和家长参与活动的兴趣。

师：小朋友们最近一段时间在和谁做游戏？

② 基本部分。

● 欣赏十二生肖泥塑（大黄泥）作品。

师：你看到了什么？它是用什么材料做的？

● 讲述中国独有的《十二生肖》故事，萌发作为中国人的自豪感。

● 亲子共同创作泥塑作品。

师：每个家庭想做十二生肖的哪种属相？

提出制作要求与注意事项。

▲ 每个家庭自主创作。

▲ 鼓励家长与幼儿共同设计他们泥塑作品。

▲ 提示家长在制作过程中引导幼儿正确使用工具（不用泥手碰眼睛，脏手不乱碰）。

▲ 提示将作品做牢固。

温馨提示：家庭在创作之前先抹手油，保护小手。

③ 结束部分。

● 分享作品：鼓励幼儿与家长共同介绍自己设计的泥塑作品。（介绍作品名字，你是怎么制作的？）

师：你们做的是什么？用了哪些方法（团，搓，压）？

● 欣赏作品。

● 将亲子作品进行展览。

图 11　亲子制作"十二生肖"

活动七：美术——笑脸娃娃（泥塑）

活动目标：

① 喜欢参加"做做玩玩"游戏，体验创意泥工活动的乐趣。

② 尝试运用团圆、压扁、搓长、粘贴等动作技能制作"泥娃娃"。

活动重难点：

① 重点：尝试运用团圆、压扁、搓长、粘贴等动作技能制作"泥娃娃"。

② 难点：能够在脸上合理布局五官的位置。

活动准备：

① 经验准备：幼儿曾有过分泥、团泥经验；幼儿有观察娃娃五官的经验。

② 物品准备：PPT 教学课件、大黄泥、泥塑泥娃娃、幼儿人手一块泥工板、泥工工具。

活动过程：

① 欣赏部分：观察感知"泥娃娃"的脸部特征。

幼儿观察：这几个泥娃娃长什么样子呢？和我们小朋友有什么不一样的地方？

教师小结：这几个娃娃是泥娃娃，有圆圆的大脸，嘴巴向上翘。

② 创作部分。

● 幼儿自由选择泥工工具和材料进行表现与创作。

● 幼儿创作，教师指导。

巡回指导：合理分泥——大块泥做脸，米粒大小的泥团做五官。

重点指导：合理定位——先定位眼睛，再定位嘴巴、鼻子和耳朵。

● 展示作品。

③ 快乐分享。

● 分享交流：幼儿欣赏展架上的作品，教师引导其说说自己的笑脸娃娃是如何设计的？

● 自由讲述：同伴间互相欣赏和讲述。

● 幼儿和教师一同收拾泥工材料和用品，自然结束。

图 12　"笑脸娃娃"作品展

十三、主题活动 12：有趣的面塑

班级：中三班　　教师：李媛媛　王明明　郝江山

（一）主题缘起

本班月月小朋友拿来了一个"面塑"作品与小朋友一起分享。孩子们看到面塑作品后都十分感兴趣，他们便纷纷地开始追问："这是什么啊！用什么做的呀！我们也想一起做。"根据本班孩子们对面塑的兴趣，我们一起来到了社区面塑工作室。在参观的过程中孩子们对"面塑"产生了浓厚的兴趣。孩子们有的在专注地看展示架上摆放的面塑作品，有的直接拿起面团动手制作起来。

《3～6岁儿童学习与发展指南》中指出："创造条件让幼儿接触多种艺术形式和作品。""带幼儿观看或共同参与传统民间艺术和地方民俗文化活动，如皮影戏、剪纸和捏面人等。"因此，教师以幼儿兴趣为出发点，激发幼儿在捏捏玩玩中学习，享受面塑艺术的快乐。同时也是为了引导幼儿初步了解中国传统文化，培养幼儿的民族认同感，激发幼儿对传统文化的兴趣与热爱。根据本班幼儿发展水平，结合中班幼儿年龄特点，开展主题活动"有趣的面塑"。

（二）主题目标

（1）积极参加面塑主题活动，在活动中获得愉快，丰富的情绪体验。

（2）在面塑的活动中，喜欢与同伴共同欣赏关于面塑的图书及面塑作品，并利用多种途径搜集关于面塑的相关信息。

（3）欣赏各式各样的面塑作品，感受面塑的造型美、艺术美。

（4）对面塑有初步的认识和了解，运用多种艺术形式进行面塑作品创作并在创作的过程中增进幼儿的文化认同感和自信心。

（5）在生活环境及节日中感受中国传统民间艺术面塑作品传达的美好寓意。

（6）在面塑制作的活动中发展幼儿小手肌肉的灵活性和各手指配合的协调能力。

（三）主题网络图

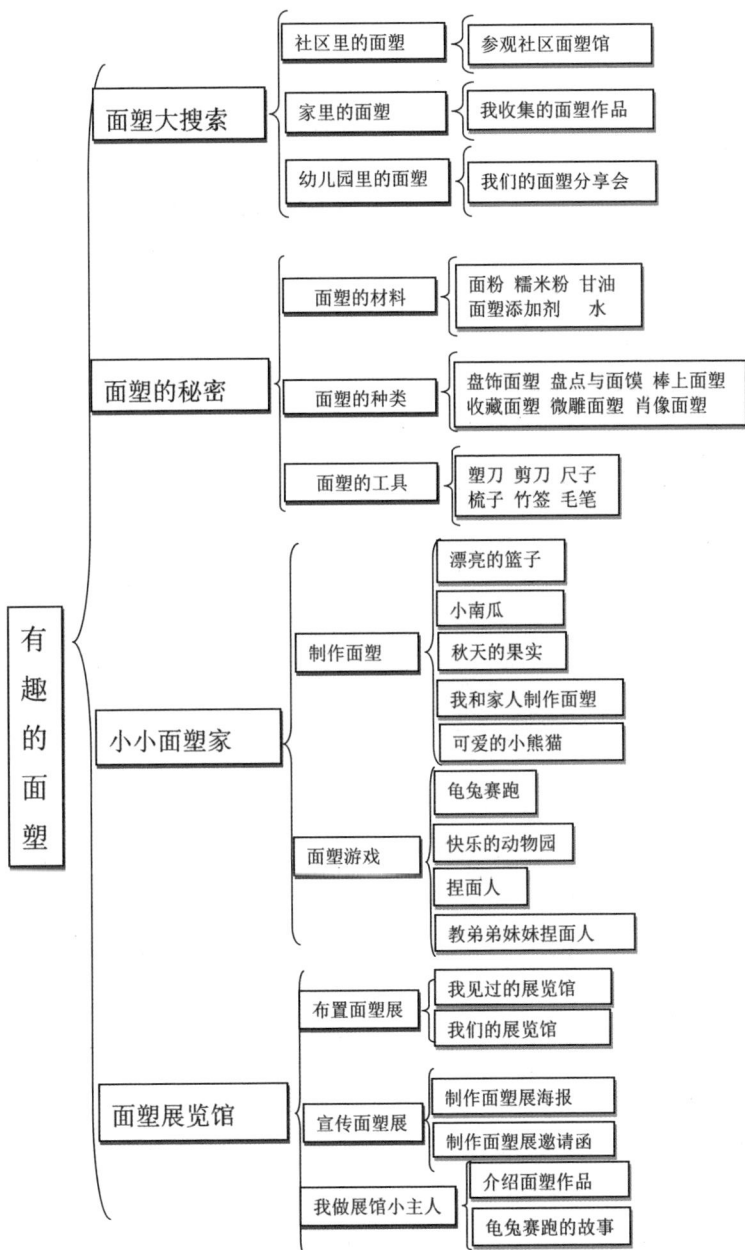

```
                        ┌─ 社区里的面塑 ──── 参观社区面塑馆
          面塑大搜索 ────┼─ 家里的面塑 ───── 我收集的面塑作品
                        └─ 幼儿园里的面塑 ── 我们的面塑分享会

                        ┌─ 面塑的材料 ───── 面粉 糯米粉 甘油
                        │                    面塑添加剂    水
          面塑的秘密 ────┼─ 面塑的种类 ───── 盘饰面塑 盘点与面馍 棒上面塑
                        │                    收藏面塑 微雕面塑 肖像面塑
                        └─ 面塑的工具 ───── 塑刀 剪刀 尺子
                                             梳子 竹签 毛笔

                        ┌─ 制作面塑 ───────┬─ 漂亮的篮子
                        │                  ├─ 小南瓜
有                      │                  ├─ 秋天的果实
趣                      │                  ├─ 我和家人制作面塑
的  ────┤  小小面塑家 ──┤                  └─ 可爱的小熊猫
面                      │
塑                      └─ 面塑游戏 ───────┬─ 龟兔赛跑
                                           ├─ 快乐的动物园
                                           ├─ 捏面人
                                           └─ 教弟弟妹妹捏面人

                        ┌─ 布置面塑展 ─────┬─ 我见过的展览馆
                        │                  └─ 我们的展览馆
          面塑展览馆 ───┼─ 宣传面塑展 ─────┬─ 制作面塑展海报
                        │                  └─ 制作面塑展邀请函
                        └─ 我做展馆小主人 ─┬─ 介绍面塑作品
                                           └─ 龟兔赛跑的故事
```

（四）活动计划表

1. 教育活动

	活动名称	活动目标与内容
第一周	1. 社会实践——我参观的社区面塑展 2. 语言——我见过的面塑作品（谈话） 3. 艺术——漂亮的面塑（欣赏） 4. 语言——面塑的故事（故事） 5. 科学——面塑的特征	1. 通过参观社区面塑工作室，幼儿喜欢面塑，愿意欣赏、了解面塑，进一步感受传统工艺"面塑"的独特魅力。 2. 通过假期搜集到的面塑资料，愿意和大家分享见过的面塑作品，并了解面塑是中国特色的民间艺术。 3. 通过感知民间艺术的美，体验民间文化的丰富性，体会到作为中华民族一员的自豪感。 4. 通过听故事和说故事，知道面塑的传说和由来，能大致地讲述出面塑的传说故事。 5. 通过活动，了解面塑的特点，知道面塑是我国的民俗之一。
第二周	1. 艺术——面塑的一家（制作） 2. 艺术——我喜欢的棒上面塑 3. 语言——面塑本领大 4. 艺术——我来设计邀请函（制作） 5. 艺术——姥姥教我捏面塑（制作）	1. 通过了解面塑艺术，掌握面塑制作的基本方法，并试着塑造一个自己喜欢的形象。 2. 通过面塑活动发展幼儿的想象力和创造力，体验生活的乐趣。 3. 通过认识面塑的多种形象，了解面塑题材丰富、形象真实、色彩艳丽的艺术特点。 4. 通过初步了解邀请函的组成部分，尝试用面塑做装饰来设计邀请函，邀请客人、老师来参观班级面塑展。 5. 通过观察、掌握南瓜的特征，了解南瓜的外形及其基本制作方法。

第三周	1. 健康——好吃的面花 2. 亲子活动——面塑送祝福，用面塑形式表现美好寓意的事物。 3. 社会——《面塑展览馆开业了》	1. 通过尝试制作好吃的面花并愿意与同伴分享自己制作的面花。 2. 通过本次亲子活动，幼儿与家长一起动手捏面人并充分利用废旧物（如：冰棍棒、纸盒、泡沫球材料）制作面塑作品。在活动中幼儿与家长共同感受亲子活动带来的快乐。 3. 通过邀请园里教师、幼儿、家长共同参观班级面塑馆，幼儿向客人介绍自己制作的面塑作品及用什么方法制作等。

2. 区域创设与活动指导

（1）美工区：创设"有趣的面塑坊"，支持幼儿主动探索。

① 材料准备：

● 家长与幼儿共同搜集的面塑作品（棒上面塑、欣赏面塑、人物肖像面塑作品供幼儿欣赏）激发幼儿制作面塑的欲望。

图1　人物肖像面塑：民俗展览馆展出的
"人物肖像"面塑作品

图2　棒上面塑
家园共育一起创作的棒上面塑作品

● 丰富的美工材料：提供给幼儿已经加工好的"彩色面团"及面塑制作所需的废旧物纸杯、纸碗、原色木桩等。

图 3　幼儿与家长共同搜集的废旧纸杯、纸碗、木桩

图 4　已加工好的食用色素面塑面团

② 活动指导：

● 创设美工区环境，引导幼儿欣赏面塑作品，鼓励幼儿模仿制作。

图 5 美工墙饰"面塑工作坊":幼儿将自己创作的面塑作品进行展示

图 6 幼儿欣赏面塑作品:幼儿与同伴一起欣赏美工墙面作品

● 鼓励幼儿进行大胆的尝试和表达制作面塑的愿望,并给予幼儿一些具体的建议。幼儿创作时,幼儿结合教师提供的辅助材料进行创作。如纸盘、纸碗、废旧纸盒、纸片等。探索不同的材料制作面塑作品。引导幼儿在活动前思考制作的作品内容。

● 幼儿在面塑作品创作时,教师要以同伴的身份介入,倾听幼儿的创作想法并及时肯定鼓励,不要急于马上告诉幼儿怎么做。要充分发挥幼儿的主动性,在与幼儿的讨论过程中,引导幼儿利用工具、不同的材料不断丰富面塑作品。

案例:

很快区域游戏的时间到了,本班的两位小朋友可可和星澜选择了美工区进行游戏。在开展"有趣的面塑"主题活动中,这两位小朋友就对面塑产生了浓厚的兴趣,在区域活动时就很喜欢来到美工区进行游戏。可可和星澜自己取了泥工板和面塑面团,在用面团创作的过程中,他们俩制作出了他们俩喜欢的水果、蔬菜。因两位小朋友已经有制作面塑的经验和基础,所以他们俩开始体验探索其他的面塑制作的方法。发现星澜和可可开始寻找制作面塑作品可利用的面塑材料,通过观察,我发现两位小朋友并没有找到能够与面塑面团结合得更好的废旧物。这时,我走到他们身边说:"你们在美工区的材料框里看见了哪些材料啊?"可可说:"我在美工区看到了纸杯、纸盘!这些也是可以和面团做游戏的吗?"我便说:"对呀!这就是我们所见过、所了解的盘饰面塑。"很快可可和星澜就开始投入到面塑制作的氛围当中。

图 7   纸盘制作"盘饰面塑"

充分发挥幼儿的创造性和主动性，引导幼儿用不同的材料不断丰富面塑作品。

（2）角色区：创设面塑特色主题餐厅的环境创设。

① 材料准备：

为幼儿提供制作面塑的多种材料工具，餐厅特色面点菜单等。（真实的操作材料：各种蔬菜、面团、炊具、餐具等）

② 活动指导：

● 与幼儿共同在小厨房进行制作用面点。

● 鼓励扮演小厨师的幼儿运用简单的面塑技能制作可食用面塑给小客人。

图 8   "小厨房"，幼儿制作好吃的小
　　　　饺子

图 9   幼儿扮演小厨师并运用简单的
　　　　面塑技能制作好吃面点

（3）阅读区：会讲故事的面塑。

① 材料准备：

● 幼儿自己搜集的面塑相关的作品资料。

● 幼儿捏制的面塑组成的故事盒。

图 10 好玩的面塑故事盒：孩子们用面塑面团创作的小动物乐园故事盒，投放在图书区

② 活动指导：

● 鼓励幼儿将自己搜集的面塑相关的作品资料进行讲述和分享。

● 在幼儿用故事盒讲述故事时，引导幼儿结合故事情景与同伴一起大胆讲述。

图 11 我的故事最好听：幼儿与同伴大胆讲述自己所要表达的故事内容

3. 主题墙布置

设计思路：主题墙呈现的内容根据幼儿开展主题活动的轨迹随机生成，帮助

幼儿梳理经验，支持幼儿在活动中进一步深入探究。共分为"面塑大搜索""面塑的秘密""小小面塑家""面塑展览馆"四部分内容。

图 12　主题墙整体布置：孩子们为小客人们介绍"有趣的面塑"主题互动墙

（1）面塑大搜索。

主要通过家园共育，幼儿与家长一起搜集面塑资料和进行社会实践活动途径及方法，初步认识、了解面塑。激发幼儿参与活动的兴趣，其目的在于激发幼儿更加主动参与主题的愿望，并进一步激发幼儿能够用语言及艺术形式表现自己所见过的面塑的面塑形象。

① 社区里的面塑：将幼儿参观面塑馆以及拍摄的面塑作品带来幼儿园，呈现于主题墙，激发幼儿参与活动的兴趣，让幼儿在实际参观中感受面塑在日常生活中给人们带来的作用。从而能够更加了解和喜欢面塑。

② 家里的面塑：幼儿与家长一起搜集家里的面塑作品并带来幼儿园与同伴分享交流，然后展示在美工墙供幼儿欣赏了解。并且将家长与幼儿共同搜集探索的资料展示在主题墙上。

③ 幼儿园里的面塑：幼儿在幼儿园创作的面塑作品展示班级作品架上，幼儿互相交流、欣赏自己的面塑作品。

图 13　面塑大搜索
幼儿在探索面塑相关的故事、面塑的制作方法

（2）面塑的秘密。

在幼儿对面塑感兴趣的基础上，与幼儿一起学习了解制作面塑的工具材料都有哪些，知道工具叫什么名字、都是做什么用的，以及知道面塑都有哪些作用。如：盘点面塑、棒上面塑、欣赏面塑、肖像面塑。幼儿可表达自己对于面塑的进一步认知，其目的在于让幼儿以探索的形式参与到面塑主题活动中来，增强主题活动的趣味性，表现自己对于面塑感兴趣的事物。

① 面塑的材料：将制作面塑相关的材料有面粉、糯米粉、甘油、面塑添加剂、水，展示在主题墙上。

② 面塑的种类：家长、幼儿一起搜集盘点面塑、欣赏面塑、棒上面塑、肖像面塑的照片、图片及幼儿自己动手制作的面塑作品，展现于主题墙上，幼儿可设计邀请函用面塑进行设计装饰，幼儿在探索操作中了解面塑，喜欢面塑。

③ 面塑的工具：提供幼儿在创作面塑作品时经常用到的面塑工具如塑刀、剪刀、滚子等。

图 14　面塑的秘密：幼儿共同探索面塑面团都由哪些材料加工而成

（3）小小面塑家。

孩子们通过搜集面塑资料、参观面塑展欣赏面塑、真正动手制作面塑。在操作探索中，教师支持鼓励幼儿大胆地创作让幼儿真正做到了直接感知、亲身体验、实际操作。

① 制作面塑：幼儿通过面塑面团制作出好吃的食物、丰收的果实、富有美好寓意的作品等，展示在主题墙上。在面塑主题活动的设计中遵循从简单到难循序渐进的过程，在幼儿制作面塑作品初期教师教孩子们一些制作面塑作品的简单基本方法后，再激发他们的创造性和想象力。让孩子在创作的过程中充分体验到了面塑带来的乐趣。

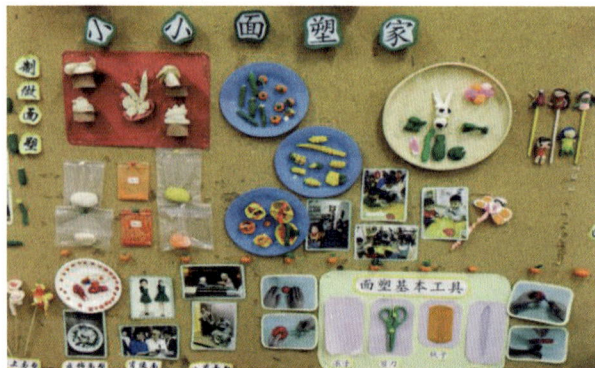

图 15　小小面塑家部分：幼儿通过搜集面塑资料、参观面塑展、欣赏面塑后进行大胆创作

②　面塑游戏：幼儿在进行面塑主题活动中，对食用面团特别感兴趣，基于幼儿的兴趣我们与孩子们一起进行原色面团的制作，孩子们制作成功后特别开心并很快地就开始创作啦！在原色面团创作的基础上孩子们大胆地尝试，将色彩鲜艳的食用色素与原色面团混在一起，变成孩子们想要的颜色。孩子们在玩玩捏捏中体验着面塑带给他们的独特魅力。

图16　龟兔赛跑：孩子们用面塑的形式创设"龟兔赛跑"情景故事

③　孩子们对自己制作的面团进行大胆的创作，用面塑的形式创设有趣的游戏场景并进行大胆的讲述和表现。幼儿在区域游戏制作中的作品如孩子们创设的"龟兔赛跑"情景故事以及孩子们发挥自己的想象力捏制的棒上面塑作品"我最喜欢的老师"被呈现于主题墙上，激发幼儿参与活动的兴趣。

（4）面塑展览馆。

基于"有趣的面塑"主题活动，接下来本班开展了"面塑展览馆"，在活动中，使幼儿初步体验分工、合作，感受为他人服务的乐趣，并且在与同伴介绍和分享面塑作品的同时发展了幼儿的语言表达能力、交往能力及解决问题的能力等。

①　布置展览馆：教师与幼儿共同参与布置面塑展的过程，激发幼儿思考如何开展班级面塑展览馆，怎么能够将自己塑造的面塑作品布置在班级中，怎么能够让客人看到自己塑造的面塑作品。

②　宣传展览馆：幼儿制作面塑展览馆海报及邀请函。幼儿通过绘画、泥塑、面塑、剪纸等多种形式来制作邀请函，邀请小朋友们及客人、老师来参观本班开展的面塑展览馆。

　　③ 面塑小主人：在班级中教师与幼儿共同将塑造的面塑作品进行展示，教师与幼儿一起在班级中创设一个艺术展览区，放置孩子们创作的面塑作品。调动幼儿和家长参加的积极性，幼儿可以与同伴、家长讲述自己制作面塑作品时用了什么方法，自己的作品叫什么名字，有什么故事等。在通过开展面塑展览馆中发展了孩子们多方面的能力。

4．家园共育

　　（1）家长同幼儿一起参观民俗博物馆，欣赏各式各样的面塑作品。

　　（2）家长与幼儿一起制作欣赏的面塑作品以及能食用的花馍。

　　（3）请有对面塑的了解以及有制作经验的家长进班给幼儿传授面塑相关的知识、技能。（家长进课堂）

　　（4）家长与幼儿一起上网搜集面塑相关的小故事、图片。

　　（5）进行面塑作品展时，家园共育家长与孩子一起讨论怎样进行展览，用什么工具材料进行面塑展览（与家长幼儿一起搜集材料，制作展架，家长亲子制作），及幼儿的作品拍照后可以做成幼儿面塑故事作品集。

图 17　快乐的亲子活动：孩子们与爸爸妈妈一起动手创作美好寓意的面塑作品

（五）具体活动方案

活动一：美术——姥姥教我捏南瓜（面塑制作）

活动目标：

① 在面塑活动中体验创作的乐趣。

② 观察、掌握南瓜的特征，了解南瓜的外形及其基本制作方法。

③ 能够运用团、捏、搓等形式制作南瓜。

活动重难点：

① 重点：能够运用团、捏、搓等形式制作南瓜。

② 难点：观察、掌握南瓜的特征，了解南瓜的外形及其基本制作方法。

活动准备：

① 经验准备：知道并见过生活中的南瓜。

② 物品准备：面塑工具、南瓜、面塑面团、泥工板。

活动过程：

① 开始部分：

1. 通过谈话和观察实物南瓜了解南瓜的外形特征。

——教师：小朋友们你们知道这是什么蔬菜吗？你们见过吗？

② 基本部分：

第一，引导幼儿讨论南瓜的制作方法。

——教师：南瓜长什么形状？（圆形、扁扁的圆形）

出示南瓜的实物，引导幼儿观察南瓜的外形特征，与幼儿一起讨论怎样制作出南瓜的形状。

教师：先取橘黄色的面塑面团——搓成扁圆形状——用工具压出南瓜的外形纹理——用绿色的面搓成圆形和长长的水滴状来制作南瓜的把——把圆面团压成扁片并且用工具压出南瓜把上的纹理——把南瓜把粘在南瓜的顶部，把南瓜轻轻卷起来。

第二，幼儿自由创作。

● 幼儿分组进行制作，教师巡回指导。

● 提示幼儿注意观察南瓜的形状，不要将南瓜压得过扁。

● 教师观察指导，关注幼儿使用面塑工具创作的经验，鼓励幼儿积极参与创作。

第三，幼儿作品展示与分享。

● 幼儿将制作完成的面塑南瓜作品向本班幼儿进行分享讲述。

● 幼儿将制作完成的面塑南瓜作品放在展示架上进行展示。

③ 结束部分：

幼儿进行展览作品，幼儿之间互相欣赏，教师总结点评。

活动实施与反思：

活动前期：本班设计本次"姥姥教我捏面塑"教育活动，充分考虑了孩子们在创作面塑过程中可接受的程度，来确定孩子们要表现的面塑作品。本班教师从中班幼儿的年龄特点出发，设计幼儿所能够接受的面塑作品来增强活动的趣味性，并且本班月月小朋友的姥姥在社区面塑工作室捏面塑，借此契机邀请姥姥来班级中教孩子们捏孩子们喜欢的"可爱的小南瓜"。

活动过程：幼儿对南瓜已经进行了充分的感知与欣赏。为了丰富幼儿对于南瓜认识和经验，让孩子们从家带来南瓜，并且将带来的南瓜都放在了植物角供孩子们观察。在孩子们创作的过程中给孩子们提供真实的"南瓜"。在幼儿创作的过程中我适时地引导幼儿进行制作可爱的南瓜："小朋友，你们可以仔细地观察南瓜的外形特征、还有南瓜的花纹是什么样的。可以用手去触摸南瓜感知南瓜从而更好地进行创作。"在活动中要关注幼儿创作的过程，及时发现幼儿的关键经验点。帮助幼儿在原有发展水平上获取新的经验。

图18　姥姥教我捏面塑：在面塑活动中体验创作的乐趣

活动二：社会——参观面塑工作室

活动目标：

① 通过走进社区面塑工作室，使幼儿萌发对面塑的热爱之情。

② 通过参观社区面塑工作室，观看老师制作面塑作品和欣赏面塑作品，使幼儿了解民间传统艺术面塑的独特魅力。

③ 幼儿能够讲出自己知道的面塑作品。

活动重难点：

① 重点：通过走进社区面塑工作室，使幼儿萌发对面塑的热爱之情。

② 难点：通过参观社区面塑工作室，观看老师制作面塑以及面塑作品，使幼儿了解民间传统艺术面塑的独特魅力。

活动准备：

经验准备：幼儿已知道面塑并对面塑感兴趣。

物品准备：面塑面泥、面塑欣赏作品、面塑工具材料。

活动过程：

① 开始部分：谈话导入活动。

——你们见过面塑作品吗？谁去过面塑工作室或者面塑展览馆？

——想不想走进面塑工作室，看看面塑工作室的老师们都在用面塑做些什么？

② 基本部分：

第一，观察面塑作品以及制作面塑的材料、工具，发现面塑的特点。

● 展示面塑作品，引导幼儿观察、发现面塑的特点。

● 请幼儿谈一谈参观的面塑作品后的感受，并进一步地了解面塑作品。

——教师：小朋友们在欣赏面塑后，有什么感受？（面塑作品好看、有我喜欢的小动物等）

第二，欣赏面塑作品并发现面塑的制作材料，了解面塑的独特魅力。

● 引导幼儿说说喜欢面塑的理由。

——教师：你最喜欢什么面塑作品？为什么？

● 观察面塑作品，知道面塑是由食用面团加以颜色制作而成的。

● 找一找，在参观面塑作品展中你最喜欢的面塑作品。如三只小猪、水果、蔬菜等。

③ 结束部分。

教师鼓励幼儿去了解面塑，和幼儿共同了解民间传统艺术面塑的独特魅力。

活动实施与反思：

活动前期：基于幼儿的兴趣，我们与幼儿一起走进了"社区面塑工作室"。孩子们只有真的去感知、感受了面塑，才能够使幼儿对面塑产生浓厚的兴趣，并在了解的过程中知道面塑是我国民间传统艺术之一。

活动过程：孩子们一走进面塑工作室就看到了门口架子上摆放的栩栩如生的面塑作品。马上就围过去欣赏，并且小心翼翼地观看，生怕把面塑作品碰坏。孩子们往里面走就看到了面塑工作室的老师们正在捏面塑作品。孩子们纷纷围了上去，通过提问孩子们了解到面塑以面粉为主料，使用无毒无害的有机染料调制成不同色彩，结合简单的工具的利用，塑造出各种栩栩如生的人物形象。孩子们在参观面塑工作室后对面塑产生了浓厚的兴趣，本班根据孩子们的兴趣点开展了"有趣的面塑"主题活动。

图 19　孩子们与奶奶们一起学捏面塑作品：通过走进社区面塑工作室，萌发幼儿对面塑的热爱之情

活动三：美术——美丽的面塑（欣赏）

活动目标：

① 通过活动，了解面塑的特点，知道面塑是我国的民俗之一。

② 感知民间艺术的美，体验民间文化的丰富性，体会到作为中华民族的一员的自豪感。

活动重难点：

① 活动重点：能够通过欣赏面塑作品，感知面塑的美。

② 活动难点：了解面塑的特点，体验民间文化的丰富性。

活动准备：

① 经验准备：搜集过关于面塑由来的资料。

② 物品准备：各种形态的面塑图片，实物，泥工板、塑料剪刀等面塑材料。

活动过程：

① 开始部分：谈话引入，根据故事展开探索。

——教师：孩子们，国庆刚过，你们在家都吃什么好吃的啦？将话题引入面塑，然后请小朋友们说一说你家里或者你见过的面塑，你吃过的面塑是什么味道，是什么感觉。

② 基本部分：

● 教师出示各种美丽的面塑图片，让幼儿观察欣赏，进一步激发兴趣。

● 启发幼儿从造型、色彩等方面进行观察欣赏，进一步让幼儿形成自己的审美风格和情感态度。

● 一边欣赏，教师一边提问：它们有什么特点？是拿什么做的？

● ——教师：小朋友们见过了那么多美丽的面塑，也吃过，那你们知道面塑是怎么来的吗？为什么要做面塑呢？有什么含义？请幼儿自行讨论和交流。

● 教师向幼儿介绍面塑的由来及民间风俗。让幼儿知道面塑实际上是用糯米粉和面加彩后，捏成的各种小型人物。让幼儿感受到我国丰富的文化和民俗。

③结束部分。

教师鼓励幼儿进一步去了解面塑，和幼儿共同了解民间传统艺术面塑的独特魅力。

延伸活动：请幼儿回家与父母一起制作面塑。

活动四：科学——柔软的面团

活动目标：

① 自主探索和面团，发现面粉的变化。

② 在反复的尝试中，体验和面团的乐趣。

活动重难点：

① 活动重点：探索和面团，发现面粉的变化。

② 活动难点：在反复的尝试中，体验和面团的乐趣。

活动准备：

① 经验准备：幼儿在家观察过妈妈和面做面食。

② 物品准备：面粉、脸盆若干，桌上铺的一次性保鲜膜，纯净水。

活动过程：

① 开始部分：情景导入，兔妈妈的小点心。

——教师：小朋友们，今天兔妈妈给我们带来了好多好吃的小点心，你们想不想看看呀？

② 基本部分：

● 观察面团，猜测来源。

兔妈妈开了一家点心店，它寄来了一些点心，猜猜是用什么材料做出来的。

● 请你看看、闻闻、摸摸面粉和面团，你发现了什么？

● 面粉和面团一样吗？有什么不一样？（幼儿相互交流）

● 面粉团一团。

首先，想办法让面粉团起来。兔妈妈的点心店生意很好，想请小朋友帮忙和面制作点心，可真奇怪，这松散的面粉我怎么也揉不到一块，该怎么办呢？

加了水后面粉发生了什么变化（请幼儿观察加水之后面粉能够团在一起的现象。）

● 幼儿操作，将面粉团一团。

我们一起来和面吧，试一试谁应该怎么加、加多少才能让面粉团在一起。（教师拿一份材料和面，给幼儿正面的暗示，也可个别提醒幼儿思考面粉与水量之间的比例，如当发现幼儿继续往干面粉团中加面粉的时候，可适时提醒幼儿观察继续加面粉后的变化。）

● 我制作的小点心。继续揉面团，感受面团的柔韧。面团摸起来什么感觉？

用手掌压一压，它会怎么样？将面团摔在桌上，它又怎么样了？用手指戳一戳，面团发生了什么变化？

用揉好的面团自由造形。

③ 结束部分

将做好的点心送进兔妈妈点心屋，幼儿互相欣赏评价。

活动五：美术——可爱的食用面塑（手工）

活动目标：

① 通过活动，了解面塑的造型和色彩搭配特点，感知民间艺术的美，激发幼儿的民族自豪感。

② 尝试运用白面制作简单的面馍，发展手部肌肉动作的协调性和灵活性。

活动重难点：

① 活动重点：了解面塑的造型和色彩搭配特点。

② 活动难点：尝试运用白面制作简单的面馍，发展手部肌肉动作的协调性和灵活性。

活动准备：

① 经验准备：已经参观过各种面塑作品。

② 物品准备：各种形态的面塑作品、泥工板、塑料剪刀、工艺刀、枣、花生、栗子等。

活动过程：

① 开始部分：观察欣赏，激发兴趣。

教师选择 3 种面塑类型，启发幼儿从造型、色彩等方面进行观察欣赏。（令人垂涎欲滴的枣馍馍、造型逼真的鱼馍馍、色彩艳丽的花馍馍、形态各异的十二生肖等）

② 基本部分：

● 提问：它们是怎么做成的？有哪些工序？

● 什么时候我们要做好看的面食？枣馍馍、花馍馍是怎么做成的呢？

● 讨论面食的制作工序：和面（水、面粉、酵母）——揉面——造型——蒸笼——点色。在造形时需要用到哪些工具呢？孩子们想到了用刀、枣、花生、栗子、葡萄干、大豆等。

● 教师向幼儿介绍食用面塑的由来及民间风俗，面塑实际上是馍用糯米粉和面加彩后，捏成的各种小型人物。用于寿辰生日、馈赠亲友、祈祷祭奠等方面。另外还有花馍、花果馍、礼馍、馍玩具等。

● 鼓励幼儿大胆选择白面，选面——揉面——造形，创作面塑作品。

③ 结束部分

分享自己的面塑作品，互相欣赏、评价。

活动六：美术——丰收的果实（面塑制作）

活动目标：

① 喜欢用面塑的形式表现自己喜爱的果实。

② 通过搓圆、搓条、捏、揉、压痕、连接等方法制作丰收的果实。

③ 用塑料小刀、滚子等辅助材料进行创作，表现果实的外形特征。

活动重难点：

① 重点：运用搓圆、搓条、捏、揉、压痕、连接等面塑基本方法制作丰收的果实。

② 难点：用塑料小刀、滚子等辅助材料进行创作，表现果实的外形特征。

活动准备：

① 经验准备：幼儿有过捏泥的经验，见过各种各样的蔬菜水果。

② 物品准备：多种多样的蔬菜和水果（如南瓜、黄瓜、栗子等），绿色、红色、橘色、蓝色的面若干，面塑工具：塑料小刀、滚子、泥工板，音乐《读唐诗》。

活动过程：

① 谈话导入。

"小朋友们，你们和爸爸妈妈去采摘过吗？你都摘过什么蔬菜或者水果？"

"李老师也去采摘了，我看到农场里有很多的蔬菜水果，样样都漂亮极了，我还给你们带回来了一些（装在袋子里），小朋友们想不想猜一猜我都带回来了什么？你能说说它是什么样子的吗？"

② 介绍操作工具。

"这是什么？"

"它可以怎么用？"

"制作时我们应该注意什么？"

教师小结：小朋友使用时注意安全，用完将工具放回原位。塑料小刀可以帮助小朋友制作果实上的花纹。

③ 充分感知面的特性，幼儿尝试进行操作。

● 教师作为观察者，肯定和鼓励幼儿进行创作。

● 观察幼儿是否借助辅助材料，幼儿在使用辅助材料时有什么困难。

● 引导幼儿尝试通过两种颜色相加调成自己想要的颜色。

● 教师关注不同发展水平的幼儿的制作。

欣赏与交流：

"小朋友喜欢今天的活动吗？请小朋友介绍一下自己的作品，你是怎么制作的？你都用了什么工具？你怎么使用工具的？"

活动实施与反思：

（在一次参观京通苑社区面塑展的活动中，幼儿观赏了面塑馆里的奶奶把一团团的面制作成了的各式各样的面塑，有人物、有动物，还有好多的蔬菜水果，他们回到幼儿园就对我说："李老师，我们也想试一试！我们也想做面塑！"为了满足幼儿的兴趣和发展需要，《3～6岁儿童学习与发展指南》中也指出：中班幼儿在欣赏艺术作品时会产生相应的联想和情绪反应，并能够运用多种方式表现自己的所见所想。）

图20　认真制作小玉米的孩子们：幼儿喜欢用面塑的形式表现自己喜爱的果实

活动七：社会——面塑展览馆开业了

活动目标：

① 感知面塑的形态美，颜色美，知道面塑是中国特有的一种民间艺术。

② 尝试运用捏、揉、团、按、压，制作自己喜欢的面塑形象。

③ 体验民间文化的艺术性、丰富性，体会到作为中华民族的一员的骄傲与自豪感。

活动重难点：

① 活动重点：感知面塑的形态美、颜色美，知道面塑是中国特有的一种民间艺术。

② 活动难点：尝试运用捏、揉、团、按、压，制作自己喜欢的面塑形象。

活动准备：

① 经验准备：幼儿对本班作品的了解，熟练掌握各种制作面塑作品的技能技巧。

② 物品准备：展览邀请函、宣传海报、展示架、各种面塑展览作品、各种颜色的面、面塑工具、泥工板。

活动过程：

① 开始部分：

小迎宾礼仪收邀请函，邀请客人进入展厅。

负责介绍的小朋友向客人哥哥姐姐介绍展览架上的面塑作品。

② 基本部分：

● 教师向客人小朋友介绍面塑的历史由来及面塑传统文化，让参观幼儿感受到我国面塑丰富的文化和民俗习惯，并邀请小客人分散自由参观。

● 介绍主题墙，负责介绍主题墙的小朋友按照主题墙的顺序依次向小客人介绍有趣的面塑主题开展的各个活动环节。

● 介绍展览架面塑作品，负责介绍展览架上作品的小朋友向客人哥哥姐姐介绍作品名称、作品寓意，并根据客人意愿向其介绍相关展品。

● 美工区的小面塑师们邀请客人小朋友动手体验制作，了解小客人制作意愿，有针对性地进行面塑捏制技能技巧的指导。

● 角色区小餐厅的面点师们邀请小客人进店体验面花面点制作，根据客人意愿进行相应指导。

③ 结束部分

感谢客人哥哥姐姐的到来参观，赠送面塑纪念礼品，合影留念。

延伸活动：请幼儿回家邀请爸爸妈妈爷爷奶奶来班里参观面塑展览活动。

活动实施与反思：

在班级中教师与幼儿共同将塑造的面塑作品进行展示，教师与幼儿一起在班级中创设一个艺术展览区，放置孩子们创作的面塑作品。调动幼儿和家长参加的积极性，幼儿可以对同伴、家长讲述自己制作面塑作品时用了什么方法，自己的作品叫什么名字，有什么故事等。通过开展面塑展览馆活动发展了孩子们多方面的能力。

图 21　我给哥哥姐姐讲一讲：幼儿大胆讲述并介绍班级主题墙面活动轨迹

第三部分
主题活动组织
与实施策略

在以民间美术为中心的综合主题活动设计与实施过程中，教师们发现了很多有益的经验。课题组组织教师们围绕主题活动组织与实施策略进行了集体研讨，并从整体和多个角度撰文总结了相关经验。

以民间美术为中心的综合主题活动的实施途径是多元的，包括集体教学活动的组织、区域材料的投放与使用、家园共育活动的连续推进、环境创设与渗透等。教师们对不同途径的使用都进行了深入的思考，并努力从幼儿的视角来考虑各个环节的组织与安排。同时，以民间美术为中心的综合主题活动不是单一的美术课程，而是综合课程。为促进幼儿的全面发展，课程进行了多种艺术门类的综合，多个学习领域的综合。不管是在主题活动设计环节，还是在活动实施中的评价与指导环节，教师都尽可能地着力于幼儿的全面发展，并重点关照了幼儿的创造力。

幼儿国民认同感的培养不只是认知方面的提高，更多的是情感的激发。幼儿学习民间美术，是我们的民族文化传承的过程。在这个过程中，让幼儿建立起初步的兴趣是首要的。为此，教师对如何在美术主题活动中激发幼儿的情感和兴趣进行了着重思考。

另外，具体到每一个民间艺术形式和每一个年龄段来看，教师们也关照到了不同美术形式之间和不同年龄班之间的特殊性，对特定年龄段幼儿学习特定美术形式的规律进行了总结和分析。

教师们对主题活动组织与实施策略的经验反思与总结，一方面说明了主题课程已经在有效地影响着幼儿在民间美术活动中的认知、情感和技能的发展变化，另一方面明显地反映出了教师活动设计、实施与指导能力的提升与进步。

通过经典民间美术活动培养幼儿国民认同感的实践研究

孟昭荣

在全国教育大会上习近平强调："党的十八大以来，我们围绕培养什么人、怎样培养人、为谁培养人这一根本问题，全面加强党对教育工作的领导，坚持立德树人。"认真思考、深刻地理解和有效落实培养什么人、怎样培养人、为谁培养人的问题，是我们教育实践的出发点。在幼儿园教育中，我们必须明确方向，为我国培养德、智、体、美、劳全面发展的社会主义建设者和接班人；在坚定理想信念、厚植爱国主义情怀、加强品德修养、增长知识见识、培养奋斗精神、增强综合素质上下功夫。运用新发展理念培养人，实现科学发展。围绕立德树人构建培养体系。培养一代又一代拥护中国共产党领导和我国社会主义制度、立志为中国特色社会主义奋斗终身的有用人才。

民间美术的形式与内容，蕴含着中华民族的历史文化与智慧，表达着中华人民的美好祝福与愿望，展示着我国劳动人民的勤劳与智慧，幼儿园通过民间美术教育活动，让幼儿从小认同中国的文化，形成国民认同感，这是国家培养人和实施教育的基础。就此，我们进行了"经典民间美术活动培养幼儿国民认同感的实践研究"。

一、经典民间美术培养幼儿国民认同感的意义

国民认同感，是人们对于中国的自然、历史、人文、当代发展等方面的熟悉、了解、喜欢之情，对于自己属于中国人身份的接纳，并为自己属于中国人而自豪，愿意参与国家建设，初步形成愿意为国家奉献自己力量的意识和责任感。

经典民间美术历史悠久，内容丰富多彩，是中国的宝贵遗产的同时也是世界的艺术瑰宝。中国民间美术的表现形式丰富多样，包括国画、剪纸、泥塑、面塑等艺术表现形式，表达着中国各族人民的美好生活和情感。我们挖掘民间艺术所

蕴含的文化内涵和教育价值，引导幼儿通过多种形式感知民间美术的由来、形式、内容，引导幼儿根据自己的感悟、认识、理解，表现与创造出具有中国特色的艺术表现形式与内容，在让幼儿对民间艺术进行欣赏感受、表现创造的过程中，培养幼儿的国民认同感。

二、经典民间美术培养幼儿国民认同感的途径

（一）进行丰富的经典民间美术环境创设

1. 公共文化环境创设

幼儿园以民间美术为载体，为孩子们创设一个具有文化精髓又有艺术情趣的优美环境。我园充分利用空间，整体设计布局，将公共环境划分为国画区、剪纸区、京剧区、泥塑区等主题区域，在墙面上展示幼儿作品和大师作品复制品，在墙顶悬挂幼儿自制灯笼，在展柜摆放手工作品，在桌面提供操作材料等，满足幼儿欣赏民间美术以及与环境互动的需要。

2. 班级主题环境创设

为了保证民间美术活动的有效开展，根据幼儿兴趣和年龄特点，每个班级都开展了民间美术主题活动，包括泥塑、水墨、剪纸、风筝、灯笼、面塑、故宫、扇子等。每个主题环境都展现出幼儿的参与、探究和发展过程。如在大班"漂亮的灯笼"主题活动中，幼儿、教师和家长共同搜集了灯笼的实物、图书、图片等，投放在班级美劳区、阅读区，随着主题活动的深入，孩子们对灯笼制作和灯笼怎样亮起来充满兴趣，于是教师在美劳区提供了木棍、纸张、彩穗、胶枪等制作材料，在科学区提供了蜡烛、灯泡、电线、电池等探究材料，为幼儿制作、探究灯笼提供了机会和条件。随着主题的深入开展，班级主题墙也不断丰富起来，墙面展示了幼儿探究灯笼的过程和轨迹，包括灯笼的传说、寻找的灯笼、制作的灯笼、灯笼展示会等，有效帮助幼儿回顾灯笼探究过程，提升相关知识和经验。班级主题环境创设，帮助幼儿全面和深入了解到民间美术的文化内涵，发现了民间美术的美，知道了民间美术表达的内涵，更深刻认识到我国民间美术独特的工艺，为我国拥有这样的工艺而感到骄傲与自豪。

3. 教师营造精神环境

在民间美术实施过程中，教师们努力为幼儿营造愉悦、自主的生活环境，鼓

励幼儿认真观察，乐于分享，大胆表达对民间美术的认识和喜爱，并尊重幼儿的各种表现，给予正面和积极的引导。如在水墨活动中，幼儿不喜欢墨汁黑黑的颜色时；在泥塑活动中，幼儿不小心摔碎泥娃娃时，教师都会细致观察幼儿的表现，分析幼儿言行表达的情感，并通过谈话、讲故事、示范、同伴互助等形式，引导幼儿感受墨汁的独特魅力，爱惜泥塑作品。教师与幼儿形成了良好的互动关系，营造一个有利于幼儿感受与欣赏、表现与创造的艺术环境，让幼儿在环境中感悟我国传统文化的魅力，潜移默化地增加国民认同感。

（二）开展多样的经典民间艺术活动

1. 聚焦国民认同感进行深入研究

聚焦民间美术促幼儿国民认同感发展，我们开展教学研究，通过明确国民认同感的概念，分析小、中、大班幼儿年龄特点，研究小、中、大班幼儿国民认同感培养目标，制定小、中、大班幼儿国民认同感指导策略，进行幼儿国民认同感前测后测，分析幼儿国民认同感发展规律，每一个研究主题都深入调查、学习、实践、反思、总结，获得经验和成长。教师从对国民认同感茫然，不知所措，到有效开展民间美术主题活动，多措并举培养幼儿的国民认同感，科学研究引领了保教质量的发展。

2. 将培养幼儿国民认同感的目标渗透于主题活动中

我园开展了系列民间美术主题活动，将培养幼儿国民认同感的目标纳入主题活动目标中。这一方面体现在幼儿了解和喜欢民间美术形式与作品本身，另一方面体现在幼儿通过民间美术建立起对国家自然、历史、文化和当代发展的了解上，进而引导幼儿建立民族自豪感与公民责任心。

主题活动"美丽的剪纸"，目标是让幼儿了解剪纸的方法、喜欢剪纸活动、感受剪纸艺术的魅力。了解我们中国古老的民间艺术——剪纸，更是可以通过欣赏感受中国民间剪纸的艺术魅力，从而为自己参与剪纸而获得骄傲自豪的感觉。

主题活动"你好！年画"，目标是让幼儿知道"年画"的来历以及传统木版年画的制作过程，初步了解年画有着美好、吉祥的寓意，知道"年画"是中国特有的，发现年画中常见事物的特征，并且能用语言进行简单描述。例如"年画宝宝"梳的小辫子，点的小红点等。用自己喜欢的形式涂涂画画、粘粘贴贴表达自己对年画的喜爱之情。幼儿通过对年画初步的认识和了解，用自己喜欢的方式表达出对年画的喜爱，增强国民认同感。

主题活动"我和泥宝宝做游戏"，目标是让幼儿在活动中获得愉快、丰富的情绪体验。关注身边的环境，亲近大自然，了解我国土壤大致有五种颜色，有初步的环保意识。萌发作为中国人的自豪感。大胆地用自己喜欢的方式进行艺术表现和创造。培养幼儿热爱养育我们的这片热土，激发孩子爱家乡、爱祖国的情感。

主题活动"水墨乐园"，目标是通过欣赏、表现水墨画作品，对幼儿进行传统文化教育，增强幼儿国民认同感和民族自豪感。用水墨的方式表现自己的所见所想。大胆创作。培养幼儿国民认同感，激发幼儿对民间美术的兴趣。

主题活动"好看的蓝印花布"目标是通过欣赏各种蓝印花布制品，感受蓝白对比的美，知道图案的象征意义，感受民族手工艺的美。初步了解蓝印花布的印染种类和方法，感受劳动人民的聪明才智，激发爱祖国爱家乡的情感，为自己是一名中国人而感到骄傲。愿意自己尝试制作和印染蓝印花布，体验成功的喜悦。丰富幼儿对民间艺术的认识，培养幼儿的民族认同感。

主题活动"漂亮的灯笼"，目标是欣赏各式各样灯笼，感受灯笼的造型美、色彩美和结构美。对灯笼有初步的认识和了解，搜集、设计，大胆地用自己喜欢的方式表现和创造灯笼，富有个性地表达自己对于灯笼的情感和体验。通过观察、比较、探究、解决问题，逐渐养成细心、专心、耐心、坚持、不怕困难等品质。在生活环境及节日中感受中国传统习俗挂灯笼喜庆、热闹的美好寓意。

3. 在展示分享活动中强化幼儿的国民认同感

为了让幼儿感受更丰富的经典美术活动形式，我们定期组织全园性的主题活动展示互动活动，让幼儿走出班级，让幼儿的创意走出班级，让幼儿的作品走出班级。给孩子们提供感悟和感知的机会，感悟经典民间美术活动内容的丰富性、感知经典民间美术表现形式的不同，营造激发爱的情感，抒发爱的情怀的氛围。

4. 在亲子活动中增强幼儿的国民认同感

结合迎新年，我们组织民间美术活动亲子互动体验活动，我们将皮影戏、吹面人、舞龙、水墨画、灯笼、泥塑、京剧等行业的传统民间艺人请到园里，通过艺人的现场展示，让孩子们和家长们身临其境地感悟中国传统文化的博大、中国传统文化的丰富、中国传统文化的内涵、中国传统文化的美，让孩子和家长在浓浓的中国传统文化中找到自己身为中国人的自豪和自信。

三、通过经典民间美术活动培养幼儿国民认同感的成效

（一）幼儿国民认同感初步形成

通过开展经典民间美术活动，丰富了幼儿的情感，幼儿掌握了知识、提升了技能。幼儿喜欢我国的民间美术形式，懂得了这些艺术形式都是中国的，学习到了经典美术的表达方法，幼儿可以根据自己的情感需要，用自己的方式去表达去创作，提升了幼儿艺术表现能力。幼儿为自己是中国人而自豪，增加了国民认同感。

（二）教师的专业能力得到提升

随着课题的深入开展，教师的研究能力得到了提升，幼儿园里形成了一个主动学习、积极互动、大胆实践的研究氛围，这进一步激发了教师的研究热情。同时，整个过程丰富了园所教师文化的内涵，教师的专业能力得到了全面提升，教师们研究的主动性增强了。在教研活动中，教师主动展示的多了，主动交流的多了，主动学习的多了，这说明大家喜欢研究了。更为重要的是，在这个过程中，教师的国民认同感也得以提升，愿意开展民间美术主题活动，感受到了民间美术主题活动的价值和意义。

（三）家长的育儿方法更加科学

我们围绕民间美术主题开展了家长会、家长助教、家长进课堂、亲子半日活动、育儿沙龙等活动，家长了解到民间美术对幼儿发展的价值，也积极参与到了民间美术活动中，与幼儿一起寻找蓝印花布，为幼儿现场绘画水墨画，向幼儿展示面塑制作方法，同幼儿园一起探究灯笼的制作，带领幼儿去故宫实地参观。在家园共育的过程中，家长也感受到幼儿的自主、自信、专注、认真、合作、探究等良好的学习品质，在民间美术活动中得到锻炼和提高，家长的教育观念也更加科学，并更加支持幼儿园开展民间美术主题活动。

综上所述，我国经典的民间美术取之不竭、用之不尽，博大精深的民间艺术蕴含了丰富的教育价值，有待于我们开发与挖掘，我国优秀的传统文化能够润养幼儿的心灵，启迪幼儿的智慧，激发幼儿的爱国之情，我们将继续深入研究实践，让经典民间美术不断传承发扬，让幼儿为我们国家感到骄傲与自豪！

基于儿童视角的民间美术主题活动组织与实施策略

王晓红

　　年画、剪纸、灯笼、面塑、蓝印花布、泥塑等民间美术形式，有着多样的造型和题材、丰富的色彩与花纹、独特的制作和工艺，寄托着劳动人民对寻常生活的热情与美好愿望，蕴含着我国人民的勤劳和智慧。在幼儿园民间美术主题活动中，挖掘民间美术的独特价值和教育意义，遵循幼儿的年龄特点和学习方式，关注幼儿的兴趣与需要，注重幼儿的主体性，重视幼儿的学习品质，将民间美术与多领域整合、渗透于幼儿一日生活中，以儿童的视角开展民间美术主题活动，促幼儿健康快乐全面发展。

一、活动背景

　　生活和游戏是幼儿学习的主要途径。民间美术以主题活动的形式开展，应该将民间美术渗透于幼儿的一日生活中，将艺术活动与各领域活动有机结合，全面整合，给幼儿充分的探索机会。但是，教师们在主题活动实施过程中存在一些问题。例如有的教师凭个人喜好确定主题活动内容与形式，不关注幼儿兴趣；有的教师重视民间美术集体活动，忽视在一日生活各个环节的渗透；有的教师重视学习结果，忽视幼儿学习过程中的教育价值（如教师为幼儿剪不出、画不出、捏不出美术作品而发愁）；有的教师认为民间美术主题活动很难与体育、数学等领域结合，在制定主题活动目标时，缺乏健康、数学领域目标；还有的教师没有围绕民间美术的核心价值开展活动，泥塑主题活动做成了"泥"的主题活动。其中，最为突出的问题是教师对主题活动开展的思路不清晰，主题网络逻辑混乱，往往东一榔头、西一锤头地开展活动，缺乏层次性和递进性。

　　分析教师们在民间美术活动中存在的困惑和问题，我们发现，在主题活动设计中，教师基于自身的经验、兴趣和对民间美术的认知预设的活动多，基于幼儿的年龄特点、学习方式、发展现状、兴趣需要生成的活动少。在主题活动推进中，教师没有基于幼儿的兴趣、情感、自发和经验有效组织与实施。在主题活动评价中，教师基于幼儿的发展、幼儿获得的成就感反思少。归根结底，是没有基于儿童的视角开展活动，没有以幼儿的发展为核心开展活动。因此，我们需要及时转变和调整我们的教育观念与行为，对幼儿进行深入和持续的观察，对幼儿的想法抱着好奇和欣喜的态度去捕捉和了解，对幼儿提出的问题进行积极的思考和智慧的回应，对幼儿的探究提供丰富的材料和支持，对幼儿的探究结果给予及时的肯定和鼓励，对幼儿在活动中能获得的发展进行深入反思总结，真正以幼儿为主体、以幼儿的视角开展活动，那么教师面临的问题也就逐个攻破、迎刃而解了。

二、基于幼儿兴趣的民间美术"发现与寻找"活动

兴趣是幼儿学习最强大的动力，幼儿有着与生俱来的好奇心和探究欲望，在民间美术主题活动开展的初始阶段，激发幼儿的好奇心与探究兴趣，是活动顺利开展的保证。幼儿天生喜欢寻找与发现，捉迷藏的游戏经久不衰，就是因为找一找、看一看、猜一猜、想一想、说一说等活动，能够满足幼儿的好奇心，激发幼儿去探究。我们遵循幼儿的学习特点，通过"发现与寻找"导入主题活动，引导幼儿喜欢我国的民间美术形式。

（一）环境渗透，引发幼儿发现与寻找的愿望

基于儿童视角的环境创设，就要让幼儿成为环境的主人，在民间美术作品内容选择方面，不能以成人的审美和喜好为主，选材要贴近幼儿生活、富有童趣，造型夸张。在作品摆放和悬挂方面，不能与成人的视线持平，要考虑幼儿的身高，作品要与幼儿视线保持平行，幼儿能够看得见、摸得着。而且，教师要观察幼儿对美术作品是否关注，对民间美术的哪一方面感兴趣，还有什么想法和问题，在了解幼儿所思所想的基础上，进行有效的引导。如在环境中渗透剪纸"老鼠嫁女""十二生肖"，泥塑"兔儿爷"，年画"年年有鱼"，蓝印花布"玩偶"，面塑"西游记"等作品，教师观察幼儿在与作品互动中的神态、言行，捕捉其中的教育契机和教育价值，自然而然地引发幼儿去发现和寻找自己感兴趣的民间艺术形式的愿望。

（二）问题导入，激发幼儿发现与寻找的动力

当幼儿发现并喜欢身边的民间美术形式后，教师通过提问引发幼儿对民间美

术的兴趣，引导幼儿去寻找更多的民间美术作品。如：当幼儿在班级中发现有剪纸作品后，教师提问幼儿："我们还在哪里见过剪纸作品？""你见到的剪纸作品什么样？""我们还可以去哪里找剪纸作品？"在问题引领下，孩子们主动在幼儿园、家中、商场、博物馆、图书馆、网络寻找剪纸作品，包括剪纸的图书、视频，在寻找的过程中，幼儿学习到如何搜集和使用信息，为下一步的活动奠定了良好的基础。

（三）家园共育，丰富幼儿发现与寻找的形式

幼儿对民间美术作品的寻找，离不开家长的支持与帮助，教师将民间美术主题活动的目的、意义，对幼儿发展的促进作用向家长说清楚，取得家长的配合。如在寻找蓝印花布的过程中，孩子们发现蓝印花布太少了，在家中和生活中都很少见，这可怎么办呢？面对这个困难，我们老师也犯了愁，没有丰富的材料支撑，主题活动如何开展下去呢？经过思考，老师抓住"找不到蓝印花布怎么办"这个教育契机，让孩子们的寻找有了挑战性，同时，孩子们更加意识到蓝印花布快要消失了，太可惜了，于是，班级以"拯救蓝印花"为小主题，向家长宣传此次活动的教育意义和幼儿发展的价值，发动家长的力量，带领孩子一起寻找蓝印花布。在家园合作下，孩子们在家里压箱底的地方，在亲戚朋友家，在网上找到了蓝印花布，当孩子们兴高采烈地带来得之不易的蓝印花布时，对蓝印花布的喜爱之情更加深刻了。

（四）分享交流，展示幼儿发现与寻找的内容

通过发现与寻找的环节，孩子们亲身体验、直接参与，成为活动的主人，教师同幼儿围绕搜集来的民间美术作品进行谈话、分享，在这个过程中，教师进一步了解幼儿对民间美术的兴趣点、关注点、问题点，为接下来的感受与欣赏活动打下了良好的基础。如在面塑大搜集过程中，孩子们参观了社区的"面塑工作室"，孩子们围着面塑作品议论纷纷："面塑是用面做的吗？""面塑还需要什么工具材料啊？""我也想捏一捏。""面不是白色的吗，这个面为什么是彩色的呢？"……教师记录幼儿的对话与问题，梳理幼儿感兴趣的内容，挖掘这些问题背后的教育价值，生成有效的教育活动，为主题活动的顺利开展铺平了道路。

三、基于幼儿情感的"感受与欣赏"活动

审美是艺术最主要、最基本的价值，儿童的审美更突出它的感受性，幼儿的艺术感受，以情感的激发为主要特征，幼儿对民间美术作品的由来、造型、色彩、形状、

功能等，通过主动感知、操作、探索，融入自己的情感与思想，产生审美愉悦，并在感受欣赏的过程中培养幼儿的国民认同感，并为我国有优秀的传统文化而感到自豪。

（一）在真实情境中感受和欣赏民间美术

幼儿是通过直接感知、实际操作和亲身体验获取经验的，因此，要为幼儿提供真实的场景和材料，让幼儿看得到，摸得到，感受得到。如在"超级故宫"主题中，教师和家长带领幼儿来到故宫实地参观，在真实情境中，幼儿知道了太和殿是故宫中最大的建筑，并观看《紫禁城的秘密》片段知道故宫十级地震不倒的秘密，同时，幼儿对故宫中屋檐上的神兽产生浓厚的兴趣，喜欢探索神兽的秘密，并了解到很多神兽的寓意象征。能够帮助幼儿感知真实的事物，有利于幼儿积累丰富的感知经验，有助于表达与创造。

（二）在故事传说中感受和欣赏民间美术

幼儿天生喜欢听故事，将民间美术相关的由来和内容以故事的形式讲给幼儿听，有利于幼儿了解民间美术的起源和文化。如："漂亮的灯笼"主题中故事《灯笼的传说》。"蓝印花布"主题中故事《蓼蓝草的传说》。"你好，年画"主题中的故事《年》。"我和泥宝宝做游戏"主题中的故事《滚泥巴》《泥土好可爱》等，激发了幼儿对民间美术的兴趣，使其更加喜欢欣赏民间美术的相关内容。

（三）在操作体验中感受和欣赏民间美术

为幼儿提供操作体验的机会，通过请非遗传人现场与幼儿互动、逛庙会、邀请社区面塑大师来园展示、家长助教等形式，幼儿欣赏皮影、拉洋片、威风锣鼓、舞龙舞狮，体验编织中国结、印染、剪纸、草编、国画、捏面人等民间艺术形式，在亲身感受和实际操作中，幼儿更加喜爱民间艺术，并获得愉悦的体验和情感。

四、基于幼儿自发的"表现与创造"活动

艺术具有典型的创造性，换言之独创是艺术的根本。幼儿的艺术表现与创造首先表现为自发性，幼儿与生俱来就有艺术的潜能，我们应顺应幼儿的天性，鼓励幼儿对民间美术的感知和情感，用自己喜欢的方式大胆表现与创造，尊重幼儿的独特感受。

（一）幼儿在不断探究中表现与创造

探究是幼儿对事物深入观察和了解的过程，是幼儿发现事物特点和特征的过

程。在"漂亮的灯笼"的主题活动中，幼儿对自制灯笼充满了兴趣，在制作过程中遇到了很多的问题："灯笼骨架上贴的纸不平怎么办？""灯笼提起来怎么是歪的？""怎样让灯笼亮起来？""灯笼会飞吗？"……孩子们对自发提出的问题更加有探究的欲望，在一段时间内，持续地就一个问题进行反复操作和实验，幼儿不怕困难，积极思考，解决问题的能力在表现与创造的过程中得到了发展。

（二）幼儿在细致观察中表现与创造

幼儿对一个事物观察得越仔细，对事物的感知就越深刻，表现力就越丰富，创造力就越强。我们大班一个班幼儿经常开展剪纸活动，但是对灯笼的了解不多，一个班开展灯笼的主题活动，但是剪纸经验不够丰富，结果在两个班幼儿都同时进行剪纸灯笼的活动中，我们发现，不经常剪纸的班级幼儿反而比经常剪纸的班级幼儿剪出的灯笼更加生动形象，丰富细腻。这说明，幼儿对事物细致的观察和美好的情感，更能促进幼儿表现力与创造力。

（三）幼儿在丰富的材料中表现与创造

我们要提供丰富多样的材料，便于幼儿选择喜欢的方式进行表达。如小班幼儿在进行年画娃娃的美术活动中，由于幼儿处于涂鸦期，不可能去生动细腻地画出年画娃娃怀抱的各种代表美好寓意的形象，因此教师遵循幼儿的年龄特点和发展需要，请幼儿将自己装扮成年画娃娃的照片打印出来，寻找年画娃娃怀中抱的灯笼、莲花、鲤鱼、年画娃娃、仙鹤等丰富的图案打印或者剪下来，教师提供各种颜色的卡纸、笔、胶棒、双面胶等，鼓励幼儿选择喜欢的材料，通过选一选、摆一摆、粘一粘、画一画、说一说的活动，幼儿动手动脑，设计自己喜欢的年画，并感受到创作的快乐和成功的自信。

五、基于幼儿经验的"展示与应用"活动

随着民间美术主题活动的深入开展，幼儿对民间美术的经验逐渐丰富，我们要关注幼儿学习与发展的整体性，创造更多的机会和条件，让幼儿去展示与应用，发挥主题活动的最大价值，延伸出更加有益于幼儿发展的活动。

（一）在展示与应用活动中学习互助与合作

在剪纸作品展、灯笼展示会、小小面塑展、蓝印花布秀、泥塑总动员的主题展示环节，幼儿制订计划书，分工合作，制作邀请函、海报，担任讲解员、宣传员、

设计师等，共同策划、筹备、迎接班级的展示，在这样的活动中，幼儿调动已有经验、增长新的经验，获得全面的发展。

（二）在展示与应用活动中学会交流与分享

各班幼儿在进行了一次展示会后，会发现还存在着一些问题，比如展示环节材料不够丰富，现场过于拥挤，时间太短等，在充分讨论的基础上，孩子们会积极要求再进行一次展示，而且，随着展示经验的丰富，孩子们不局限于平行班展示，孩子们要求要面向家长、其他班级、社区进行展示，孩子们愿意把在民间美术方面看到的、想到的、学到的、做到的分享给大家，在这个过程中，幼儿对各种民间美术形式有了初步的认识，为我国独有的艺术形式感到骄傲与自豪，并且，国民认同感的种子在幼儿小小的心灵中生根发芽、逐渐壮大。

综上所述，以民间美术为核心和出发点，挖掘民间艺术蕴含的特色与教育价值，基于幼儿的兴趣、情感、自发和经验，教师基于儿童的视角，通过寻找与发现感受与欣赏、表现与创造、展示与应用四个环节推动活动开展，四个环节层层递进，又相互关联、相互促进，为主题活动有效开展厘清了思路。在这个过程中，幼儿是活动的主人，是发现者、探究者和创造者，幼儿获得经验和自信，从而健康快乐成长！

民间美术渗透幼儿园环境中的实践探索

刘桂琴

　　中国传统的民间美术是古代劳动人民为满足自己的生活和审美需求而创造的艺术门类，多以天然材料为主，就地取材，例如用纸、布、竹、木、石、皮革、面、泥、陶瓷、草柳、棕藤等不同材料制成的手工艺品，带有浓郁的地方特色和民族风格。

　　《幼儿园教育指导纲要（试行）》指出：环境是重要的教育资源，应通过环境的创设和利用，有效促进幼儿发展。环境是幼儿教育的隐形课程，因为幼儿的学习与发展都是在与环境的互动中进行的，起着潜移默化的重要作用。因此我园充分遵循"环境即课程"的教育原则，依据幼儿发展需要和兴趣点，将优秀的民间美术渗透在幼儿园环境创设中，使其从小接触、喜爱优秀的传统民间艺术，提升文化认同意识。

一、民间美术渗透公共环境，提升幼儿的审美能力。

（一）幼儿作品展示区

　　在一层楼道设有幼儿民间美术作品展示区，精致的原生态色系木架上摆放着幼儿的泥塑、面塑、纸雕类立体作品，楼道内古朴的浅灰色墙裙上装饰着"羊角纹""回字纹""万字不到头"等具有原始生态美的边花、角花，将幼儿创作的剪纸、水墨、扎染等平面的民间美术作品布置在其中，使幼儿在驻足欣赏交流时体验成功的快乐。同时，我们充分利用楼道内立体空间，将幼儿的艺术作品镶嵌在精美的镜框内或是通过装裱增加硬度，使其能够错落有致地悬垂到幼儿适宜观看的高度，呈现出一方艺术美景。在师幼共同布置展览的过程中，提高了幼儿的艺术欣赏能力和动手操作能力，发挥环境的教育价值和意义。

（二）幼儿操作美艺坊

利用二层宽敞的楼道空间，依靠墙体边缘摆放了便于幼儿进行民间美术创作的桌椅，投放了树枝树皮、草编、布绳类、扎染颜料、大黄泥、油面、石头等丰富的民间美术材料供幼儿操作。精美的美工操作盒内有胶水、胶棒、胶条、双面贴，特别为幼儿定制的小型安全的王麻子剪刀、张小泉剪刀及花边剪刀，培养幼儿良好行为习惯的碎纸搜集盒，丰富的民间美术活动图书图片，方便幼儿根据需要随时参考查阅进行艺术创作。幼儿在此公共活动区内游戏时打破班级界限，各个年龄班的孩子均可来此选择自己喜欢的材料进行创作。幼儿创作完毕后，旁边备有展板和展台，幼儿的作品随时布置在上面，在欣赏的同时，陶冶情操、增强自信、感受愉悦。

（三）民间美术欣赏角

在三层的民间美术欣赏角，有幼儿、家长、教师共同搜集及园所投放的具有中国传统特色的手工艺品、古典家具、民俗摆件等，错落有致地装点在各个角落，处处散发着浓郁的古朴、传统的艺术气息。皮影木偶、拨浪鼓、虎头鞋帽、风筝、兔爷、剪纸、京剧服饰和脸谱、绣品、竹编、木雕等精致的工艺品，让幼儿从各个角度去发现美、感受美、欣赏美。在皮影戏玩具的旁边，配有幕布、光源、音乐，幼儿在欣赏皮影的同时可以自行摆弄和表演；在京剧服饰和脸谱的旁边配有音频和视频，幼儿可以边欣赏、边演唱；在苏绣、杭绣手工艺品的旁边，配有刺绣专用的绣花针、绣线、底布、手绷，供幼儿操作。总之，让欣赏品"活起来"，方便幼儿与环境的互动。

二、民间美术渗透各年龄班主题活动，创设富有教育性的艺术环境

（一）小班

小班幼儿喜欢色彩鲜艳、生动童趣的主题形象。因此在小班我们开展了"年画娃娃""可爱的兔爷儿""好玩的彩泥"等主题活动内容。例如主题活动"年画娃娃"，班级主题墙上展示着大家搜集来的胖娃娃怀抱大鲤鱼、坐在莲花上的《莲年有鱼》、金童玉女举着大元宝的《招财进宝》、童子怀抱寿桃的《延年益寿》等色彩艳丽并赋有美好寓意的年画。幼儿在欣赏这些美丽年画的同时，也感受到中国年画独有的特点，年画中各种图案、颜色、元素中代表的含义，使幼儿得到

美的熏陶；在美工区，投放绘画、拓印、塑造年画的纸张、模具、棕刷、泥塑材料供幼儿进行创作表现；在阅读区，投放年画娃娃的图书、图片、画报供幼儿阅读。

（二）中班

中班幼儿生活经验更加丰富、视野更加开阔，根据中班幼儿的年龄特点我们开展了"美丽的傣族""水墨乐园""中国鼓响咚咚"等主题活动。例如主题活动"美丽的傣族"，起源于幼儿学唱的歌曲《金孔雀轻轻跳》，得知这首好听的歌曲是傣族的，于是孩子们对傣族产生了浓厚的兴趣。大家搜集了大量关于傣族的图片和物品，有美丽的孔雀、依山傍水的傣家竹楼、美味的竹筒饭、漂亮的傣族服装，教师和幼儿商量后将这些图片和材料分类布置在主题墙上，孩子们在日常小憩时则与同伴谈论这些和汉族截然不同的景致和物品。在建筑区内，幼儿用积木搭建傣家竹楼；美工区内，幼儿用民间扎染的方法绘制美丽的孔雀裙，然后投放到表演区供幼儿舞蹈使用，用剪纸、泥塑、水墨等形式表现自己眼中美丽的孔雀。

（三）大班

大班幼儿做事更加有目的性，喜欢有挑战性的事物，分别开展了"娃娃爱京剧""神奇的风筝""漂亮的灯笼"主题活动。例如"娃娃爱京剧"主题活动，幼儿对京剧的服装服饰、人物行当、脸谱化妆等内容进行了实践探索，将京剧中生旦净丑的人物、服装、脸谱运用自己喜欢的美术形式展示在主题墙上，每次活动都有收获并随时总结提炼经验，在主题墙上留下幼儿学习的轨迹。在美工区内，幼儿使用各种纸张、棍、瓶等废旧物制作京剧服装道具，在脸谱坯子上面进行绘制，然后系上松紧带制成京剧脸谱进行游戏；表演区布置成了"长安小戏院"，利用废旧纸箱、纸盒、绸布等材料动手制作舞台背景，跟随音乐载歌载舞，感受国粹京剧的艺术魅力。

中国民间美术内容博大精深，反映着中国人民勤劳智慧的淳朴民风，其形式的多样、材料的丰富且易于获取使得这些优秀经典的艺术形式经久流传下来，装饰、美化了人们的生活，有很多内容被列入"世界非物质文化遗产名录"中。作为一名中国人，我们应该让这些优秀的传统文化传承下去，让我们的孩子从小了解我国独有的历史文化，认同她、喜爱她、传承她，激发爱国情感。

幼儿园民间美术活动组织策略

马丽童

　　培养幼儿对民间艺术的兴趣和对我国民族文化的认同感是非常有必要的。著名教育家陶行知先生指出："我们本土的美术，应该被大力倡导和传承。"

　　《幼儿园教育指导纲要》中明确指出，艺术教育是幼儿园教育的重要内容，而民间美术教育又是艺术的一个重要组成部分，它对培养幼儿的情感、观察力、积极性以及操作能力等起着重要的作用。因此，民间美术教育应注重培养幼儿的审美能力，以提高幼儿审美素质。幼儿处于身心发展的快速发展期，对他们实施民间美术的学习，可以大力推动他们的全面发展。我们通过带幼儿欣赏、感受民间艺术，体验、创造民间艺术，激发幼儿内心对民间美术的兴趣和热情。使幼儿真正从心里喜欢、欣赏、认同民间美术，在他们幼小的心田里播下文化认同的种子。给予幼儿多方位、多元化的感知空间，激发幼儿丰富多彩的审美情感和积极探索的兴趣，从而达到帮助幼儿获得审美体验的最佳效果。在幼儿眼中，民间美术非常好玩，操作材料非常丰富多样，泥工、扎染、皮影、补贴等，都能满足幼儿的好奇心。

一、在幼儿园开展民间美术的重要意义

　　民间美术具有特殊的审美情趣和魅力，它率直、不拘一格的质朴特性与幼儿在艺术活动中所表现出来的倾向有相通之处。可以说，民间美术与幼儿美术有其内在的共同特性，所以，在幼儿园期间对幼儿进行民间美术教育活动是必不可少的。

（一）民间美术材料可操作性强提高审美

　　生活性和多样性是民间美术游戏的基本特征，它的材料和素材都来源于生活，贴近幼儿的现实生活，所以对于幼儿来说，他们对于这些操作材料和熟悉，比如泥土、剪刀、补贴等。同时，民间美术游戏的丰富性能满足幼儿的好奇心，诸如小木棍、黄泥巴、毛线、民间皮影、染料、木偶等活动材料，可以将幼儿带入一

个全新而自由创作的游戏世界，让他们在玩中学、在玩中获得发展。通过剪、贴、画等多种操作方式，幼儿也流露出对民间美术的迷恋，每个幼儿都对它们产生了好奇探索创造的欲望，民间美术还可以培养他们发现美、表现美、创造美、欣赏美的能力。

（二）民间美术体现民族精神文化的传承

《幼儿园教育指导纲要》指出，"充分利用社会资源，引导幼儿实际感受祖国文化的丰富与优秀""适当向幼儿介绍我国各民族和世界其他国家、民族的文化，使其感知人类文化的多样性和差异性，培养理解、尊重、平等的态度"。

民间美术它蕴含着劳动人民的智慧，浓缩了中华民族文化，它历史悠久，品种繁多，内容广泛，技艺精湛，风格独特，为世界罕见，中国民间美术在漫长的创造过程中不断发展变化，直接反映了特定历史条件下人民的生活状貌、社会风俗和思想情感。为人民所喜闻乐见，成为华夏民族美术传统的源泉。这可以使幼儿深深感觉到民间美术是一个丰富和珍贵的艺术宝库，使幼儿在亲自动手中了解民间艺术，激发幼儿的爱国情感，使他们在自觉和不自觉中接受耳濡目染的熏陶，打下良好的审美意识基础，如剪纸是我国民族美术和传统文化不可分割的组成部分。这同样能使幼儿获得美的感受，达到美育之目的。

万里长城是人类建筑史上一大奇迹，明清两代的故宫则是世界上现有规模最大的建筑群。我们通过让幼儿自己亲手制作万里长城的建筑泥塑模型，来了解我国建筑的悠久历史和光辉成就，孩子们在参观完万里长城之后，将自己观察和理解的万里长城用黄泥表现得淋漓尽致。这些都是我国古代灿烂文化的重要组成部分，让我们重温着祖国的历史文化，激发起我们的爱国热情和民族自信心。这样我们的孩子既能领略到祖国的建筑艺术，又能激发起一种民族自豪感，体现我们的民族精神。民间美术活动具有特殊的社会价值——文化的传承。

二、在幼儿园开展民间美术活动的教育策略

（一）参观学习、激发兴趣

游戏源自生活，高于生活。只有多接触生活，幼儿的游戏内容才会变得丰富多彩。老师和家长可以多带领幼儿走进民间，他们会被各种各样的民间工艺品和传统玩具吸引，参观"艺术馆"、逛庙会，观看糖画、布老虎、泥人张制作等工

艺品，无一不对幼儿具有巨大的吸引力，让幼儿在丰富的民间艺术中备受熏陶，萌发美的感受和体验。

比如，我们利用节假日的时间，组织家长和幼儿一起去体验庙会，感受中国的传统文化，孩子们对吹糖人很感兴趣，这项绝活也是我们国家的非物质文化遗产，吹糖人的叔叔也有 20 多年的功夫，一块儿小小的糖，在叔叔的手里能够吹出各种栩栩如生的动物，孩子们感觉真是很神奇。回到幼儿园后，他们跃跃欲试，有的还想尝试制作糖人。这种教学方式可以收到事半功倍的良好效果，自然而然地感受到民间美术的魅力，潜移默化地接受民间美术的熏陶。

我们还组织幼儿和家长一起参观了"韩美林艺术馆"，里面有字画、雕塑、各种艺术品，很多幼儿还带了画板，就地而坐有模有样地临摹起了韩美林爷爷的作品，还有的幼儿拿起爸爸妈妈的手机不停地拍照，爸爸妈妈细心地给宝贝们讲解这些艺术品所要表达的内在含义，幼儿及家长都深深地被这些民族的艺术品珍宝所震撼。

（二）共同搜集、共同参与

游戏操作材料是幼儿进行游戏的重要基础。在美术活动中，材料的精彩与否直接关系到幼儿参与美术活动的积极性与主动性。鉴于幼儿动手意识比较强，教师可以调动家长参与活动的积极性，请幼儿与自己的父母一起搜集游戏材料，比如蛋壳、废旧纸盒、花盆、一次性饭盒、废旧布料等。

搜集后教师引导幼儿将这些材料变废为宝，比如在蛋壳上贴上剪纸、用布片进行印染，还可以用碎旧布头儿制作各种形式多样的布贴画，利用各种废旧材料制作灯笼，在新年进行猜灯谜赏灯会活动，等等。这样的活动可以让幼儿开启智慧，纷纷尝试对旧材料进行装饰。其实这也体现了我们当下正在提倡和倡导的廉洁教育进课堂，这些废旧物和我们的民间美术相很好地融合而在一起，材料搜集和运用能够让幼儿以现代眼光诠释新的民间美术，让我们的民间美术绽放光芒。

（三）创造环境、提高能力

环境是重要的教育资源，幼儿园应该为幼儿创造合适的环境，促进幼儿发展。我们鼓励幼儿和家长一起将搜集的民间艺术品带到幼儿园，幼儿和教师一起布置"民间艺术品欣赏角"，运用民间美术工艺品来装饰幼儿园环境、班级活动室环境和各区角环境，一方面锻炼幼儿的动手能力，另一方面培养幼儿感受美、欣赏美、创造美的能力，提高了幼儿的审美能力。

在布置新年环境时，我们通过搜集和制作一些关于春节的材料，如灯笼是孩子们一起用水墨进行绘画的，对联是孩子们自己写的、创编的；我们还会画年画张贴在我们班的门上，把剪纸作品张贴在了窗户上；孩子们还利用彩泥捏出了好看的杨柳青年画中的《年年有鱼》，等等。我们还引导幼儿利用红色、绿色、黄色等对比色做成装饰图案，利用染纸、剪纸、撕纸、泥工、中国结等作品来装饰环境，整个的布置都源于我们的民间美术，都源于孩子的动手操作，在这些活动中，孩子的动手能力、审美能力、创造性都得到了很好的发挥。

（四）利用契机、参与活动

我国有诸多传统节日，比如中秋节、端午节、春节等，这些民俗节日也是开展民间美术活动的良好契机。比如我们幼儿园举行了"迎新年"亲子游园会活动，让孩子们过一个难忘的节日，为了突出我园的特色，让孩子们大胆表现自己，让家长看到自己孩子的进步成长，我们邀请了多位民间艺人组织活动节目，并将各班幼儿美术作品做成展板。本次活动迎合了家长的需求，体现了孩子们的进步，受到了家长的一致好评。通过这次活动，家长和孩子更近距离地了解了民间艺术，孩子对传统文化的认知，也从课本上走到了生活里，孩子特别兴奋，对于每一个绝活都充满了好奇，激发了他们对传统艺术求知的欲望。家长和孩子一同体验了中华民族的传统技艺，欣赏了传统演出，培养了孩子的艺术兴趣和民族自豪感。

家长们也得以进一步近距离地感受传统文化，和孩子一起动手参与，增进亲子关系，寓教于乐、受益良多。对传统文化也有了更多了解，感受了中华民族传统文化的精深。舞狮、抖空竹不仅让家长和孩子共同体验到了节日的欢快，在互动的过程中更加深了亲子之间的感情。这些活动可以与幼儿生活融为一体，提高幼儿实践能力的同时营造过节的氛围。

三、民间美术与其他领域的融合

幼儿园的健康、语言、社会、科学、艺术等领域，都可以成为实施民间美术活动的平台。比如我们在幼儿体育教学中，融入中国民间体育游戏的元素，教师可以鼓励幼儿自己制作一些民间的体育玩具，如陀螺、风车、铁环等，孩子们在户外与这些自己制作的民间美术材料进行互动，一方面展现了民间美术的要素，还增强幼儿的成就感；另一方面锻炼了幼儿的身体，增强了体能。

我们结合小班幼儿的年龄特点、认知特点，巧妙利用室内、外门窗、墙面、走廊等空间位置，创设传统节日文化的教育环境。首先，布置"过春节了"主题墙饰，我们在活动室的墙面上，布置了一个大大的具有中国特色的前门楼子，两边的柱子上张贴着过年的春联，门上倒贴着一个"福"字，还有小朋友和爸爸妈妈一起买的中国结、各种各样灯笼及具有浓厚民族艺术气息的图画、装饰物等。其次，巧用艺术悬挂物装饰室内、外门窗、走廊等空间，张贴展示有代表性的、具有民族文化的美术作品，如孩子们带来的春联、窗花、挂件，孩子们自制的灯笼等，充分利用室内每一个空间，让幼儿感受民间艺术的美，让幼儿受到传统节日文化的熏陶。

兴趣是最好的老师，是幼儿学习的一种内驱力，选取民间美术内容必须符合幼儿的兴趣需要，实施民间美术活动对幼儿的促进作用有目共睹。我们应该不断探索、不断尝试，以一种"润物细无声"的方式给我们的民间美术插上翅膀，关键要抓住幼儿的兴趣点，实现寓教于乐，让幼儿在潜移默化中接受我国的传统艺术、感受传统艺术的魅力，提高能力、熏陶思想，为他们的长远发展奠定基础。

依托民间艺术内容开展班级主题活动的策略探究

刘 晴

我国优秀的传统民间艺术是劳动人民智慧的结晶，也是我国悠久历史的文化积累。民间艺术的生活性、审美性、实践性和综合性等特性决定了其独特的教育价值，开发利用民间艺术这一教育资源，不仅能促进幼儿的全面发展，也丰富了幼儿园课程的内容和途径。拿我国的民间艺术来讲，其具有丰富多样的形式，不仅可以给幼儿带来美的熏陶与享受，还可以有效地提升幼儿的知识水平以及幼儿的综合能力，使得他们可以自由地想象与创造，从中感受着我国民间艺术所具有的巨大魅力，进而为他们带来快乐与知识。

一、民间艺术活动促幼儿各领域全面发展

（一）培养幼儿感受民间艺术美和表现美的情趣和能力，培养幼儿的民族传统审美能力

民间艺术活动让幼儿体验到不同形式的美感，获得审美层面的愉悦，从视觉上、触觉上直接给予幼儿不同程度的审美刺激，促进幼儿审美能力的发展。而且，民间艺术具有鲜明的民族地方特色，其内容体现了传统民间文化和地方民俗文化的内容，有利于加深本民族文化对幼儿的渗透、增强幼儿民族意识。

（二）促进幼儿语言表达能力

民间艺术中的文学作品因其具有的浓厚生活气息和简洁朴素的语言魅力，能让幼儿得以形象化地接收语言信息，有助于发展幼儿的语言表达能力。

（三）锻炼了幼儿的思维能力和动手能力

民间美术体现了劳动人民的慧心巧工，人们用自己的智慧把一件件天然材料制作成艺术品。而民间美术在幼儿园美术活动中的开展，在很大程度上发展了幼儿的手指小肌肉群的灵活性。民间美术活动中孩子通过直接感知、亲身体验获得了对民间艺术的体验，进而增长了智慧、提高了动手能力。

（四）有助于幼儿养成良好的行为、学习习惯

民间美术活动因其材料多样，工具步骤繁多而让操作比较烦琐，这就需要良好的习惯。例如灯笼制作，活动中幼儿需要准备琉璃纸、剪刀、双面胶、胶枪等，位置摆放要合理便于取放。活动前，幼儿要根据自己的需要、按照活动规则取材料；活动中，他们要管理好自己的工具、材料，收拾好垃圾；结束时能主动整理桌面和地面，保持整洁，收拾好活动所用的工具和材料。而且剪刀、胶枪的使用需要孩子们具备安全意识、养成良好常规，才可以顺利地开展活动，只有养成良好的常规习惯才能让孩子们在活动中有所收获和发展。

二、民间艺术主题活动开展的途径与策略

（一）创设民间艺术特色环境，营造民间艺术教育氛围

环境是幼儿园隐性课程的一种，具有潜移默化的教育作用。从环境入手，创设了具有民间美术特色的活动室环境，是艺术教育实施的关键方式。兴趣不仅是幼儿最好的教师，同时也是幼儿获取知识的重要源泉。在幼儿对某件事物最感兴趣时，他们便会很用心地投入其中，这也是孩子增长知识最快的方式。为激发促使幼儿对于民间艺术的兴趣，需要进行民间艺术教育氛围的营造，因此在设计与规划了幼儿活动环境时，进行了艺术创作以及艺术欣赏的互动式环境创设。以大班民间美术主题活动"漂亮的灯笼"为例，在布置环境的过程中，将民间工艺灯笼这个元素巧妙地与房梁、墙面、楼道等空间位置结在一起，我们依据民间艺术教育的主要内容，在幼儿活动室内借助灯笼实物、灯笼剪纸等艺术作品对室内环境进行装饰，在楼道内悬挂与家长一同亲自制作的灯笼，而且提供了多种材料，使幼儿可以同环境以及材料之间进行充分互动，鼓励幼儿通过水墨、剪纸等表现出多种不同的艺术形式的灯笼。

同时，我们也将民间艺术内容设置在幼儿园的区角，而且给予了对应的材料，让幼儿自己动手去操作。例如幼儿能够在表演区依据民间艺术课程中的"灯笼的传说""孔明灯的来历"等故事情节进行童话剧的编排及表演。在美工区投放制作灯笼的材料和工具，幼儿可以亲自实践动手制作"宫灯"。幼儿十分喜爱这些形式的开展，学习兴趣也有了很大的提升。

（二）提供丰富的操作材料供幼儿实践探索

如果说宽松的精神环境是激发幼儿探索欲望的前提条件，那么丰富的操作材料就是支持幼儿实践探索的物质保障。幼儿与材料互动的过程中，不断地尝试、操作、实践，

动手动脑，解决问题。幼儿获取新的经验，丰富的物质材料可以促进幼儿活动顺利深入的开展。反之可能会阻碍幼儿发挥自己的创造力，影响活动的进展。提供丰富的操作材料支持幼儿实践探索为幼儿提供展示成果的机会，感受探究的快乐与成功的自信。

随着主题活动的不断深入，孩子们创编了有关灯笼的童话剧、制作了各式各样的灯笼作品，有了将自己的成果、作品展示的愿望。因此。结合幼儿的兴趣点，我们决定开展灯笼展示会活动。展示会活动是由幼儿现阶段的发展需要生成的，但蕴含着许多教育契机。教师要抓住教育契机引导幼儿从活动中获取最有价值的经验。例如在灯笼展示会活动过程中，由于教师对展示会活动的事先构想是从活动的发展脉络和幼儿的体验出发考虑的，因此教师只是对幼儿稍加引导，不仅轻而易举地取得了师幼间的共识，而且幼儿的高度参与也使活动内容更加充实了。

（三）抓住幼儿兴趣点，支持幼儿自发的探索活动

主题活动的开展，要以幼儿的兴趣为切入点。教师要善于观察幼儿，了解幼儿感兴趣的事物，并支持、保护幼儿的好奇心、求知欲。在主题活动中，幼儿的兴趣点可以生成幼儿感兴趣的活动。而有幼儿兴趣做支撑的活动，就不用教师刻意引导，幼儿就能全身心地投入活动中，积极动脑解决活动中遇到的问题，不断地发现新的经验，真正成为活动的主人。

1. 开展丰富多彩的民间美术游戏活动，鼓励幼儿自主探究

以民间艺术来讲，其所具有的巨大魅力及深厚内涵，使孩子不仅喜欢它们，并且对它们产生了浓厚的兴趣。我们把民间艺术与幼儿游戏活动紧密地结合在一起，促使其扮演重要角色。民间艺术教育在幼儿园的开展，培养了幼儿良好的个性，发挥了幼儿的创造性，促进其身心和谐发展。并且有利于培养幼儿的爱国之心与民族自豪感，传承中国优秀的传统文化。

在探究"四面宫灯"的过程中，幼儿根据对"四面宫灯"观察、探索所得的经验，尝试实践操作。幼儿在制作"四面宫灯"过程中碰到一系列的问题：如哪种连接材料最牢固、灯笼面褶皱怎么办、怎么让灯笼更漂亮、灯笼的彩穗儿挂在哪儿等，幼儿在发现问题、解决问题的过程中，不断地想办法、尝试探索。在保证安全的情况下，教师支持幼儿按自己的想法完成灯笼制作，或提供必要的条件，帮助幼儿实现自己的想法。在制作过程中发展幼儿的创造力、专注力、探索精神等良好学习品质。

2. 挖掘幼儿每个问题的价值，提供条件促幼儿深入探究

（1）为幼儿提供宽松的精神氛围，使幼儿乐于积极动脑，爱提问、喜欢解决问题，不断发现新的经验。

（2）基于幼儿的问题生成幼儿感兴趣的活动，教师为幼儿提供时间与机会，支持幼儿探索。

（3）为幼儿提供与同伴合作、共同学习、尝试探索的机会。教师要充分了解幼儿学习特点，大班幼儿的学习方式主要是合作化的共同学习，教师为幼儿创造与同伴共同学习、探究的机会。在相互学习、共同讨论、探索交流的过程中。幼儿不但提高了动手操作能力，交往、合作、解决问题的能力也在不断提高。

（四）充分挖掘家长资源，推动主题活动顺利开展

在我们进行民间美术主题活动的过程中，家长是重要的资源之一。例如："漂亮的灯笼"主题活动，我们邀请了家长与孩子一起来进行废旧物利用创意灯笼制作，他们所制作出的灯笼各式各样，废物利用得巧妙，而且每个家庭所制作的灯笼都非常有创意。在活动中，孩子们收获了更多的快乐以及对于民间艺术的喜爱。家长的支持使每一名幼儿都可以有准备地、有自信地参与到活动中来；孩子们的合作意识、竞争意识以及参与意识有所增强。亲子活动的举办，还极大地推动了家长们参加民间艺术活动的热情，家长为民间艺术教育的氛围所深深吸引，领悟到了民间艺术所具有的巨大魅力，从最初的幼儿园单方面的教育到家园共同配合，家长们的教育观念也有了很大的转变。

（五）主题活动与传统节日教育相结合，激发幼儿参与民间美术活动的兴趣

结合节日、季节、主题活动等，开展了一系列特色的相关活动。如新年制作灯笼、剪窗花活动等,让幼儿在节日的氛围里感受民间美术创作的魅力,体验民俗节日的氛围。

在主题活动开展过程中，幼儿在发现问题、解决问题的过程中，不断地想办法、尝试探索。教师在保证幼儿安全的情况下，支持幼儿按自己的想法主动尝试探索解决问题，或提供必要的条件，帮助幼儿实现自己的想法。过程中发挥了幼儿的创造性，发展了幼儿的专注力、探索精神、合作能力等良好的学习品质，也让幼儿潜移默化地了解和喜爱上中国的传统工艺灯笼，激发幼儿对传统文化的兴趣与热爱，从而促进了幼儿各领域的全面发展。

浅谈民间美术主题活动中促进幼儿情感发展的策略

——以小班"你好！年画！"主题活动为例

左梦瑶

民间美术是中国艺术的瑰宝，凝聚着中国人世世代代的智慧结晶。那什么是民间美术呢？民间美术是建立在农村劳动人民自身的精神追求之上的，是在劳动群众中广为流传的或者由劳动人民在实践中直接创造出来的艺术。[42] 而年画是一种文化记忆的媒介，是我国特有的一种绘画体裁。年画文化的框架里存储着国家和民族的集体记忆，折射着中国人强烈的文化与身份认同。时至今日，年画作为一种习俗，历经几千年，仍然在民间传播。[43] 在幼儿园开展民间美术主题活动除了是知识层面上的了解和探究，更是一种帮助幼儿提升各方面情感的过程。在开展年画的主题活动时，通过加深幼儿对年画的认识和喜爱以外，也会丰富幼儿各方面的情感，使主题活动的开展更加贴近幼儿，更符合幼儿的年龄特点。但是对于小班幼儿来说，如何能让他们在理解这种美术形式的同时又能促进其各种情感的发展呢？

一、关注幼儿在活动中的情绪情感变化

年画的种类多样、形式丰富，不同的年画所表达的寓意和情感也不尽相同，如何从众多的年画中挑选出适宜幼儿欣赏的且使他们感兴趣的呢？首先，教师需要从网上和相关的书籍中查找大量的资料，丰富自己对年画的认识和了解。其次，发动家长资源，在活动开展的初期与幼儿一同搜集年画，从而加深对它们的认识。

---

[42] 杨明辉. 美术教学中北方民族民间美术元素的运用研究 [J]. 赤峰学院学报（汉文哲学社会科学版），2017(08):156—158.

[43] 黄永春，孙玉洁. 中国年画的变迁与传播探析 [A]. 出版广角，2018(10):77-80.

最后，通过在班里展示年画，教师发现幼儿对"年画宝宝"格外感兴趣，尤其是它生动可爱的形象——大大的眼睛、红红的嘴巴、梳着两个小辫子，童子图像是作为祈福对象出现的，造型更加多样化、寓意吉祥、[44] 贴近小班幼儿的生活，看到它孩子会开心地说："老师，年画宝宝好可爱呀！""年画宝宝好像我啊！"当看到这些年画时，他们的注意力会被不自觉被吸引过来，会愿意主动去观察、触摸、探究它们，幼儿表现出的情感态度说明了选材是符合幼儿的喜好的，并且将他们积极的情感充分调动起来，因此在开展主题活动中要时刻关注幼儿情绪情感的变化，才能抓住关键的兴趣点。

二、创设积极的氛围促进幼儿情感的提升

中国民间传统美术彰显中华民族淳朴原生的审美理念，具有非常高的美学价值，幼儿美术教育活动的主要目标是培养幼儿具备良好审美意识的萌芽。[45] 年画是一种有着吉祥寓意的美术形式，如何让小班幼儿更容易理解年画当中所表达的情感呢？

（一）通过创设环境加深幼儿对年画的理解

通过创设年画环境拉近了与幼儿的距离，同时在环境中潜移默化地加深了幼儿对年画的认识，例如将大张的"年画宝宝"贴在易于幼儿观察到的地方，幼儿可以细致地观察到年画中的细节，看到年画宝宝亲切的笑容，小朋友自然会很开心，乐于去欣赏探究它；在娃娃家的厨房张贴灶王爷的图片，幼儿了解灶王爷能让我们有好吃的，从而理解他的吉祥与美好的寓意。这些年画材料的投放不仅帮助幼儿对年画中的色彩、形象有了一定的认识，并且通过适宜的张贴，帮助幼儿理解不同年画中所包含的美好情感，在潜移默化中帮助幼儿加深对年画的认识。

（二）提取年画中的元素，帮助幼儿理解年画中的情感

幼儿观察年画时幼儿会提出一些问题，例如为什么年画中有"鲤鱼""桃子"等，年画中的"娃娃"好可爱，他为什么脑袋上有小红点……通过谈话和提问等形式幼儿表现出对年画的好奇和喜爱，针对幼儿的兴趣将这些元素提取出来，通过开

---

[44] 黄永春，孙玉洁. 中国年画的变迁与传播探析 [A]. 出版广角,2018(10):77-80.
[45] 何晓莹. 中国民间美术传统形式在幼儿美术教育活动中的应用 [J],黑河教育（幼儿教育）,2018(09):16-17.

展多种形式的活动，帮助幼儿初步理解这些元素的含义，以及它们背后所表达的情感。为了配合年画是过年时愉快喜庆的点缀，是表达人们对美好生活的一种期望，因此在材料选择上要选取喜庆的音乐、红色的喜庆装饰物，以及有趣的故事等，创设开心、快乐的氛围，帮助幼儿通过蹦蹦跳跳的动作、鲜艳的色彩、好听的音乐初步理解年画中各元素的寓意，逐渐感受、理解年画所表达的积极情感。

三、在主题活动中通过多种形式促进幼儿多种情感

无论是在集体活动中还是在一日生活的各个环节，通过有效的活动组织可以帮助幼儿培养多方面的情感。在美工区幼儿通过亲手体验制作板画年画，在认识年画的基础上感受到制作成功带来的喜悦；在表演区幼儿跟随喜庆的音乐抱着年画中常见的大金鱼，穿着红肚兜用，好看的动作、表情表达自己对年画的喜爱；在户外体育活动"带年画宝宝回家"游戏中，幼儿通过钻拱形门将自己制作的年画宝宝送回家，体验到了克服困难完成任务所带来的成就感，等等。在年画作为载体的活动中幼儿感受到了不同的情感体验，既丰富了知识层面又提升了情感态度，因此民间美术的主题活动是帮助幼儿情感多方面发展的重要途径之一。

在开展年画的过程中幼儿的多种情感都得到了提升，包括对年画的喜爱之情，在活动中感受成功的自豪之情，初步理解年画是人们对生活的积极向上之情等。年画作为传统的民间美术不同年龄都可以作为主题活动开展，并且都会获得相应的知识技能，但相对于中大班幼儿，小班的孩子无法用语言来详尽地表达自己的内心，因此教师就需要运用多种策略和方法帮助幼儿从具体的活动中促进其情感的提升。主题活动的开展不仅是一个知识点的了解探究过程，更是获得并丰富情感的历程，这样才能帮助幼儿更加全面地成长。

幼儿园民间美术教育中环境创设的问题与解决

付　珊

一、幼儿园民间美术教育环境创设存在的问题

（一）颠倒了环境创设中的主客体关系

由于对环境的真正教育价值存在片面、模糊的认识，在教育环境创设和利用方面容易陷入误区：教师往往根据自己教育教学的方便考虑，全凭自己的主观评价好看与否，很少倾听孩子们的想法和意见，较少顾及孩子们的感受；过分追求精雕细琢，把环境布置变成教师展示美术技能的舞台，忽视幼儿的审美特点；盲目模仿，生搬硬套，很少考虑是否符合本园、本班级的实际情况，严重的甚至忽视孩子的生理健康。虽然在目前的环境创设活动中，教师包揽所有工作的现象已经少见，或多或少都会让幼儿参与其中。但是，为了参加而参加以及随意性地让幼儿参与的情况却非常普遍。这与教师并未能认清和深刻理解幼儿的主体性有关，忽视了幼儿参与，便是等同于忽视幼儿作为主人翁的意识。教师主导的环境创设，没有充分把环境创设和幼儿的学习联系起来，没有充分认识到环境创设在促进幼儿发展上的巨大潜力，最后完成的也仅是成人化的教育环境，而不是幼儿园课程的有机组成部分。

（二）环境创设的内容缺乏教育性

虽然大多数的幼儿教师能从理论上认识到环境创设的重要意义，但在具体操作时则较多从材料本身的色彩、质量、结构、布局等方面去考虑，实际上这是下意识地突出了环境创设的装饰功能，而重要的教育功能则退居次席。正因为教师过于注重教育环境的装饰功能，在民间美术内容的选取上也会偏向以视觉刺激为主，平面创作为主，使幼儿更多的是在"看"，缺乏可动员幼儿多种感官参与的、可操作的、可与幼儿互动的内容和形式。幼儿无法与环境产生有益的互动，从而未能实现环境所应具备的教育功能。

（三）主题活动环境创设的内容与课程割裂

环境是课程设计与实施的要素。幼儿的认知、情感和社会性的发展始终来自和环境的相互作用，且幼儿与环境相处的方式也直接影响教育的质量。我发现，现在很多幼儿园都没有认清环境与课程之间的内在关系。通过问卷调查发现，很多教师认为环境的创设最关键的是考虑材料是否充足，摆放是否科学、美观，所在的场地是否够大等，她们很少去关心所开展的活动是否和课程相关联。这在一定程度上割裂了环境与课程的关系，没有把课程设计的整体观念具体实施到所开设的活动中，造成了环境创设没有新意、一成不变或盲目地投放材料，这都直接影响了教育的质量。

二、民间美术教育环境创设的改进措施

《纲要》中提到"幼儿园应为幼儿提供健康、丰富的生活和活动环境，满足他们多方面发展的需要，使他们在快乐的童年生活中获得有益于身心发展的经验"，阐释了幼儿园的教育环境的内涵，即幼儿园为幼儿提供可接触的环境都要是健康、丰富、满足幼儿个性化需求的，能让幼儿在与环境的互动中得到发展。围绕民间美术这一主题，用自己的语言、作品、搜集的材料、布置的过程、合作的体验等多种方式来表达自己对生活的感受和想法。

（一）科学利用环境空间

（1）首先，努力创设富有民间艺术气息的班级整体环境。创设活动室内的环境，既要注意幼儿的年龄特点，又要考虑适时更新以及平面与立体的结合，做到动静得当、整齐有序、因地制宜。盥洗室也能加以利用，通过幼儿的"无意注意"，让幼儿在自然轻松的环境创设中获得知识、发展能力。

（2）室内环境的创设重点在于墙面布置和区域环境布置，墙面环境对幼儿园特色课程和幼儿活动情况具有展示功能，将具有民间特色的装饰通过图片、文字、作品等多种形式展现在社会公众、家长和教师面前。如我们将幼儿搜集到的有关灯笼的图书和幼儿自制灯笼图书投放在阅读区；在美工区悬挂幼儿的灯笼作品作为装饰；表演区结合童话剧，投放不同种类的红灯笼，为幼儿提供自主选择表演的机会；在益智区里我们与幼儿共同自制了有关灯笼的玩教具，这些环境都在潜移默化地影响着幼儿，不断激发幼儿对灯笼的探索欲望。

（3）还可以创设蕴含民间艺术气息的区域活动环境，营造能激发幼儿主动参与的教育环境，如在美工区、益智区、表演区等区域装饰民间美术作品和呈现特色鲜明的民间美术材料，可以帮助幼儿自主学习和游戏的方式获取知识经验。在本学期我们开展的"漂亮的灯笼"民间美术主题活动中，我们将制作灯笼所需的材料投放在美工区，鼓励幼儿自主探索。并将幼儿制作的成品灯笼投放在表演区，实现区域与主题环境相结合。

（4）楼道的公共环境也可以加以利用。随着幼儿不断地制作成品灯笼，我们将楼道走廊也利用起来，专门拉了一根挂绳，为幼儿提供展示自己灯笼的地方，也成为了园内一道美丽的风景线。一方面既形象地展示了班级的特色风貌；另一方面幼儿参与环境布置的积极性也能得到提高，使得整个环境布置丰富幼儿的感知觉，进一步激发幼儿对民族文化的认同感。

（二）以幼儿为本，让幼儿参与到环境创设中

想让幼儿成为环境的主人，在环境创设过程中，充分听取和尊重每一个幼儿的意见，让幼儿拥有更多的选择权和表现的机会，将幼儿的创意变成切实可行的方案。待到具体操作时，给予在幼儿力所能及范围内劳动的机会，简单的动手操作工作，又或者是将在教学活动中幼儿完成的民间美术作品应用到环境中去，使之成为环境布置的一部分。面对亲自参与完成的环境，幼儿会有不一样的情感体验。尽可能地做到让幼儿自主思考、自主探索，创设真正属于他们的环境，使他们全身心投入环境创设与利用中来。

（三）让环境创设兼具教育功能与审美功能

（1）物质环境布置最直观的感受是来自视觉，突出的艺术价值和审美功能也体现于此。为保证幼儿在丰富感官刺激的环境中培养感受美、体验美的能力和创造美、表现美的情趣，在实际操作中可以注重形式和色彩的结合。创造具有强烈视觉冲击的民间美术教育环境，展现独特的民族艺术魅力。

（2）教育环境不应只停留在表层，而是能推动幼儿向更深层次发展。幼儿对事物的思考和探究是由问题所引发的，这些问题的产生都在幼儿与环境的交互作用中形成的，它需要通过环境的支持和帮助以寻求准确的答案。幼儿并不是消极被动地接受外界环境的影响，他们经常按照自己的需要、兴趣、知识经验、能力水平和意愿对客观世界做出主观选择，并主动地与这些环境进行互动。因此，民

间美术活动的教育环境应具有丰富信息量和启发性，所提供的信息刺激无论是形式上还是内容上，不仅能引起幼儿观察，还能诱发幼儿利用这些信息进行有益的思考和探索。让环境发挥它们在幼儿学习、探究中的教育价值，它便成为幼儿进步和发展的"催化剂"。

（3）创设互动式环境，使之具有教育性

教师竭力创造机会，要在幼儿园的每一个角落都为幼儿提供充分的探索机会，便利幼儿的观察、交流及沟通。在开展主题活动时，环境的作用更为重要。环境应该更多地体现互动性，让幼儿与材料互动、与老师互动、与同伴互动，这样的环境才是"活环境"，才能更好地发挥教育作用。教师在把静态的环境变为动态的同时，也要注意幼儿的适应程度和思想变化，要不断提供适合的材料，保持对幼儿的持续吸引力和关注力，让幼儿对新的主题活动产生兴趣并积极互动，从新的环境中吸收新的知识和经验，促进幼儿的身心发展。教师根据幼儿的需要及兴趣，不断地调整教学的计划和任务，加强师生的互动，动态地构建幼儿的感官和认知世界的过程。

（4）创设与家长双向的、互动的开放式环境

在我们开展的"漂亮的灯笼"民间美术主题活动中，我们充分利用家长资源，鼓励家长与幼儿一起搜集有关灯笼的资料，开展亲子手工灯笼制作活动。我们认识到只有让家长参与到环境创设富有创意的活动中去，才能让家长认识到环境对幼儿发展的意义，成为环境教育的支持者、理解者、欣赏者、响应者、参与者、创造者。

三、结论

环境是重要的教育资源，就像是一位不会说话的老师。在开展民间美术主题活动中，幼儿园的班级环境创设作为一种"隐性课程"，在开发幼儿智力、促进幼儿个性发展等方面具有不可低估的教育作用。围绕民间美术活动的主题，幼儿可以用他们自己的语言、作品、搜集的资料、布置的过程、合作的体验等来表达自己的生活感受和想法。环境创设为幼儿进行交流与合作搭建了良好平台，提高了幼儿感受美和表现美的能力。通过民间美术活动的环境教育也激发了幼儿的国民认同感，让幼儿感受作为中国人的自豪感。

经典民间美术活动的评价环节指导策略

王景娟

中国民间美术是炎黄子孙创造的具有独特魅力的艺术形式，是中华民族传统文化中的一支瑰丽奇葩。经过历史的积淀，我国的民间美术根深叶茂，年画、剪纸、织绣、泥塑、风筝、脸谱，它们为幼儿美术欣赏活动提供了取之不竭的材料。通过民间美术欣赏活动，幼儿能开阔视野、丰富审美体验、提高鉴赏能力和审美情趣，更能了解自己的民族，产生民族自豪感。我国的民间美术非常独特，多用象征手法反映劳动人民的生活习俗和愿望，表现形式质朴、率直、不拘一格、想象大胆，审美价值蕴涵于装饰性和实用性中。它与中国人文美术、西方美术有着明显的差异。

对幼儿的美术作品进行评价必须在了解幼儿的能力水平、心理特征、生活经验的基础上进行，让美术评价真正起到促进幼儿发展的作用。《3～6岁儿童学习与发展指南》中明确指出："幼儿对事物的感受和理解不同于成人，他们表达自己认识和情感的方式也有别于成人。幼儿独特的笔触、动作和语言往往蕴含着丰富的想象和情感，成人应对幼儿的艺术表现给予充分的理解和尊重，不能用自己的审美标准去评判幼儿，更不能为追求结果的'完美'而对幼儿进行千篇一律的训练，以免扼杀其想象与创造的萌芽。"这对我们开展美术活动的评价启发颇深。

一、以赞赏鼓励为原则

成人应对幼儿的艺术表现给予充分的理解和尊重。在评价分享的过程中，教师要以赞赏鼓励为主，多发现孩子的闪光点。每个孩子都是毕加索，其实，在每个孩子的眼里，自己的作品都是成功的，我们唯有把赞赏的感觉传达给幼儿，幼儿才能更自信、更积极。教师要充分地表达自己对幼儿创作的赞赏和理解，紧紧扣住幼儿的兴趣和情感体验，使分享交流产生真正的共鸣，也更有趣有效。教师还要不失时机地抓住幼儿的兴趣和体验提出问题，"穿针引线"地引导幼儿之间进行交流互动，并适时地进行"画龙点睛"的归纳提升，使分享交流"锦上添花"。

二、让评价贯穿在活动中

欣赏和回应幼儿的哼哼唱唱、模仿表演等自发的艺术活动，赞赏他们独特的表现方式。幼儿的记忆以短时记忆为主，因此，对幼儿美术作品进行及时、有针对性的评价必不可少。当孩子在创作过程中有出彩的地方，教师的评价可以进一步增强孩子的自信，同时也开阔其他幼儿的思维。在幼儿自主表达创作过程中，不做过多干预、不把自己的意愿强加给幼儿，在幼儿需要时再给予具体的帮助。当孩子在创作过程中遭遇困难、陷入瓶颈无法突破时，教师就需要及时助推幼儿一把。老师及时的点拨可以让孩子"柳暗花明又一村"，也能够及时解决孩子们共性的问题。不过，这时的评价要掌握好个别评价或是集体评价的度，否则容易产生"毛毛虫效应"，导致其他孩子的盲从。

三、注重幼儿的自主评价

营造安全的心理氛围，让幼儿敢于并乐于表达表现。幼儿是教育活动的积极参与者而非被动接受者，活动内容必须与幼儿兴趣、需要及接受能力相吻合。活动的真正主人是幼儿。幼儿是一个个独立的、发展中的人，有着独特的思维方式和观察的眼光，他们对自己的作品是最有发言权的。教师应充分尊重幼儿自主表达的愿望，把评价作品的主动权交给孩子，引导幼儿大胆表达、参与评价，以达到互相学习、共同分享的目的。

孩子们共处在一个集体中，相互之间更加了解彼此的兴趣、爱好，更容易进行情感沟通，更能读懂同伴美术作品的内涵。因此，同伴是值得挖掘的教育资源。在美术评价中，我们可以充分调动孩子对同伴的作品进行评价的积极性，让同伴之间互相学习、取长补短。

家园共育，推动民间主题活动的有效开展

高　涵

《幼儿园教育指导纲要（试行）》指出幼儿园教育必须与家庭教育互相支持，互相配合，并明确提出："家庭是幼儿园重要的合作伙伴。应本着尊重、平等、合作的原则，争取家长的理解、支持和主动参与，并积极支持、帮助家长提高教育能力。"要向家长宣传科学保育、教育幼儿的知识，家长和教师共同担负教育幼儿的任务。家长工作是幼儿园工作的重要组成部分，是幼儿园完成教育任务，提高教育质量，不容忽视的一项重要工作。

实现家园共育、协同教育、促进幼儿健康成长，是家长工作的出发点和归宿，以往的幼儿园家长工作形式很多，一般都通过家访、家长会、接送孩子时的短暂交谈、家园联系、家长学校等，向家长通报幼儿园的工作计划、要求，宣传科学保育和教育幼儿的知识、经验，使家长对幼儿园的工作性质、日常生活及幼儿在园的表现有一个大概的了解，但却没有真正发挥其应有的作用。

幼儿是存在个体差异的，他们来自不同的家庭环境，而教师面对的又是具有不同文化层次的家长。让每一个家长了解幼儿园，参与幼儿园的工作和让幼儿园发现家长的需求，从而进行指导，促进每一个幼儿身心发展，已经成为幼儿园开展家长工作的两个重要方面。因此，只有灵活运用多种形式，有针对性地采取有效方法开展家长工作，才能使家园双方形成教育合力，更好地发挥教育作用，促进幼儿成长。

根据本班幼儿的年龄特点及兴趣，本学期我们进行了民间美术主题的活动，通过与幼儿谈话，我们最后一起选择了剪纸的民间主题活动。剪纸活动是我国民间手工艺活动，是人民喜闻乐见的民间艺术，在民间广为流传乃至经久不衰，自有它独特的艺术魅力。由于它制作简单方便，易于锻炼幼儿的动手能力、开发智力。

苏联著名教育家霍姆林斯基曾说过："儿童的智慧在他的手指尖上。"我国著名儿童教育家陈鹤琴先生也说："小孩子应有剪纸的机会。"他认为剪纸可以使幼

儿平心静气，专心致志地做一件事；还可以使他们锻炼出灵巧的小手，而手巧一般则意味着心灵，因为手部肌肉群的训练有利于大脑的开发。通过剪纸的主题活动我们开展了一系列活动，在活动中，家长们的积极配合让我感触颇多，总结为以下几点。

一、从细节入手，取得家长的信任，是开展家长工作的关键

取得家长对幼儿园、对教师的信任，是做好家长工作重要的一环，只有信任，才能有理解；只有理解，才会有配合。因此，要做好家长工作，要从细节入手。

（一）剪纸是最能体现中国传统民间艺术的一种艺术种类

2005 年，剪纸被联合国教科文组织列为世界非物质文化遗产。但对现在的孩子来说却非常陌生。因此，教师首先就要给孩子创设一个良好的剪纸环境，让幼儿欣赏一些剪纸艺术名家如陆功勋等人的剪纸作品，感受浓郁的民族气息与氛围、感受剪纸艺术的魅力。利用家长资源，引导家长和幼儿共同进行剪纸作品的欣赏。家长们也利用休息时间带幼儿到剪纸作品展进行欣赏熏陶。渐渐地，幼儿和家长们便对剪纸产生了浓厚的兴趣。比如：在新年布置班级环境过程中，家长们主动在家里制作剪纸"拉花"为班级环境增添色彩；有的家长将幼儿在家教给自己的剪纸"雪花"发到班级微信群中进行欣赏；幼儿利用假期在家中剪了很多的剪纸作品，贴了满满的一墙，家长也感到非常惊喜！

家长非常赞成此次活动的开展，不仅可以增强幼儿的动手能力，还能增强幼儿的民族认同感。

（二）努力使剪纸活动获得家长的信任与支持，共同促进幼儿剪纸能力的进步

要想幼儿的剪纸能力得到锻炼提升，帮助家长认识到幼儿使用剪刀的好处及如何正确知道幼儿使用剪刀是至关重要的，只有家长认同了，才能好好地配合老师，为孩子创造良好的家庭剪纸氛围，在家中提供更多的练习机会。

我们班的函函小朋友是一个很内向的小女孩，平时不会主动去和老师交流自己的想法。有一天晚上，孩子的妈妈给我发微信说："高老师，孩子回家跟我说，您今天在班里剪了很多拉花，特别厉害！非让我也剪一些拉花，带到班里去。"于是，第二天，函函特别开心地拿着妈妈制作的剪纸拉花来到幼儿园。我们一起用孩子带来的拉花布置了班级环境。

函函的例子说明了要取得家长的信任与支持，孩子的一言一行都会表现出来，并让家长看到、感受到，从而对老师的工作产生信任，这时候他们就会主动地配合老师的工作。

二、"家园互动"，提高家园共育的有效性

家长、幼儿、教师是整个幼儿园教育中的三个支点，我们让家长、幼儿共同参与当前幼儿园教育，这是我们所追求家园共育的新举措。

教师有效利用家长资源进行"家长助教"调动家长参与的活动积极性、挖掘教育资源。比如：我们请到了一位心灵手巧的孩子妈妈，孩子的妈妈对主题活动的开展非常配合，不仅教给了孩子们新颖的"连剪好朋友"的方法，还带领孩子们跳了一个放松的"椅子舞"，在活动最后还为每位小朋友准备了小礼物。要明白做好家园共育工作的重要性。《纲要》指出幼儿园教育必须与家庭教育互相支持，互相配合，并明确提出："家庭是幼儿园重要的合作伙伴。应本着尊重、平等、合作的原则，争取家长的理解、支持和主动参与，并积极支持、帮助家长提高教育能力。"

中国传统节日幼儿大多是在家庭中度过的，因此，要发挥我国传统节日的教育价值，必须家园合作，共同从孩子对生活的感受和体验入手，互相沟通，才能使节日教育产生良好的教育效果。我班开展春节主题活动时，我们把主题活动的预设内容陈列在家长联系栏，并通过微信和每位家长联系，让家长们了解主题活动的教育价值，和孩子共同搜集关于春节的各方面的信息和资料。春节前夕，家长带孩子共同观察身边环境的变化；带孩子在走亲访友时，引导孩子观察节日里人们是怎样布置家里环境的；带孩子逛庙会；等等。回幼儿园后，教师组织幼儿开展关于春节主题的谈话活动，从交谈中了解到孩子们大多对节日环境中的贴春联、窗花、福字、挂件和挂灯笼印象比较深刻，对街上的节日小吃、游艺项目、民俗工艺品和各种玩具比较感兴趣，了解到孩子的关注点及已有知识经验，我们帮孩子将零散的经验归纳梳理后，有重点地引导孩子欣赏节日中的窗花、挂件等剪纸作品，激发孩子对剪窗花的兴趣。

家园共育是现代教育的必然，也是家庭教育健康发展的客观要求，为了共同的目标，我们必须"心往一处想，劲往一处使"，当然，这也需要我们全社会的参与和支持。在探索家园共育新举措的过程中，不仅更新了家长的育儿观念、提高了他们科学育儿的知识与技能，还促进了孩子的各种能力的发展。

浅析如何培养小班幼儿对泥塑活动的兴趣

魏然然

泥塑活动是幼儿非常喜欢的一种传统美术活动，不仅能感受中国的民间艺术之美，还可以锻炼幼儿手部肌肉发展，增强幼儿的观察力、想象力、创造力及审美能力，促进幼儿身心健康全面发展。

一、有趣的泥塑欣赏活动，培养幼儿活动兴趣。

爱因斯坦说："兴趣是最好的老师。"幼儿感兴趣时注意力集中，感知力最强，掌握知识技能最快。兴趣是幼儿认识一切事物的前提。而小班幼儿正是以看、闻、触、摸等形式进行认知和学习的，所以在开展相关的泥塑欣赏活动时，教师准备了贴近幼儿生活经验、颜色鲜艳、形象可爱的泥塑作品。例如：在十二生肖泥塑欣赏活动中，教师选择小巧可爱的动物形象，孩子们都喜欢摸一摸、看一看，当看到自己的属相后（小马、小羊）都兴奋地说："这是我的。"而在欣赏的过程中，孩子们也发现，泥塑作品的颜色有红色、绿色、粉色、金色等，最多的是红色和绿色，当问到"为什么红色和绿色最多"时，孩子们会说："过年了，所以红色的多。结婚的时候也有红色，红色是太阳的颜色很温暖……"激发起幼儿主动尝试的欲望。

二、创设温馨舒适的环境，培养幼儿对泥塑活动的兴趣。

陈鹤琴先生曾经说过："怎样的环境就能得到怎样的刺激，得到怎样的印象。"为了激发幼儿的兴趣，我们在班上的各个角落里陈列了各种各样的泥塑欣赏作品，如小泥人、泥娃娃、泥塑十二生肖、泥塑兔儿爷等。有传统名家的作品，也有家长和小朋友一起制作的作品。轻松愉悦又充满美感的环境，激发了幼儿对泥塑作品的探索和兴趣，同时也丰富了幼儿对泥塑作品的认知和情感。

陈老先生说："游戏的直接用途虽只是寻求快乐，而间接的用处则更大。"在泥塑活动中以游戏形式向幼儿渗透感兴趣的泥塑技能。在游戏中，我们将关于泥塑的主题融于幼儿的一日生活中。在区域活动中，我们自制的"泥娃娃找朋友"，使得幼儿在观察和游戏中根据泥娃娃的外部特征、颜色、大小等形式进行分类，还制作了中国梦娃找影子的自制玩教具，通过摆弄找到外形一样的，简单了解中国梦娃不同姿势的寓意，鼓励幼儿做一名诚实有礼的好孩子。美工区中，我们投放了各式各样的泥娃娃，鼓励幼儿运用自己喜欢的美术形式，大胆表现自己喜欢的泥娃娃。通过与幼儿一同游戏或自己游戏或同伴游戏，每次都能看到孩子们心满意足的笑脸。这让我深深感到：教师游戏创造的重要性、幼儿游戏过程中体验的重要性。

三、家园配合共同开展泥塑活动，培养幼儿对泥塑活动的兴趣。

幼儿的教育不仅是幼儿园的教育，家庭、社会也是幼儿教育的重要环境。首先，教师应细致介绍班级为什么要开展泥塑的主题活动，将泥塑的价值和幼儿的发展传递给家长。鼓励家长利用周末的时间带领幼儿到美术馆、艺术馆、泥塑馆进行欣赏和观察，提高幼儿的观察能力和兴趣性，通过网络形式进行分享和交流，提高幼儿的社会适应性及语言表达能力。结合主题我们开展的"吉祥泥娃娃"的制作活动，在欣赏过程中，了解不同泥娃娃的吉祥寓意，并鼓励家庭制作或创作吉祥泥娃娃，在此次活动中，收获意想不到的效果。家长和幼儿相互帮助，共同完成作品。不仅锻炼了幼儿大臂动作还锻炼了幼儿的手部小肌肉能力及手眼协调能力，通过亲子制作活动，不仅促进了亲子感情，还促进了家园共同教育友好桥梁的搭建。

四、开展玩泥游戏，体验泥塑的乐趣

（一）摔泥大作战，了解泥的特性，在随意摔泥的活动中感受泥的各种形态和造型

（二）自由创作中，幼儿能够自主学习团、压、搓、按等技能，并且还能提升幼儿思考能力和解决问题的能力

（三）（三）提供幼儿喜欢的、常见的泥塑作品图片，幼儿可以根据自己喜欢的图片模仿其动作或创编泥娃娃的动作，提高幼儿的观察能力和创造力

泥塑是中国的传统艺术，欣赏优秀的泥塑作品可以提高幼儿的审美能力，感受艺术的博大精深，激发幼儿创造的欲望。而泥塑活动则给予幼儿足够的想象空间，为幼儿提供创造的平台，培养其和谐的美感、对泥塑的兴趣、欣赏能力，陶冶其情操，发展其想象力、创造力和动手能力。更重要的是通过实践，将自己的想象力、创造力得到了个性化的发挥，从而促进幼儿素质的全面发展。

民间泥塑活动中的师幼共同发展

高　杨

泥塑是中国的传统艺术，通过欣赏、游艺、合作等方法提升幼儿对泥塑活动的兴趣，既发扬了传统民间艺术，又增强了幼儿的各项发展能力。如动手操作能力、观察能力、感知能力、合作能力、创新能力、思维能力等，在游戏化的泥塑活动中，提升幼儿国民认同感。

我发现幼儿非常喜欢民间泥塑活动，想想 20 年前的我们，也是玩泥巴长大的，那时候没有这么多的材料，也没有这么舒适的环境。而如今，我们为幼儿提供各式各样的泥塑材料，幼儿可以尽情地用搓、揉、捏、摔、压等各种方法来改变手中黄泥的形状，还能根据自己的想法来塑造各式各样物体的形象。一是幼儿产生了兴趣与好奇，二是满足了幼儿的感知操作。通过观察，我认为泥塑是深受幼儿喜爱的。因为喜爱才愿意去接触，因为喜爱才愿意去创新，因为喜爱我们才共同得到了发展。

一、有趣的民间泥塑活动培养幼儿各项能力发展

民间泥塑活动不仅展示了班中幼儿的实际发展水平、兴趣愿望，而且还发展了幼儿的观察能力、想象能力以及创造力，增强了幼儿的自信。在活动中我们引导幼儿感知泥的特性，进一步学习泥工技能和各种泥工工具材料的使用。我们尊重幼儿的个体差异，为幼儿提供不同层次的指导，鼓励他们去尝试连接、抻拉等技能，感知泥的可塑性，于是各种姿态的人物、动物、植物展现在我们的眼前，

幼儿在制作、欣赏中感受了成功、增强了自信。泥工动画制作活动中，幼儿将自己想象、塑造的形象创编成故事，同伴间相互配合进行动画拍摄。所以，泥工动画拍摄不但使幼儿积极主动参与了民间泥塑活动，极大地激发了幼儿的活动兴趣和探索愿望，而且还发展了幼儿的合作能力和动画制作能力。

创新能力、创造能力、语言表达能力、审美能力、文化素养等都是 21 世纪对教师素质、素养、教育等方面的要求，因此，我认为要认真引领《纲要》精神，在教育教学活动中应把培养幼儿能力作为重要的目标。

（一）有趣的民间泥塑活动有利于发展幼儿的观察能力、想象能力以及创造力

每次民间泥塑活动中，我都会引导幼儿塑造出某个物体的形象。首先，我们要引导幼儿对将要塑造的形象进行观察，指导幼儿正确的观察方法，从整体到局部，从形状大小到色彩变化等，通过正确方法去观察，使幼儿获得清晰的物体视觉形象，然后再通过记忆、想象使其变成技能与现实。例如：中班民间泥塑活动"漂亮的杯子"，在活动欣赏环节，教师通过出示杯子图片，引导幼儿有序观察杯子的外形特点，从上到下杯口是什么形状的、杯身是什么样子的、有什么花纹、杯底又是什么形状的等，从里到外观察感知杯子的中空特点，幼儿通过有序的观察后，在操作中也能根据观察的顺序，有目的地进行塑形，同时感知杯子主要的装水功能，所以幼儿在操作中能够充分抓住杯子的外形特点，大胆进行塑形。同时为支持幼儿在艺术活动中的个性表达，在活动前教师请每名幼儿带来了他们最喜欢的杯子，在幼儿创作中，可以根据自己喜欢的杯子实物进行创作。这大大激发了幼儿的创作兴趣，同时教师在前期有目的地引导幼儿有序欣赏杯子，支持了幼儿后期的大胆操作与表达，最后呈现的作品既凸显杯子的主要特点又具有幼儿个性表达的内容。

所以我认为开展有趣的民间泥塑活动能使幼儿学会观察，在发展了幼儿观察能力的同时也发展了幼儿的想象能力以及创造能力。

（二）有趣的民间泥塑活动有利于发展幼儿的语言表达能力

首先，活动中教师对幼儿的引导与帮助，要渗透语速与语感，体现语言美；其次，活动中同伴间的交流，促进了幼儿的语言表达；最后，在分享活环节中，教师制作展示台、展示板，请幼儿将自己的作品摆在上面进行展示并分享讲解自己作品，这个过程也发展了幼儿的语言表达能力。

（三）有趣的民间泥塑活动能够为幼儿提供伙伴间的合作机会，培养幼儿交往、团结的能力

开展泥塑活动，有利于发展幼儿的交往能力。于是，在活动中教师采用了新的形式，分小组进行塑形方式，开展竞赛性的泥塑活动，促进幼儿合作能力的发展。例如：在开展"小蝌蚪找妈妈"泥塑活动中，根据故事的角色与场景，幼儿自由进行分组，有在创作小蝌蚪与青蛙妈妈的小组、有在创作故事场景的小组、有在创作其他动物角色的小组（乌龟、鱼、鸭子等），创作中小组内的幼儿通过交流协商能够明确塑形的内容，同时在塑形中幼儿愿意结合自己塑形的内容与同伴进行交流，最后将小组的作品放置于泥塑动画区供幼儿在动画区讲述故事与拍摄动画，在拍摄泥塑动画过程中，既促进了幼儿的交往、合作能力，又提升了幼儿动手操作、语言表达能力，而且使幼儿对民间泥塑活动有了延伸性的认识。

（四）有趣的民间泥塑活动，在欣赏他人作品以及名家名作的过程中，提高了幼儿审美能力

欣赏环节，我们充分选择活动素材，有中外名作欣赏和经典美术作品欣赏。通过这些名家经典作品的欣赏，对幼儿进行审美教育、造塑技能知识和创新教育。例如：欣赏泥塑名家张振福的人物作品，张振福的作品多以人物肖像为创作题材，作品采用大胆夸张且富有情理的艺术形式，把人物表现得形象逼真、惟妙惟肖，给予人们极强的视觉冲击力。教师能够抓住作品夸张的表情与形态，通过体验人物动作、模仿人物表情，让幼儿在欣赏过程中，充分感知，在尝试临摹，通过一次一次的名家欣赏，使幼儿的审美欣赏水平不断丰富与提升。

通过民间泥塑活动的实践证明，幼儿园的民间泥塑活动极其重要，作为幼儿教师切不可放弃用民间泥塑活动来培养幼儿各种能力的机会，要积极地为幼儿创造更多的玩泥的机会，让他们在玩中学，在学中玩，为幼儿终身学习打下坚实的基础。

二、有趣的民间泥塑活动促教师各项能力的提升

（一）民间泥塑活动提升教师的观察反思能力

观察能力与反思能力是相辅相成的，民间泥塑活动幼儿操作时间长于教师引导时间，所以在这个时间教师不能敷衍了事，而是注意观察幼儿，只有这时才能观察到每名幼儿不同的表达表现方式，才能观察到幼儿个体间的差异。在操作过

程中去观察幼儿是最有趣的，因为从幼儿的操作过程可以看出他的想法、性格等，所以在民间泥塑活动中，提高了教师对幼儿活动的观察能力。例如：在一次"海底世界——我喜欢的鱼"泥塑活动中，幼儿通过前期充分的欣赏，都投入操作中，但其中有一名幼儿就是一动不动地坐在自己位置上，教师关注到了幼儿的行为后，选择介入与幼儿进行交流，在交流的过程中发现，幼儿对白海豚特别感兴趣，但忘记了它的嘴巴是什么样子。针对幼儿的需要，教师将课件进行循环播放，帮助幼儿回忆自己的喜欢的动物的外形特点，此后幼儿积极投入操作活动中。

同时，每次活动后教师能够针对活动的优势与不足进行活动反思，提升了教师主动学习、主动思考的意识，同时通过查找资料、分析原因，提升了教师的反思能力。例如：在一次"我喜欢的房子"泥塑活动中，教师发现幼儿的作品多以楼房作品为主，大多数的形体都是长方形，并且采用泥工工具做减法（将泥挖出）的方法进行塑形。针对这些作品教师进行反思，首先幼儿生活的周边多以楼房为主，对于楼房的认知经验比较丰富，但对特色建筑幼儿接触得很少，同时教师在欣赏环节只是初步地让幼儿感知身边还有造型不同的建筑，但在幼儿创造中，还是会调动自己的已有经验，出现了此种现象。教师充分运用家长资源，请家长利用周末时间带领幼儿寻找北京的造型不同的建筑，如四合院、鼓楼等，丰富幼儿的认知，同时促进了亲子之间的情感交流，在后续开展的活动中，幼儿呈现的作品形态非常多样，同时能够把握建筑的主要外形特征。

（二）民间泥塑活动提升教师备课能力

通过组织民间泥塑活动，提升了教师的备课能力，在活动初期，教师处于进行活动准备，注重活动的内容的状态，但对于幼儿的已有经验、前期的活动经验、幼儿的现有发展水平，教师往往会忽略。所以出现活动中，幼儿觉得难，不能达成预期活动目标，或者内容制定得低于幼儿的发展的状况。在一次次泥塑活动中，教师逐渐转变观念，注重观察幼儿、分析幼儿，同时意识到活动源于幼儿，将幼儿的发展与活动内容相结合，这大大促进了活动的效果，同时教师进一步基于幼儿的兴趣、幼儿的发展、幼儿的需要进行活动设计。

通过开展民间泥塑活动，教师提升了教育能力，幼儿能在活动中获得有益发展。

剪纸活动在幼儿园有效开展的策略研究

郝江山

摘要：剪纸是我国传统的民间艺术，中国的教育应该具有民族特色，而剪纸活动完全符合和体现了这一教学理念。在幼儿园课程设置中，剪纸活动现已成为幼儿美术教学的一项重要内容。剪纸能够培养幼儿的动手、动脑、审美、创新等多种能力，充分发挥幼儿的想象力和创造力。剪纸活动在学前教育中弘扬了民族文化，把民间艺术与现代教学有机结合，传承了中国的历史文化，丰富了幼儿素质教育的内容。

关键词：剪纸活动、幼儿教育、策略、方法

一、剪纸教学活动对幼儿教育的重要意义

（一）剪纸活动可以促进幼儿身体发育

剪纸活动的主要目标是在学前期培养幼儿的兴趣，让幼儿在剪纸活动中锻炼大脑及手部小肌肉的灵活性及协调能力。在剪纸活动中，幼儿可以在教师的指导下动手动脑，始终专心致志地参与活动，进而激发幼儿的积极性和创造性，使幼儿在活动中可以充分发挥自己的想象，最终爱上剪纸活动。

（二）剪纸活动可以提高幼儿的审美能力

剪纸是我国传统的优秀文化，极具文学性和艺术性，是中国传统优秀文化的直观体现。幼儿园进行剪纸活动可以在短时间内提高幼儿的审美能力，让幼儿在剪纸活动中感受中国传统文化艺术的美。在幼儿动手操作的过程中，教师可以做一些生动的讲解，让古老文明的光辉在儿童幼小的心灵留下深刻印象。

二、剪纸教学活动中提升幼儿操作能力的指导策略

（一）材料预设策略

在剪纸活动中，教师先要确定本次剪纸活动的对象，并根据剪纸对象设定与

之适应的工具、材料。幼儿在看到这些准备材料后，会主动萌发剪纸的愿望，希望亲自参与到剪纸活动中。这些事先设定的材料会激发幼儿创造的灵感。在剪纸活动中，不仅要提供必要的剪刀、纸张、胶水，还要根据剪纸活动的主题提供相关辅助材料，这样，孩子在剪纸活动中才能没有阻碍，超常发挥。在材料准备上，要掌握级别和难度的区分，要根据材料来引导幼儿的能力，同时材料的质量也尤为重要。

教育案例：有一次我们班开展剪纸活动的主题是"花园"，花园里可能会出现的事物有树木、花朵、小草、房屋等，这些事物都有不同的颜色，我们老师在给小朋友们准备材料的时候也是非常用心地准备了多种颜色以及不同材质的纸张。活动结束后孩子们的作品让老师们眼前一亮，每个孩子的作品独具特色，每个孩子都制作出了自己心目中的那个花园，这个过程也正是激发幼儿想象力和创造力的过程。

（二）师幼互动策略

幼儿园剪纸课堂上的主体是幼儿，但是教师在课堂上的引导作用不可忽视。在剪纸课堂上，首先是教师对剪纸内容的讲解，讲解的水平决定了幼儿理解的程度。幼儿在剪纸前，重点是应该明确剪纸的基本做法，这就要求教师要详细教授其中的要点和难点，从而使幼儿能够扎实地掌握剪纸要领。教师在有限的课堂时间里扮演不同的角色，比如教师、同伴、榜样等。教师与幼儿的亲切互动可以有效消除幼儿因担心自己失败而产生的担忧挫败感，从而进一步增强教学效果。

教学案例：记得有一次我们班开展剪纸活动——母亲节送给妈妈一张自制贺卡，我们给幼儿提供了丰富的材料和工具，供幼儿自主选择，在提完工具的使用要求后孩子们都纷纷动手操作起来，但我发现我们班成成小朋友情绪低落地坐在那里半天不动工具，我走过去询问了原因，成成说他不知道剪什么，也不会剪，于是我拿起剪刀和材料纸对他说："那我们一起来剪，但前提是剪什么内容你必须要想好……"就这样我作为成成的同伴和榜样，共同完成了一幅让成成满意的作品。

（三）互帮互助策略

孩子是天真可爱的，他们对世界的认知停留在童话世界里。喜欢做游戏是孩子的天性，剪纸课堂可以根据幼儿的这个特点进行有效教学。在剪纸活动中，把幼儿设计成某种角色，他们就会根据自己的角色进行活动。在剪纸活动中，要充分运用音乐、故事、诗歌等形式，让孩子们寓教于乐，把剪纸活动当成最有趣的事来对待。剪纸活动中，幼儿的能力是有区分的，有的孩子动作快，有的孩子动作较慢，教师在这个时候，要引导幼儿发扬互相帮助的精神，根据故事情节，幼儿会明白自己的任务，会主动帮助落后的同学。互帮互助原则是幼儿教育的中心内容，培养孩子们团结友爱的精神，是幼儿教育的重点。通过剪纸活动，我们可以最大限度地提高幼儿的协作能力。

教育案例：我们班有几个女孩子每次玩活动区的时候都会去美工区进行手工制作，班里每次上美术课做点什么手工作品的时候她们几个总是做得又快又有创意。有一次在上剪纸活动课的时候，班里有几个小朋友动作比较慢，再加上使用工具不熟练，严重影响了自己的制作进度，这时我发现平时喜欢做手工的几个小朋友都已经基本完成了自己的作品，我提出让她们去帮助一下需要帮助的小朋友，结果在这几个小能手的帮助下，班上所有小朋友都在规定时间内完成了自己的作品，并且课堂氛围活跃，幼儿情绪高涨、兴趣浓厚，达到了理想的教学效果。

三、剪纸教学活动中提升教师剪纸教学能力的具体方法

（一）搜集剪纸资料，制定活动纲要

剪纸是我国传统的民间艺术，剪纸艺术遍及民间的各个角落。我园在具体教学实践中，发动各方面力量搜集民间剪纸资料。在一个较大的范围内查阅图书，找到民间剪纸的相关内容，根据资料的具体内容，制定教学内容纲要。幼儿剪纸不同于广义的剪纸，幼儿的剪纸要注重选择和设计，剪纸内容要适合幼儿年龄特点，突出创新性和时代性，主旨是激发幼儿的学习兴趣和艺术潜能。所以，我们要做好资料的搜集和整理工作，将民间的优秀剪纸艺术全面地搜集过来，做到融会贯通，使古老的剪纸艺术得到进一步传承，使剪纸艺术发挥其应有作用。

（二）邀请民间艺术家培训指导，增强教师专业技能

教师的剪纸水平直接影响剪纸教学的效果，剪纸艺术培训能从根本上提高教师的剪纸教学水平。我们邀请民间艺术家定期对教师进行培训，讲解剪纸艺术的特点，认识剪纸艺术的精髓，从理论上增强幼儿教师的整体水平。定期举办民间艺术家培训班，能与剪纸艺术家面对面交流，从而提高剪纸水平。在民间艺术家的指导下，教师与幼儿同时欣赏著名剪纸作品，感受剪纸艺术的魅力。在具体教学实践中，创造与剪纸有关的环境，让幼儿时刻能感受到剪纸的艺术氛围，促使幼儿更加喜爱剪纸活动。邀请民间艺术家，可以极大地提高教师现有的剪纸水平，使幼儿园的剪纸教育水平在整

体上得到提升，满足剪纸教育需求，达到增强教师技能的目的。

（三）积极整合教学模式，将多种教育渗透到剪纸活动中

剪纸是一项可以展开想象的活动，剪纸作为一种独特的艺术，蕴含了很多深刻意义。在剪纸教学活动中，可以把多种教育内容融入剪纸活动中，比如数学因素、语言因素、音乐因素、物理因素、自然因素等。一幅幅生动的幼儿剪纸作品，包含了多方面的文明精华。在剪纸教学中，教师根据剪纸内容加强相关内容的讲解，幼儿会在课堂上听到一些更多领域的名词，对这些名词教师可以根据幼儿的提问加以解释，由此达到剪纸活动丰富幼儿知识的目的。从目前的教学模式来看，要想取得好的教学效果就要对教学模式进行创新，同时对现有的教学模式进行整合，保证教学模式发挥积极的作用。所以，我们可以通过整合教学模式的方式，将多种教育渗透到剪纸教学中。

（四）学习相关理论，注重课题研究和总结

在幼儿阶段加强剪纸教学是为了弘扬我国传统文化，促进幼儿身心健康发展。剪纸教育是幼儿的素质教育之一，它要通观全局，从整体出发，把幼儿培养成心灵手巧的儿童。教师在这个教学阶段，要注重新知识、新理论的学习，积极研究新课题、新教材。幼儿教师要在长期的教学实践中积累丰富的经验，从而更加有利于之后的教学实践。幼儿教师应该学习有关剪纸的理论及幼儿剪纸的技能，自主研发、编写园本剪纸教材，在剪纸教学中，要撰写阶段总结和课题论文，让实践总结出理论，让理论指导实践。

（五）举办各种剪纸活动，让多方面教育形成合力

幼儿在剪纸活动中的创作过程是值得分享的，幼儿的每一幅剪纸作品都凝聚了智慧的光辉。剪纸教育将幼儿的童年点亮，让幼儿能够积极自主地参与学习。幼儿的学习方式与学习成果应该得到社会各方面的支持和理解。我们利用家长园地、家园联系手册、亲子活动等向家长宣传和介绍，让家长参与幼儿教育，幼儿园、家庭、社会形成合力，让幼儿获得更多的学习机会。因此，我园的特色教学落到了实处，幼儿的能力也得到了提高。

剪纸艺术在幼儿教育中的发扬光大，是我国传统文化在教育中的生动体现。对剪纸教育的不断研究和发展，是提高我国幼儿教育整体水平的有效方式，是加强素质教育的重要途径。

浅谈中班幼儿开展面塑主题活动的指导策略

李媛媛

面塑是一种传统的中华民间艺术，通过培养幼儿对面塑的兴趣和开展相关主题活动，能够帮助幼儿更好地了解传统艺术的魅力以及领略博大精深的中华传统文化。然而，对中班幼儿来说，根据他们的年龄特点和理解程度，提高面塑主题活动的教育意义也是讲究策略和方法的，才能使孩子们更好地接受和理解面塑文化。文章对中班幼儿如何开展面塑主题活动进行深刻思考，同时根据教学实践提出相关的指导策略。

一、中班幼儿开展面塑主题活动的重要性分析

面塑可追溯的历史悠久，展现的是中华民族历史发展中栩栩如生的人物以及可爱吉祥物形象等，是深受幼儿喜欢的活动之一。我们主张在中班幼儿中广泛开展面塑主题活动，主要是基于以下几个方面的考虑：

（一）面塑主题活动符合中班幼儿成长的需求

中班幼儿与小班幼儿不同之处是逐渐走出那种幼儿时期无意识的状态，无论对形状感知也好，还是对立体感知也好，都有了一个初步的认识和了解。中班幼儿也能够接受一定程度的知识教育和文化熏陶，所以在这个阶段开始开展面塑主题活动更符合孩子成长的需求，使孩子在艺术美和感知辨识能力上都能得到锻炼。

（二）面塑主题活动可以充分发挥中班孩子的想象力和创造力

开展面塑主题活动不仅能对于孩子观察能力的考验，更能提升孩子创造能力，按照自己的想象空间，捏出自己喜欢的人物或动物。孩子在参与过程中充分发挥了他们的想象力和创造力，面塑活动的趣味性也为孩子们带来一个五彩斑斓的童年。

（三）面塑主题活动促进孩子的学习和发展

《3～6岁儿童学习与发展指南》中指出，儿童的学习和发展需要多方面的素

质教育和艺术教育，尤其是对于美感的教育和对美感的思考能力。在我带领本班幼儿开展面塑主题活动前期，我带领幼儿实地去参观社区里的面塑工作室，孩子们真的走进面塑工作室亲眼去看到展示架上摆放的面塑作品以及面塑老师亲自捏面塑的过程，幼儿真正地做到了欣赏美、感受美、创造美。

二、中班幼儿开展面塑主题活动的设计思路

中班幼儿在小班对面塑的了解的基础上，更加具有立体造型的意识和色彩搭配的意识，有了自己动手的好奇心。根据中班幼儿对事物的观察能力、概括能力、了解能力等综合能力的提升，可以在面塑主题活动开展的过程中加入一些让幼儿自己手工制作的流程和元素，使他们能够掌握面塑的简单的操作方法，以及创作面塑物体以及面塑物体的组合。

中班幼儿开展面塑主题活动的设计思路，主要遵循以下原则：

主题活动的设计要遵循由易到难的过程。虽然中班幼儿对面塑有了一定基础的了解，但毕竟在自主创造和创新上还存在一定的局限性。所以面塑主题活动的设计要遵循从简单到难循序渐进的过程，初期在老师的示范下孩子们制作一些简单造型，后期再激发他们的创造性和想象力。

三、通过开展"面塑送祝福"亲子活动促幼儿对面塑的兴趣及想象力的发展

同时通过面塑主题活动的手工创造，培养孩子们独立思考、动手、动脑的能力。引导阶段是指在课堂上面塑主题活动，在孩子动手环节之前引导孩子了解面塑艺术。

本班近期基于幼儿的兴趣并结合本班幼儿年龄特点开展了"有趣的面塑主题活动"。在开展"有趣的面塑"主题活动中，为了让孩子们更好地了解感受我国民间传统艺术文化，围绕主题开展本班亲子活动。并且通过本班开展亲子活动，发现幼儿及家长对民间传统艺术的认识和理解都有着更进一步的了解和提高。

我们班"面塑送祝福——美好寓意"为主题的亲子活动开始了，在亲子活动开始前，家长带来了废旧的材料以及木桩、纸盒、纸杯等面塑辅助材料。通过观察发现本次亲子活动中家长与孩子们制作的面塑作品都是具有中国特点和美好寓意的事物的面塑作品。我发现本次亲子活动中月月妈妈与月月制作的是我国传统艺术作品之一——"布老虎"。通过观察，发现全班小朋友家长制作的面塑作品都是

符合本次亲子活动主题内容的作品，幼儿在创作面塑作品时特别认真、专注。在亲子活动之后，幼儿的作品架子上展示的都是孩子们与家长捏的京剧人物形象、年画娃娃、十二生肖、寿桃、布老虎、灯笼等。教师把孩子们塑造的作品进行艺术加工进行展示，在班级活动区角设置一个艺术展览区，放置孩子们创作的作品。同时调动了幼儿和家长参加的积极性，增强他们对面塑主题活动的兴趣。活动基本结束后，引导幼儿对面塑主题活动开展的情况谈一些感受和体会，询问他们对面塑的了解是否真正掌握，从而得出活动开展中分析幼儿所获得的成长是否达到预期。对有创新的幼儿作品和一些奇思妙想，要给予及时的鼓励，让幼儿通过本次亲子活动能够有多方面的发展和提高。

四、教师在中班幼儿开展面塑主题活动时的注意事项

（一）关注孩子的学习能力和创新意识

在面塑主题活动开展的过程中，教师要细微地观察孩子们在开展过程中的表现以及创新精神的发挥，具体表现在是否对面塑造型有自己独特的了解，动手能力有没有充分的发挥。我们开展面塑主题活动，最关键的不仅是让孩子们了解这项传统艺术和具备一定的观赏能力、塑造能力和色彩搭配能力，更关键的是要让孩子们把这种创新精神和学习能力运用到其他更广泛的范围和领域，培养孩子们的独立思考能力。

（二）与其他艺术活动相结合

面塑主题活动作为一项传统非遗项目的继承和弘扬，比如与剪纸、绘画等共同搭配一个作品的组合体，在开展面塑制作的过程中，教师也可以播放与之匹配的民族传统音乐，在音乐的熏陶下，让孩子们有身临其境之感，体会传统艺术的文化魅力。多种民间传统艺术文化的碰撞，会产生奇妙的效果。

（三）注重过程中幼儿之间的差异性

由于中班幼儿每个孩子对面塑的塑造以及知识的掌握程度不一样，孩子自身的接受程度也不一样，所以在活动开展过程中，一定要注重幼儿之间的差异性，在统一上课之外还要对面塑创作中的幼儿进行单独的指导和观察，根据孩子不同的表现给出不同的指导建议。在课程设计上，教师也要考虑到孩子的多样性和差异性，综合考虑活动开展的难易程度和形式种类，给每个孩子展示自己才能的空间和舞台。

五、中班幼儿开展中华民间传统文化教育的启示与思考

在幼儿园中，班中开展面塑主题活动的实践，也给我们弘扬和传承其他中华民间传统文化带来启示与思考。

（一）在日常环境中渗透传统文化

与面塑传统艺术一样优秀的一些中华传统文化，在平时日常生活中已经较为少见，所以要在幼儿园打造一种常态化的熏陶环境，将中华优秀传统文化渗透幼儿教育的各个领域，关注其与幼儿日常生活的结合，使中华优秀传统文化成为幼儿园开展各项教育教学活动的重要基础。我们在幼儿园的整体环境中打造传统文化，把传统文化的一些理念渗透到环境中去，对孩子来说，是孩子接触和了解传统文化的最好途径。比如可以在班级走廊、教室布置面塑相关素材的挂饰或装饰画，以及幼儿创作的面塑作品等，还可以在教室里设置传统文化活动的区角空间，同时开展多种形式的我们的节日传统活动，让孩子们在节日的喜悦中感受传统文化的艺术魅力。

（二）在主题活动中培养审美情操

在开展传统文化主题教育，能从多角度、多层面地、有计划性和方向性地达成教学的效果，让孩子们初步掌握传统艺术的制作流程以及相关背景，最关键的还是要激发孩子的艺术审美情趣，通过民间传统艺术之中的色彩搭配、形状、音乐等美的元素，促进幼儿的美育情感，为培养健康人格做学前准备，提高幼儿人文艺术修养。

（三）在内容设计上要激发幼儿兴趣

中华传统文化要深入孩子的内心，不能仅仅依靠简单的认知，而要形成一个循序渐进的教育过程，让孩子在深度体验中产生自发的兴趣。设计及开展面塑等传统文化主题活动，要基于幼儿的已有经验、现有发展水平、兴趣爱好，发展需要的适宜性教育，使之具有年龄适宜性、个体适宜性和文化适宜性，体现为传统文化教育目标、内容、方法途径和评价的适宜性，目的就是要把书上单调的知识活灵活现地展现在孩子们面前，以趣味性为主吸引孩子的关注和兴趣。

如何通过蓝印花布主题活动培养中班幼儿的创造性思维

陶苑玲

蓝印花布源于江苏南通，是我国一项传统的民间印染就技术，以蓝白相间的淳朴色调、千姿百态的花纹图案和精湛的印染技术为主要特色。将蓝印花布运用到幼儿园民间艺术主题活动中，可以提升幼儿的国民认同感，同时为幼儿的创新能力、创造能力发展提供资源。《3～6岁幼儿学习与发展指南》指出："幼儿应具有初步的艺术表现与创造能力。"[46] 中班幼儿思维能力和想象能力进一步发展，能通过多种艺术方式表达自己的想法和感受，比如涂鸦、绘画、剪纸、水墨等，展现自己的创造力。因此，通过民间主题活动丰富幼儿对民间艺术的认识，在培养幼儿的民族认同感的同时，培养中班幼儿的创造性思维，为幼儿的想象插上翅膀。

一、中班幼儿创造性思维发展特点分析

"创造"即是把以前没有的事物产生出来或者制造出来，是一种典型的人类自主行为。[47] "创造"最大的特点是有意识地对世界进行探索性劳动，从而想出新方法、建立新理论、做出新的成绩或东西。中班幼儿的创造性思维发展有以下特点：

（一）中班幼儿创造力思维表达方式外显，有具体的表达方式

中班幼儿的思维发展处于直观动作和具体形象思维阶段，抽象逻辑思维刚刚开始萌芽。他们还不能进行系统的学习，知识经验积累比较薄弱。因此，幼儿进行的创造力表现是直观的、具体的、形象的，可以直接跃然纸上，有十分具体的表达方式。

（二）中班幼儿的创造性思维是对成人和生活的再模仿

模仿是一种再造和重复，对于中班幼儿来说，模仿在某种程度上也是一种创

---

[46] 中华人民共和国教育部 .3～6岁儿童学习与发展指南 [M]. 北京：首都师范大学出版社 ,2014:62。

[47] 顾娟 . 美术教学中幼儿创新思维的培养 [J]. 幼儿教学研究 ,2010,(3):49-50。

造。通过模仿，幼儿获得了关于动作、事物间的联系经验，获得了一种或几种新经验，为下一步的创造提供了基础。

（三）幼儿的创造性思维自发性强且表现范围广

中班幼儿的创造主要是一种有意想象。[48]与成人不同，幼儿乐于想象，喜欢幻想和创造。因此，中班幼儿的创造力主动性强，以自发为主，但是针对性较差。常常创造过程中主动萌发出强烈的好奇心和想象力，且包罗万象，内容十分广泛。

二、蓝印花布适于中班幼儿创造性思维培养的价值分析

（一）蓝印花布纹样造型与特点可促幼儿自由表达

南通蓝印花布纹样中包括许多丰富花纹和图案，比如蓝印花布作品《嫦娥奔月》，用连续的小圆点形成长串线条或面，勾勒出活泼生动的纹样，[49]这些生动的纹样，组合出了优美独特的嫦娥奔月造型。

同样，中班幼儿的绘画也多由点、线、面所组成，幼儿参考南通蓝印花布图案带来的灵感，将不同的点进行模仿与再创造，成为幼儿绘画新的表现风格。教师引导幼儿用点进行排列组合和装饰，应用到自己的画面中，可以促进幼儿自由表达，是幼儿创造力的一种体现，让幼儿自由地表达蓝白对比的美和花纹之美。

（二）蓝印花布蓝白对比之美可促幼儿大胆用色搭配

蓝印花布的色彩与其他民间艺术形式不同，只有简单的蓝白两种颜色。而简单的蓝白两色对比强烈，两种颜色组合中有着独特的艺术魅力。同时，中班幼儿对色彩也有强烈的感受力和表现力。比如，在活动中向幼儿展示经典的蓝印花布图片或实物，引导幼儿欣赏，与幼儿一起动手扎染，体验蓝印花布印染工艺的奇妙与乐趣。每名幼儿用自己的方式捆绑、印染，自己探索不同方式印染出的花纹图案，几乎没有一件成品是完全一样的。因此，蓝白对比之美在促进幼儿欣赏的同时，促进了幼儿在用色和搭配上的创造力。

（三）蓝印花布图案蕴含丰富寓意可促幼儿创新表达

南通蓝印花布的图案内容十分广泛，它的吉祥图案取材于民间广为流传的故

---

[48] 李美菊.浅谈幼儿创新思维的培养 [J].当代学前教育，2007,(4):10。

[49] 雨蔚.清清白白的蓝印花布 [J].民族论坛，2005,(07):26。

事或戏剧人物，更多的是一些动植物和花鸟鱼虫组合成的吉祥纹样。在民间的传统习俗中，蓝印花布占有相当位置，是一种情感寄托，更是精神上的信仰。[50]这种蓝白组合成的美丽图案，为幼儿的创造活动增添了一种独特的民间艺术价值观——吉祥美好。幼儿在欣赏蓝印花布吉祥图案后，自己尝试设计心目中寓意吉祥美好的花纹图案，如花朵、笑脸、苹果等，无不抒发着自己对吉祥美好寓意的理解，体现着创造性的表达。因此，蓝印花布图案蕴含的丰富情感和寓意能促进幼儿的创新表达，表达自己对吉祥寓意和美好生活的向往。

三、蓝印花布主题活动中的创造性思维培养策略

（一）塑造蓝印花布艺术环境，催生幼儿创造性思维

1. 搜集蓝印花布制品，布置蓝印特色区

《纲要》中提出："教师要引导幼儿感受、发现和欣赏自然环境和人文景观中美的事物。"[51]为了加深幼儿对蓝印花布的了解，帮助幼儿感知更多的蓝印制品，我们将游戏环境和蓝印花布景致化地结合，在教室里专门开辟了蓝印花布欣赏区——"蓝印花布展览会"。幼儿将搜集到的各种蓝印制品投放在这一特色区，幼儿欣赏、感受着各种蓝印制品带来的环境之美。

2. 利用蓝印花布，创设区角游戏环境

在区角环境建设中，教师要善于营造宽松、和谐、富有情感的氛围，通过蓝印花布、区角空间的合理设计与布局，从本班幼儿年龄特点和兴趣经验出发，创设能够支持幼儿参与活动的环境。中班幼儿自主性增强，鼓励幼儿通过讨论与协商成为环境创设的主人。例如：在"认识蓝印花布"的主题墙板块中，通过张贴蓝印花布制作流程图、蓝印花布各种图案和参观蓝印文化街的照片，将蓝印花布知识通过环境布置得到呈现，既是幼儿的经验需要，又给环境增添了蓝印之美。在区角活动中，特别是美工区活动中，为激发幼儿对蓝印游戏的兴趣，给幼儿成功的体验，我们给幼儿创设了作品展示的空间，提供了自我展示和相互评价的环境，

---

[50] 吴元新，吴灵姝. 蓝印花布与南通民俗文化 [J]. 装饰，2012,(02):3.

[51] 教育部基础教育司组织编写《幼儿园教育指导纲要（试行）解读》[M] 南京：江苏教育出版社，2002:58.

幼儿可以将搜集的蓝印花布照片、自制的蓝印作品等各种与蓝印花布相关的东西张贴在展示墙或布置在展架上，给了幼儿自由探索蓝印的空间和机会。

3. 发挥幼儿主动性，共同布置蓝印环境

在班级环境创设中，幼儿不是欣赏者，而是环境的主人，是环境创设的积极参与者。例如：在各个区角墙面中，有许多孩子的蓝印花布作品，也有一些师幼共同商定、画制的各区角规则。当环境完成之后，孩子们由衷地发出赞叹："我们教室真漂亮！"孩子们在参与中体验到了自己作为区角环境创设中主人的自豪感。

（二）纠正以往美术教学活动中的指导误区，提升教学指导能力

1. 注重培养幼儿的观察力

观察是绘画、制作的基础，由于幼儿的年龄特点，他们在观察事物时往往比较单一、不全面，常常容易被形状独特、颜色鲜艳、发光、发声的事物所吸引，而不太注意一些形状一般、颜色较暗的事物。因此，幼儿园教师在教具的设置方面应尽量满足幼儿喜好，选择较有视觉冲击的教具呈现。同时，教师应用大量实物或者图片，满足幼儿想象。例如为支持幼儿创造绘画作品"蓝印花布的家"，展现南通传统民间建筑风格，教师为幼儿提供大量的影像资料，包括真实的南通建筑图片、当地民间风情景色照片、在地图上找一找南通的家等，引导幼儿观察南通传统民间的建筑特点，翘翘的屋顶、房屋边的小船，都是可以重点教育的要点，培养幼儿的观察力。

2. 创设自由的创作氛围

在活动中教师不要限制幼儿太多，不要用同一把尺子衡量幼儿，要尽可能给幼儿更多自由发挥的空间。教师在幼儿园应该营造一个自由宽松的环境，鼓励幼儿自主表达、自主创造。对幼儿的想法给予重视和引导，鼓励幼儿大胆绘画出自己喜欢的事物和作品，给予幼儿宽松的心理环境。比如，在幼儿创造的时候播放一些轻柔的音乐，及时对幼儿的作品表示肯定与赞扬，让幼儿对自己的作品进行作品描述和自我评价，尽量组织幼儿进行意愿画的创作，不要限制幼儿的绘画空间。

3. 投放多层次的美术材料

蓝印花布主题更多的活动是美术创作，教师要鼓励幼儿大胆地进行创作，就需要为幼儿提供丰富的美术创作材料，提供适当的场所。在投放材料时，应按照

主题有层次有目的地投放。比如前期投放蓝印花布的一些图片、照片、操作工作等，后期投放一些工具类绘本类书籍和印染材料，体现材料投放的层次性。为此，教师可以依据幼儿的特点、兴趣、能力有针对性、目的性地投放材料，使幼儿的动手动脑更有方向性，为幼儿通过美术表达情感、发展创造性思维提供更多的可能性。

（三）开展丰富多彩蓝印花布相关主题活动，培养幼儿创造性思维

1.通过多种形式美工活动培养幼儿创造性思维

在幼儿主题教育活动中，要对蓝印花布美工活动内容进行多种选择与探索，使主题教育活动与其他领域有机结合。一是以主题教育活动为形式发展幼儿艺术创造能力，如"蓝印花布展览会""我的蓝印花布"。二是以主题教育活动中幼儿关注的兴趣点入手发展幼儿创造能力。如幼儿在美工区发现了一块蓝印花布，发现其花纹的排列规律和造型特点，于是老师与幼儿一起总结这块花布的花纹排列规律，组织活动进行花纹设计，在宣纸上用蓝色排列设计出自己喜欢的花纹图样。

2.通过经典绘本素材培养幼儿创造性思维

在美工活动中，教师应当精选绘本，通过绘本，引导幼儿了解多种颜色搭配和美术形式，尝试用水墨、水油分离、剪纸等多种形式表现丰富多彩的美工创造活动。如在中班《小蓝和小黄》绘本阅读中，我们让幼儿把不同的颜色混在一起，观察蓝色黄色混在一起的颜色变化，让孩子们自己动手，并鼓励他们用记录的方式写下自己的发现。由此形成颜色变化带来的艺术感受。

3.通过展览会、小模特等表演形式培养幼儿创造性思维

我们还积极开展了融合语言、音乐和美术为一体的"蓝印花布展览会""蓝印花布模特秀"等综合活动，以舞台表演的形式展现幼儿的蓝印花布作品。如我们首先通过社会和科学活动认识展览会是什么样子的，其内容和形式都有哪些，舞台上的模特们是如何走秀的，然后与幼儿们一起商量蓝印花布展览会的流程和计划，共同设计蓝印花布展览会邀请函，邀请身边的好朋友和父母来参加。这个过程既培养了幼儿的合作和组织能力，又培养了幼儿模拟生活进行模仿和再创造能力。

喜欢是初衷：水墨画教学初探

李 泷

陈鹤琴先生说过："兴趣是学习的动力。"幼儿学习水墨画首先要有兴趣，有了学习兴趣才会产生学习动力。水墨画是我国的四大国粹之一，它历史悠久，具有简单、概括性强的特点，符合幼儿的思维发展特点，容易被幼儿理解和接受，通过水和笔墨的无穷变化产生出生动、古朴、简洁、概括的艺术效果。幼儿通过学习可以发展手眼协调及各种能力，从小了解和继承中华民族的文化遗产，热爱自己的祖国。近年来，我尝试着用一些方法将中国的这一国粹融入幼儿教育中来，通过各种方法激发幼儿学习水墨画的兴趣，下面谈一下我的体会和收获。

一、在生活中通过培养技能，激发幼儿水墨画的兴趣

兴趣是学习的动力，如何在生活中激发幼儿水墨画的兴趣呢？首先我尝试着让幼儿在生活中认识水墨画，了解水墨画，接触水墨画。我们组织幼儿观看人表演水墨画活动，给幼儿一个直观的感受，以激发幼儿对水墨画活动的兴趣。然后在班级中开展"我爱水墨画"的谈话活动，老师问："小朋友们你们想不想画猪呀？想不想用水墨画的形式来画猪、表现猪的特征？现在谁来说一说？"幼儿说一说对水墨画的喜爱，通过画猪进一步激发幼儿对水墨画的兴趣。除此之外，我们还以"猪年画猪"为例，让幼儿通过欣赏各种猪的图片、动画片，了解猪、认识猪，对猪感兴趣，产生画猪的愿望。

幼儿对水墨画产生兴趣之后，我们就将水墨画基本技能的学习和常规培养融入幼儿的一日生活之中。良好技能和常规是水墨画活动顺利开展的必要条件，因此有必要进行常规和技能培养。将常规和技能的培养融入幼儿生活之中，例如：画斜线时将斜线比作滑滑梯，学习画中锋时将中锋比作面条，水墨画中的洗笔比作洗澡，毛笔多蘸水比作喝水，毛笔少蘸水比作口渴，等等，逐渐让幼儿在老师

的话语中，操作感受毛笔的中锋侧锋、浓墨淡墨。运用生活中幼儿经常做的事、生活中熟悉的事物来进行技能常规的培养。使枯燥的、机械式的技能和常规培养变为生动有趣的事，使幼儿在愉快的气氛中养成良好的水墨画技能。

二、通过玩墨玩水，感受水与墨之间的关系，激发幼儿水墨画的兴趣

画水墨画离不开墨，更离不开水，按照国画理论，墨分"焦、浓、重、淡、清"五色，而幼儿水墨画，我认为不宜将墨色分得那么细，这样不易让幼儿理解和掌握。我认为在教幼儿用墨时，有"淡""浓"两个层次就可以了。

我尝试着将墨和水作为水墨画的教学重点，让幼儿在操作中逐步掌握加多少水合适，加水加多了会出现什么效果，加水加少了会出现什么效果，至于加多少水，淡到什么程度，就干脆让幼儿自己去发挥，产生一些意想不到的效果。例如：我在进行水墨画的教学中，让幼儿尝试"猪年画猪"，用浓墨淡墨表现猪的外部形态特征，如用浓墨表现猪笨笨的爪子、长长的嘴巴、细长的尾巴，用淡墨表现猪外部轮廓，表示猪毛茸茸、肉乎乎的身体，孩子们通过自己的观察尝试用毛笔加墨加水绘画猪。班中有一名幼儿告诉我："李老师，你看我的猪身上长了很多的毛！"我一看，果不其然，活似一只毛茸茸的小猪，孩子正是在操作中探究用淡墨来表现小猪。还有一名幼儿画完了猪的脚，告诉我："老师，你看我的小猪的脚多细呀！"孩子们联系自己的实际生活经验，不断地通过自己亲身体验，尝试墨与水之间的关系，用水墨画的形式生动地表现身边的事物。

三、在玩色中感受中国画的色彩，激发幼儿对水墨画的兴趣

水墨画简练、概括、线条清晰、色彩明亮、整体感强，而幼儿有着自己的感受方式、理解和表达方式，他们的手部小肌肉群不够发达，线条粗粗细细、歪歪斜斜，他们很注重有趣的绘画过程，在绘画过程中得到快乐，他们大胆想象、尝试，透过水墨的体验找到适合自己的审美需要，并对水墨所产生的偶然效果有敏感的联想力。

我用故事的方法吸引幼儿，渲染气氛，如"小猪玩毛线"，通过让幼儿用各种色彩表现毛线撒落一地的样子，增加情趣，从而增加幼儿对水墨画的兴趣。以前，孩子们光是用墨画各种姿势各种形态的小猪，这次可不一样，由于是孩子们第一

次用中国画颜料，所以他们无论是着色还是用笔都很大胆，就是因为这种大胆，出现了很多意想不到的效果，孩子们作品的画面一下子就被这些好看的颜色丰富了！有的作品毛线洇成了一片，有的作品毛线团成了一大疙瘩，还有的作品毛线淅淅沥沥地洒在画纸上……真是五花八门，什么样子都有，我想这正达到了我的教育目的——让幼儿成为主人。自主探索比老师教幼儿学更有意义，也体现了我们现在教育的理念，我想幼儿水墨画教学的过程，就是幼儿情感体验的过程，也是促进幼儿全面发展的过程。

水墨画教学还需要我们不断地探究，从兴趣入手研究孩子、观察幼儿的表现，把主动权给孩子，发挥他们的自主性，摆脱以往的对成人水墨画的模拟。在今后的教学中，我们还要不断地探索提高自身的业务素质和水平。因为教师的素质是教学成败的关键，教师要有丰富的教学经验、扎实的基本功和审美能力，这是水墨画教学的生命力所在。

浅谈水墨主题活动中幼儿创造力的培养

张　鹏

一、幼儿创造力的特点

（一）幼儿的创造力是不断发展变化的，幼儿的想象力丰富，创造力的可塑性十分强

随着幼儿的年龄增长，幼儿心理的发展将慢慢成熟，所以经验日益丰富，创造力的范围也不断地扩大，目的性也不断增强，在这一阶段，抓住培养幼儿创造力的契机，会收获良好的效果。

（二）幼儿的创造力比较简单、初级

心理学家研究发现，幼儿思维发展正处于具体形象思维阶段，抽象思维刚刚萌芽。所以他们的创造力是直观的、具体的，有一定限制，处于创造力初级阶段。

（三）幼儿的创造力是无拘束、不受环境和实物干扰的自由现象

幼儿的创造力是随意的、非现实性的。他们喜欢无拘无束天马行空地想象，自得其乐。当他们遇到感兴趣的游戏时，创造的力量会连绵不断，就算没有观众也不会停止，因为此时，他们已经融入自己的想象中，体会着创造的快乐。

二、保护和发展幼儿的好奇心与想象力

好奇心是幼儿心理的一个特点，它是对新异事物进行探究的一种心理倾向，是展开创造性思维的内部动因。幼儿刚接触外面的世界不久，他们对外界有太多的好奇，常常会因为一个小小的问题而"打破砂锅问到底"，作为教师，我们应该保护幼儿这种积极的探索心态，支持他们因好奇而提出的问题，对他们所提出的问题不能置之不理，更不能因嫌麻烦而责怪孩子啰嗦。在孩子心中，老师具有绝对的权威，而且在现实生活中也往往会因为老师的一句话而扼杀幼儿的求知欲与创造意识。幼儿最爱想象，他们的脑中还没有任何框框。爱因斯坦曾说："想

象力比知识更重要，因为知识是有限的，而想象力概括着世界上的一切，推动着进步，并且是知识进化的源泉。"为幼儿提供想象的空间，对于幼儿的奇思妙想绝不一概否定。在引导幼儿进行想象活动时，允许幼儿根据自己的知识和经验体会事物，鼓励他们异想天开，相信没有胡思乱想，就没有创造性的成就出现。

三、创设适宜的教育环境，为开发幼儿的创新潜能提供基础

（一）创设丰富的物质环境

幼儿教育环境可分为物质环境和精神环境两方面，幼儿的发展离不开环境，从某种意义上说，环境即是教育。在创设丰富的物质环境过程中，我们主要是从以下两个方面表现的：

1. 与幼儿共同创设主题环境

幼儿的艺术行为深受周围环境的影响，因此，在日常生活中，我们与孩子一起布置班中的主题墙。在创设环境时，老师注重的是启发引导，而不是去带着做，注重发挥幼儿的主体性、参与性。组织幼儿讨论："我知道的水墨故事""我喜欢的水墨作品""我和水墨做游戏"。幼儿纷纷发表自己的看法，充分体现了老师和孩子的互动。如搜集一些水墨名画照片和把大班幼儿富有创意的水墨作品保留下来请大家欣赏并启发幼儿："我们可以怎样利用这些作品？"幼儿的积极性又被调动起来，有的说"我们可以把它们摆在窗台上"，有的说"我们可以把它们布置在墙上"，还有的说"发给我们每人一个看看"，"把照片做成相册放在作品展示架上，我们想看就看"。大家选取了最好的意见，一起布置了主题墙饰。在共同的装饰过程中激发了幼儿的创作兴趣和热情，激发幼儿在这个环境气氛中的艺术灵感。

2. 为幼儿提供丰富的活动材料

为了满足幼儿创作的需要，从幼儿的特点出发，为他们提供各种水墨工具。如常规水墨工具和创意水墨工具。让幼儿根据自己的兴趣和需要进行选择，这不仅能满足孩子的兴趣和表现需要，而且有利于幼儿在探索中独立地获得学习的经验。

（二）营造宽松、和谐、自由的创作环境

宽松、和谐、自由的创作环境有利于幼儿创造能力及个性的发展。在班里我

们努力为幼儿创设理解、接纳、民主的氛围，给幼儿提供安全的心理环境，鼓励幼儿毫无拘束地表现自己的内心情感，重视每一个孩子的表现与艺术创作，并及时给予表扬与鼓励。我们在指导幼儿绘画时，坚持解放幼儿的双眼，让幼儿充分地观察；解放幼儿的头脑，让幼儿有自己的思想感受；解放嘴巴，让幼儿尽情地交流。拉近与孩子的距离，使孩子有话愿意与老师说，有问题愿意与大家商量做，在集体面前大胆地表达自己的思想、感受，自由、自主地学习、游戏。如在美术活动"秋天的树"中，活动开始先通过谈话调动幼儿原有的生活经验，再出示秋天树木的照片和树叶的实物，使幼儿直观地观察树木、树叶的特征。最后通过分组讨论，引导幼儿相互交流经验。

教师积极鼓励的话语给予孩子被承认的快乐，使幼儿在获得经验的同时，逐渐形成良好的自我意识，使他们由此而更加喜欢创作活动，更加有创造的勇气和热情。

四、采取适宜的教育方法，让幼儿的创造力得到进一步的提高

水墨画特征主要有两个方面：一是从工具材料上来说，水墨画具有水乳交融、酣畅淋漓的艺术效果。具体地说就是将水、墨和宣纸的属性、特征很好地体现出来，如水墨相调，出现干湿浓淡的层次；再有水墨和宣纸相融，产生洇湿渗透的特殊效果。二是水墨画表现特征，由于水墨和宣纸的交融渗透，善于表现似像非像的物象特征，即意象。因此，我们引导幼儿从观察入手，掌握观察的方法。如"可爱的熊猫"活动之前，我先让孩子们观察熊猫的图片，再欣赏水墨动画《熊猫百货商店》，引导幼儿观察熊猫的颜色和体态，幼儿兴趣浓厚。在进行水墨活动时，由于有了充分的观察，幼儿创作起来得心应手。

在游戏中，我们注意循序渐进，使幼儿既不感到高不可及、束手无策，又不感到不费力气、唾手可得，使幼儿在原有水平上经过稍稍努力便可达到目的。在美工区游戏中，鼓励幼儿进行创意水墨画，发挥幼儿的创造力，为幼儿建立信心。开始，先让幼儿无目的玩墨、玩色，在玩的过程中了解墨与水的特性，引导幼儿去发现墨与水的关系，幼儿很感兴趣。幼儿在玩中总结出两种墨色——浓墨、淡墨。在此基础上，逐渐启发幼儿进行有主题绘画，进而引导幼儿利用多种颜色使画面更加完美、生动、有趣。我们在指导时注重的也不再是形的像与不像，而是幼儿

在参与活动过程中的表现及态度。体现了"因人而异，因形而异"，遵循幼儿的兴趣不同，指导切入点不同；需要不同，帮助的程度不同；发展不同，教育的起点不同。幼儿在画水墨的过程中，主动学习、主动探索，充分调动和发展了幼儿的积极性、主动性和创造性，动手能力也得到了提高。

五、开展丰富的游戏活动，让幼儿的水墨灵感得到真正的释放

现代教育价值观告诉我们，培养正确的态度是第一位的，提高能力是第二位的，传授知识是第三位的，而这条路的直达车便是幼儿的学习兴趣。兴趣是幼儿获得主动发展的前提，是幼儿学习的动力，是获得经验的先决条件。为了培养幼儿对水墨的兴趣，我尝试在幼儿的生活中抓住幼儿关注的热点，选择幼儿自身感知过的事，挖掘教育的内容，如身边环境的变化、吃过的东西、喜爱的小动物等，并巧妙地将水墨融入幼儿的游戏活动中，达到水墨活动的教育目的，发挥其独特的教育作用。如在语言区投放水墨绘本、水墨动画片，经过老师的讲解与引导，以及幼儿的倾听与理解消化，在幼儿的头脑中形成一个个艺术形象，在教师的指导下配上适当的背景，呈现出一组组有主题的水墨连环画。如《小蝌蚪找妈妈》《三个和尚》《孔融让梨》等，幼儿在活动中不仅可以利用这些水墨作品讲述故事，还可以将这些作品自由搭配，自编故事。

六、科学合理地指导幼儿的水墨活动，培养幼儿创新能力

苏霍姆林斯基说："儿童的智慧，在他的手指尖上。"这句话充分说明，在水墨活动中培养幼儿的创造力，离不开幼儿的动手动脑，也离不开老师科学正确的指导。

（一）为幼儿设置具有挑战性目标

教师应从幼儿的原有基础出发，鼓励幼儿向自己挑战。这一挑战性的目标要建立在幼儿对水墨的认识和本班幼儿发展水平充分了解的基础上。如在"可爱的熊猫"这一水墨活动中，目标是在幼儿已初步掌握熊猫外形特征的基础上，表现简单动态，但是，这一具有挑战性的目标对大多数幼儿都是陌生的。在活动开始的时候，幼儿会有些犹豫。可是，随着教师在活动中引导幼儿之间的学习交流，教师对幼儿创造力的鼓励。孩子们越画越流畅，许多幼儿一连画了好几只熊猫，

画面也越来越丰富。在活动中，教师可以看到幼儿是如何面对困难，又是如何战胜困难的。这就是创造性的学习过程。

（二）善于发现每幅作品的优点，增强幼儿的自信心

自信心在人的一生中起着重要的作用，它是孩子整个成长过程中的精神核心，它促使孩子充满信心去努力实现自己的愿望和理想的动力。在水墨活动中，对幼儿作品的评价是美术教育的重要环节。每一次活动结束时，都要展示每一个孩子的作品。幼儿的美术作品往往不具备高难的美术技巧和美术基础，但正是这一幅幅简单的作品却渗透孩子独特的思维方式。教师应认识到，幼儿的创作与绘画热情是更可贵的。教师轻易否定幼儿的作品会影响幼儿创作能力的表现，而应多用微笑、赞许的话来鼓励幼儿增强幼儿的自信心，让他们体验成功带来的快乐。

第四部分
幼儿国民认同感的表现

　　对中国幼儿来讲，国民认同感，就是对中华民族的认同。在中华民族的立场上，民族认同就是国家认同。而对民族文化的认同是国民认同感建立的核心与基础。个体对自身国民身份的认同要从对文化的亲近和熟悉开始。

　　在课题实施过程中，课题组采用质性与量化相结合的方式调查分析了幼儿的国民认同感的表现与变化。课题组教师通过轶事记录的方式，描述了幼儿在主题活动学习与参与过程中，对民间美术作品和形式的认识与情感的变化，说明了幼儿民族文化认同感建立与变化的过程，展现了幼儿的国民认同感。无论是对中国水墨从不喜欢到喜欢的态度变化，还是在认识和制作灯笼的过程中对中国历史与文化的传承与创新，幼儿的点滴变化说明在成人的有意引导与支持下幼儿能够更加深入地体会到民间美术中所蕴含的文化意义与内涵，也说明了课题组工作的必要性与效果。

我喜欢黑色，我喜欢水墨

王晓红

　　在一次中班水墨绘画活动中，孩子们自由选择喜欢的中国画颜料和墨汁进行绘画。我发现有一组小朋友的调色盘中，挤了花青、藤黄、大红、三绿等鲜艳的中国画颜料，亮亮、云云、成成三个小朋友正用这些颜料兴高采烈地画画，但是他们始终没有选择墨汁。作为水墨画，没有墨汁的参与，怎么能叫水墨画呢？于是，我对三个小朋友说："你们还可以选择墨汁画画。"这时，亮亮随口说道："我讨厌黑色。"云云小朋友也点点头，赞同亮亮的说法。成成也跟着说："我喜欢红色，不喜欢黑色。"听到小朋友们这样说，我先是一愣，然后我装作很伤心的样子对小朋友们说："你们都不喜欢黑色的墨汁，小墨汁可伤心了。"这时候，我发现孩子们都很吃惊地望着我，好像感受到了墨汁的难过。然后，我提问小朋友们："我们找一找，黑色在哪里呢？"听到我的问题，孩子们东张西望地寻找黑色，孩子们惊喜地发现："头发是黑色的，眼睛是黑色的，睫毛也是黑色的，穿的裤子是黑色的。"看到孩子们渐渐对黑色感兴趣了，我给小朋友唱了一首歌《龙的传人》，我唱道："黑眼睛，黑头发，黄皮肤，永永远远是龙的传人。"这时候，我看到孩子们的眼睛亮了起来，我想，孩子们对黑色有了进一步的认识和情感体验，我又接着说道："哎，既然你们不喜欢黑色，不愿意和黑色做朋，那我们的头发就变成红色吧，我们的眼睛也变成红色，好不好？"这时候，孩子们使劲摇着头说："不行，不行，那我们就变成兔子了。"于是，我对小朋友说："我们是中国人，我们有黑黑的头发、黑黑的眼睛，黑色这么好，你们喜欢黑色吗？"三个小朋友异口同声地说："我们喜欢黑色，我们要和黑色做游戏！"于是，孩子们高高兴兴地选择墨汁画起画来。

在孩子们表现出不喜欢黑色，不愿意用墨汁进行绘画时，我并不急于让幼儿用墨汁绘画，而是依次通过"黑色墨汁难过了""寻找黑色，发现黑色无处不在""演唱歌曲，传递中国人的特征""知道黑色的重要性，黑色不可替换"等方式，加深他们对黑色的认知，引发他们对黑色的情感，愿意用黑色的墨汁进行绘画。

在孩子从对黑色的讨厌到对黑色的喜欢这个转变过程中，我发现，当我引导孩子们关注自己的外貌特征，知道黑眼睛、黑头发是中国人的特征时，孩子们对黑色有了特殊的情感，并为自己是中国人感到骄傲和自豪。接下来，我们将黑眼睛、黑头发的"黑色"迁移到水墨的黑色，通过开展系列的水墨游戏，如"小墨汁跳水""小蝌蚪游啊游""小墨汁吹画""小墨汁刮画"等，孩子们对墨汁的多变和有趣更加喜欢了。孩子们能够辨别水墨画与其他类型画的不同，喜欢参与水墨活动，同时，孩子们也认识到，水墨画是我国独有的艺术形式，是我国优秀的传统文化，我们喜欢国画，并要宣传水墨画，传承我们的中华文化。

我是"年画宝宝"

左梦瑶

主题活动开展的这段时间，孩子们对于年画有了一定的认识和了解，并且都特别喜欢"年画宝宝"这种可爱的形象。于是结合幼儿的年龄特点，我们开展了"装扮年画宝宝"的活动，请家长在家与幼儿一起将孩子装扮成可爱的"年画宝宝"并拍成照片上传到班级群里，通过有趣的装扮加深幼儿对"年画宝宝"的认识，激发幼儿对于年画的喜爱。

在活动中家长和孩子们的积极性都特别高，每个孩子上传的照片都很漂亮，很有特色。但是茜茜上传的照片穿的却是卡通人物爱莎公主的裙子，其他孩子穿的都是喜庆的红色服装。来园后我将孩子们装扮的"年画宝宝"照片投放在班级电视上供幼儿欣赏，放到茜茜的照片时，我问孩子们："你们发现茜茜跟其他小朋友有什么不一样吗？"孩子们说："她穿的是爱莎公主的裙子！""我也有这个裙子！"我说："左老师也觉得茜茜打扮得特别漂亮，但是她这样像年画宝宝吗？"孩子们说："不像！"我问他们："为什么你们觉得茜茜不像年画宝宝呢？"孩子们说："因为年画宝宝要穿红色的衣服！""年画宝宝头上要点小红点！"我继续说："那为什么年画宝宝要穿红色的衣服呢？"孩子们说："因为过年的时候要穿红色才漂亮！""年画中年画宝宝穿的都是红色的！""红色代表中国！"通过孩子们的回答可以看出孩子们已经对中国传统文化有了一定的了解，于是我跟茜茜说："那你回家和爸爸妈妈再仔细观察一下年画宝宝的样子！然后装扮成漂亮的年画宝宝后拍成照片和小朋友分享吧！"当天晚上我就收到了茜茜妈妈的照片，照片中茜茜梳上了小辫子，穿上了漂亮的红色衣服，开心地做着各种姿势，成为了一个可爱的"年画宝宝"！

在面对茜茜的"爱莎公主"装扮时我并没有直接指出她哪里不对，因为虽然她没有按照要求去装扮，但在孩子的世界中那就是她所认为的美、所喜欢的东西，如果老师直接去否定她，孩子的自信心会受到打击，同时她可能对于"年画宝宝"不会再感兴趣了。为了让孩子自己去发现思考，我采用同伴间告知、影响，引导其他幼儿用语言和行为帮助苒苒去发现和其他小朋友的区别，让她能够欣然地接受老师的建议并完成此次活动。

同时我也体会到虽然小班的孩子还不能完整、流畅地表达出自己的情感和想法，但是从孩子们的行为、简单的话语中能够感受到他们对于中国传统文化已经有了一定的认识。而正是这种中西不同形象的强烈对比，才能更加凸显孩子们想法的转变和文化的巨大差异，更加直观地帮助孩子理解什么是年画宝宝，什么是代表中国的。

通过这件事也引发了我的思考：为什么孩子们对国外的卡通人物那么了解和喜爱，而对于中国传统的人物和文化不感兴趣呢？我认为一方面是社会环境的熏陶，孩子从小接触的都是国外的玩具、动画片，而对于中国传统的文化接触甚少；另一方面是家长对于传统文化也不太了解和感兴趣，在家庭教育中也不重视这方面的培养。因此，在幼儿园开展传统文化的教育，是很有必要也是很符合幼儿年龄特点的，而这需要家长、幼儿园的互相配合与理解。在这过程中转变观念并不是靠一朝一夕，而是要帮助他们在吸纳国外文化的同时又能增加对本国的文化的了解，而这就需要教师不断地运用智慧去调整和改进方法和策略，更好地将中国文化根植在幼儿心中。

"灯笼"主题活动前后幼儿国民认同感的变化

刘　晴

在"漂亮的灯笼"主题活动开展初期，每到节日来临，幼儿都会被各式各样的灯笼吸引，也常常谈论自己见过的灯笼。在一次谈话活动中，小朋友围绕"我见过的灯笼"展开了讨论："国庆节的时候，我和妈妈在吃饭的地方看到了许多灯笼，都是椭圆形的，各种颜色的都有，特别漂亮。""我在大街上看到马路两边都挂着大红灯笼。""我和妈妈去密云的一个小镇上也有好多灯笼，还有动物形状的呢！"……听了孩子们的讨论，我发现孩子们对于灯笼的认知似乎只是关注灯笼的外观很漂亮、过节的时候会挂灯笼这些表层的现象。于是我问："你们见过这么多灯笼，那你们知道人们为什么要挂灯笼吗？""因为漂亮。""因为喜庆。"大部分幼儿回答说。"在咱们中国，挂灯笼是个传统习俗，很多传统节日也都要挂灯笼的，还有一个节日有赏花灯的习俗呢，你们知道吗？""中秋节、过年的时候挂灯笼……"小朋友们几乎把知道的所有传统节日一一列举了一遍。但却很少有人说出"正月十五赏花灯"的传统习俗。这说明幼儿对于灯笼缺乏深入的认识和了解，对于它所蕴含的文化、寓意及传统习俗方面知之甚少。

随着主题活动的不断深入，幼儿根据灯笼的传说故事创编了有关灯笼的童话剧，创作了各式各样的灯笼作品。幼儿产生了将自己的成果、作品展示的愿望。为了满足幼儿的愿望及发展需要，我们班准备开展灯笼展示会的活动。在一次"商定展会计划"话动中，我们一同讨论展会中不同工作人员的职责和分工。谈到讲解员的职责与工作内容时，小朋友纷纷说："可以介绍我们班级里挂着的灯笼。""可以介绍展板上的作品。""咱们班有各式各样不同的灯笼，那你们打算怎样介绍呢？"有的小朋友说："我们可以告诉来的小客人，我们的灯笼是怎么做的，可以用水墨画、剪纸来装饰灯笼。""灯笼还可以给人们带来幸运，灯笼的传说里面，人们就是因为挂灯笼才没有被玉帝放火烧毁村庄，因为这个传说，所以每到正月十五人们都要过灯笼，赏花灯。""我做的红包灯笼上面还有许多福字呢！"这时刘同学说："我想给小客人介绍孔明灯，告诉小客人孔明灯是一个叫诸葛亮的人发明的，他很聪明。""你为什么觉得他很聪明呢？""因为他被敌人围住了，为了把消息传递出去，他想出了制作会飞的灯笼来把自己被困住的消息传递出去，最后他得救了。"从幼儿谈到诸葛亮发明孔明灯时赞赏的语气中我明显地感受到幼儿因"孔明灯"的发明与创造感到骄傲与自豪。

这次的讨论，我欣喜地发现幼儿对灯笼所关注、表达的内容有了变化。他们开始关注灯笼的寓意、传统习俗、文化内含等，而通过幼儿在开展主题活动前后的变化说明他们在活动中对灯笼这种传统民间工艺有了更深入的了解，更加认同喜爱中国的传统文化，并且潜移默化地融入幼儿的生活与游戏之中。

不能"丢失"的本领

张　鹏

　　班中最近开展了经典民间美术主题"水墨乐园",孩子们对水墨艺术有了一定的认识和了解,并且都对水墨画十分感兴趣。在我跟小朋友谈话时,我说:"水墨画是我们中国从很久很久以前就有的一种绘画形式,一直流传到了现在,你们觉得水墨画怎么样?"一一小朋友说:"妈妈带我去中国美术馆时,我见到过很多水墨画,很漂亮!""哦,那你觉得水墨画和其他形式的画有什么不一样?"我问。一一说道:"水墨画比别的画都漂亮,而且都是我们中国人画的,外国人不会。"这时候嘟嘟说道:"老师,老师,我见到过外国小朋友在画水墨画,画得也很好看。""是这样的,虽然水墨画是我们中国人发明的,但是有很多外国人也在学习,可是我们学习水墨画的中国人却越来越少了,有可能慢慢地我们自己发明的本领,都给丢掉了,你们有什么好办法吗?"一一连忙说道:"我们也学习画水墨画,这样画水墨的本领就不会丢了。"睿睿听到也说:"对,我们班的小朋友都来学习画水墨画,我们就都会画水墨画。""我画过螃蟹!""我画过熊猫!"……

　　在水墨主题活动中,中班幼儿从游戏和欣赏开始了解中国的水墨文化。通过一次简单的讨论,幼儿表达出自己对于水墨画的理解,可以看出,幼儿对于水墨艺术有了一定的认识,知道水墨画是中国传统的美术形式,但是对水墨画的现状和发展认识不够清晰。在老师与孩子们的谈话中,也能够看出,幼儿越来越喜欢水墨画,都愿意去学习水墨画,并能用水墨画的形式创作作品,能为自己会用水墨画的形式绘画感到自豪。孩子们的想法有了转变,知道水墨画是中国人发明的,更加理解了水墨画的重要,同时潜移默化地激发了幼儿的国民认同感。

窗花为什么那么红

安　康

元旦来临之际，我们小一班部分宝贝们进行了一场剪"窗花"的活动。在活动前，我与孩子们一起观看大二班哥哥姐姐用窗花装饰过的教室，孩子们目不转睛地看着每一个角落："这是什么呀？""那是什么呀？""好漂亮啊！"孩子们稚嫩的嗓音，表达出对哥哥姐姐用窗花装饰教室的好奇与兴趣。面对一双双求知的眼睛，我告诉孩子们，用来装饰教室的材料叫窗花，过节的时候，我们做好一朵朵窗花，用来装饰教室、楼道，会让它们焕然一新。孩子们听见我这样说，就纷纷看着我们自己的教室，我说道："孩子们，想不想自己做窗花，来装扮我们的教室，然后我们的教室就会像哥哥姐姐班一样漂亮？""想！"孩子们异口同声地答道。"老师，那我们应该怎么做窗花呢？"有孩子提出了问题。我顺势道："我们先来看看窗花怎么做。"

孩子们都兴致勃勃地选择了自己喜欢的颜色，有紫色、蓝色、黄色和橘黄色等。我们一起边做，一边研究了起来。传统窗花都是大红色的，但如果这时直接叫他们使用红色，有的幼儿可能会不明白其中的原因，于是我决定和孩子们一起探索窗花颜色，让孩子们自己去体会窗花不同颜色带来的作品效果差异。半小时后，一朵朵窗花在孩子们的手中绽放，我把孩子们的窗花贴在教室里，不出所料，窗花的颜色太多，粘贴在教室里的效果不太理想。

"好像我们做的窗花没有哥哥姐姐班好看！"乐乐首先发现窗花做得不对劲，其他孩子也发现了这个问题，跟着七嘴八舌地说起来。"那么，为什么你们觉得自己做的窗花奇怪呢？"孩子们面面相觑，只感觉怪怪的，也说不出个所以然。

于是我将用孩子们制作的窗花布置的教室拍下来，和哥哥姐姐班做对比，又找来了一些传统中国喜庆的装饰图进行对比，然后问道："为什么大家会觉得我们教室怪怪的？"

"我们的颜色太多！""我们贴得太乱！""他们的都是红色！"孩子们发现了问题。我微笑着肯定了他们的回答。"那么我们的窗花该用什么样的颜色来做呢？""红色！"孩子们异口同声地笑着回答道。

就这样，我们进行了第二次剪窗花活动，这一次孩子们都不约而同地拿起了红色，剪一次窗花后，孩子们的技巧也都娴熟了，快了许多。没多久，朵朵大红色的小窗花就剪啦！于是孩子们将自己用心做的红色窗花装饰在教室里，果然非常喜庆好看，有过年的味道，孩子们开心地看着自己的作品，拍着小手脸上满满的成就感与喜悦。

在活动的最后，我抓住契机加以总结，告诉孩子们有一种红叫"中国红"，在过年过节的时候中国人都喜欢用红色装饰家里的门窗。因为红色代表着喜庆、祝福，能为我们带来好运。最后，我还布置了一个亲子小任务，孩子们回家要和家长一起找一找——"过节时，你所见到的中国红在哪里？是什么样子的？"在节日过后，将会请孩子们分享他们所知道所见过的"中国红"。

一起做灯笼吧

付　珊

马上就到元旦了，一天区域活动时，我看到欣欣在剪纸，并把剪下来的窗花贴在灯笼面上，我对她说："欣欣，你又做了一个灯笼呀！我觉得你今天剪的花纹和镂空比上次的更漂亮。"欣欣笑着说："对呀！我想做很多漂亮的灯笼，挂在我们班里，一定很漂亮！我在家里也做了两个灯笼呢。"

旁边的桐桐听后说道："干吗那么费事，直接用彩灯挂在班里不就行了。上个星期我妈妈给我买了一棵圣诞树，树上就绕着这么一串小彩灯，一闪一闪的，还会变色，可漂亮了！"我问桐桐："你为什么要买圣诞树呢？""因为马上就要到圣诞节啦，我看见很多商店门口都摆出了圣诞树，很漂亮，所以我也想要。""那桐桐你知道圣诞节是什么意思吗？"桐桐摇了摇头，我又问："你知道再过几天，是我们国家的哪个节日吗？"这时欣欣抢着回答道："我知道我知道，是元旦，马上就要到 2019 年了。""没错，元旦是我们国家的节日，意味着新的一年、新的开始，圣诞节也是西方国家的节日，我们作为中国人，可以去了解西方的文化、节日，但最重要的还是我们国家的节日呀，我们应该用自己国家的文化习俗去庆祝这个快乐的节日，你们有什么好的方法吗？"

欣欣说："我会做灯笼，我可以用代表喜庆、美好祝福的大红灯笼去装饰我们身边的环境。"桐桐也说道："我觉得我做的灯笼总是不太好看，但是我会剪窗花，我姥姥家就贴了很多窗花，都是我姥姥自己剪的，可漂亮了，我也可以用红纸来剪窗花！""你们的方法都很棒，可是桐桐，你的剪纸剪得那么好，为什么还是觉得做得灯笼不漂亮呢？""因为我绑灯笼骨架总是绑不好，歪歪扭扭的。"这时欣欣听到了说："我会绑骨架呀，你看我刚刚又绑好了一个骨架，要不我们一起来做红灯笼吧，你负责剪窗花，装饰灯笼面，我来做灯笼骨架、提手和灯笼穗吧！"桐桐听后开心地说："那太好了！我们现在就开始吧，一起来做个大红灯笼，然后挂在班门口，一起庆祝元旦节！"

当面对桐桐提出要用彩串灯代替普通的灯笼来装饰班级时，我没有直接否定他的想法，而是站在幼儿的角度，了解背后的原因，知道桐桐因为不擅长制作灯笼骨架而害怕做灯笼，又因为看到圣诞树上挂彩灯，所以才有了用彩串灯装饰班级这个想法。而通过老师的语言引导和同伴的帮助，桐桐明白了过节挂红灯笼不光是为了好看，更重要的是我们要用自己的文化习俗去庆祝我们国家的节日，在重要的节日里，红灯笼有着独特的意义，它代表着人们对未来的美好向往与祝福。

我也没有直接要求桐桐必须像欣欣一样做一个红灯笼，而是通过创设宽松、和谐的交流氛围，通过交谈引导桐桐主动说出庆祝元旦节的方法，帮助桐桐发现自己擅长的方面，激发他想要亲手制作红灯笼的愿望，通过与同伴分工、合作制作红灯笼，增强了桐桐的自信心，并让他从成功中体验到快乐，加深对我国传统文化和传统节日的热爱之情。

通过此次事件我也在反思，应该如何加强幼儿的国民认同感。就像遵循孩子的年龄特点一样，教师不是凭主观意识将爱国情怀灌输给孩子，而是要从中国传统民间文化、习俗、节日或是某一件民间艺术作品等方面找到孩子的兴趣点，教师要做的是保护孩子的好奇心和求知欲，引导幼儿自发地关注、了解、认识到我国传统文化。在这一过程中，家庭与社会的配合也是不可或缺的，利用身边的环境来帮助幼儿了解我国与其他国家的文化差异，走进中国文化，同时更好地理解并热爱中国文化。

面塑是用什么做的？

王明明

寒假过后，赵希涛小朋友带来了从庙会购买的面塑小老鼠，这引起了幼儿们的好奇心。他们边欣赏边说："这是什么呀？好漂亮啊！"希涛说："这是面塑小老鼠，用面做的！"另一个小朋友说："不对，这是橡皮泥做的！面哪能捏出小老鼠啊！"于是他们就小老鼠是用什么做的"争辩"了起来，也引来了很多小朋友一起讨论，大家都说："这肯定是橡皮泥做的，不是面做的！"这下急坏了希涛，他找到了我说："王老师，您说这个面塑小老鼠是什么做的？"于是，我们展开了讨论，我说："你们觉得面能制作可爱的小老鼠吗？"一些小朋友说："面不能做出东西，面是做吃的的！能做面条、饺子！"我继续说："那小朋友愿不愿回家试一试，试试面可不可以做出我们喜欢的东西，好不好？"小朋友们说："可以！"

晚上，在爸爸妈妈的帮助下，小朋友和面做了自己喜欢的东西，有做小猫的，有做小篮子的，他们都迫不及待地将自己的作品发到班级微信群里，和小朋友们一起分享。小朋友兴奋地说："王老师，面真的可以做出很多东西，我太喜欢玩了。"

第二天，他们将自己在家里制作的东西都带到了幼儿园，我们一起欣赏和分享了自己的作品，大部分的小朋友是用白面做的，可相同学的作品让大家有些吃惊，她的作品是绿色的草地和一只粉红的小兔子，小朋友们说："她这个应该是橡皮泥做的。"可相同学说："我的就是用面做的，我妈妈用菠菜汁和火龙果汁帮我和的面，所以才有颜色。"其他小朋友们说："我回家也让妈妈给我用果汁和面。"接下来几天，每天早上，都有很多小朋友从家里带来自己制作的彩色面塑作品。

经过质疑和实验后，小朋友在教师的引导下，了解到了面塑是用面和颜料来制作一些具体形象的物品。我们可以利用最简单易取、成本廉价的面进行制作手工艺品。

过了几天，小朋友们发现大家带来的面塑作品"变形"了！面塑作品的表面被风干了，硬硬的，但是里面的面由于发酵，全部向上凸起，小朋友们观察到了这一现象，他们说："为什么赵同学买的面塑小老鼠不'变形'呢？"于是，我们一起到社区面塑馆去请教面塑馆的老师。老师介绍，想要面塑不"变形"，我们要加入一样特别的东西，叫作防腐剂，有了防腐剂，面就不会坏掉或者发霉、变质，我们只做的面塑作品也就不会"变形"了。同时，小朋友们也了解到，防腐剂对食品有保鲜作用，但对小朋友的身体是不好的。这样，小朋友也懂得了不吃零食的道理。

在整个过程中，小朋友了解了面塑，更愿意探索面塑，他们请爸爸妈妈利用周末的时间去寻找面塑，分别去了面塑博物馆、公园的面塑展等，也了解了一些关于面塑的知识，知道了面塑是我们国家特有的艺术形式之一，感叹祖先的聪明才智，进一步萌发了作为中国人的自豪之情。

泥宝宝生病了

袁　月

在探索泥土的活动中，圆圆发现泥土里竟然有东西。于是，圆圆拿着发现的东西跑到我面前说："老师你看这是什么。"我看到后告诉她："这是植物的根。"圆圆好奇地问："植物的根怎么会在我的泥土里呢？"我说："我们看到的大树、小草、蔬菜等，他们之所以能生长在土地上，是因为他们有长长的根扎在土壤里吸收土壤的营养。"当其他小朋友听到我和圆圆的对话时，也纷纷在自己的泥土里找起植物的根来。这时，突然听到一个着急的声音传来，阳阳说："老师，你看我这个是什么？"原来，阳阳的泥土里竟然有一块塑料。然后，我追问小朋友们，塑料是在泥土里生长的吗？小朋友你看我，我看你地说："塑料才不是长在泥土里的呢！"然后哈哈大笑起来。我说："小朋友说得对，塑料是被人扔到泥土里的。因为有的人缺乏环境保护意识，随地扔垃圾。"

根据本班幼儿的发现，我搜集了泥土被污染的图片和视频并开展了教育活动。幼儿通过观察医生给泥土治病的图片，猜想泥土为什么生病了。我问："小朋友们，你们知道泥宝宝怎么生病了吗？"阳阳说："因为他不爱洗澡，有细菌所以生病了。"明明说："因为他不洗屁屁，所以生病的。"丫丫说："他肯定是因为乱吃东西才生病的。"我说："都不是。"于是，我播放一个视频，幼儿看到天空中肆意飘动的塑料袋，地面上覆盖着很多垃圾。还有工厂的脏水，都直接排到泥土里。泥宝宝被垃圾覆盖不能呼吸，还喝着脏水，所以才生病的。我问："泥宝宝是因为人类的破坏所以才生病的，那我们应该怎么做呢？"阳阳说："我们应该不随便扔垃圾。"棋棋说："我们应该爱护泥宝宝。"

通过开展"我和泥宝宝做游戏"主题活动，幼儿有一定的观察能力和探究欲望。北京市贯彻《幼儿园教育指导纲要（试行）》实施细则中指出：幼儿能够关注身边的环境，亲近大自然，有初步的环保意识。教师根据幼儿的需求进行引导，引导幼儿发现泥土被污染的问题，尝试想办法解决环境污染的问题，建立初步的环保意识。泥土养育我们，所以我们要爱护这片土地。

巧手剪纸过大年

高　涵

2018 年冬天的一个上午，孩子们都在玩区域游戏，我来到了剪纸坊和孩子们一起剪纸。孩子们都在认真地剪纸，有的在剪楼房，有的在剪拉花，有的在剪灯笼……这时我看到康康小朋友在剪一棵大树，我看着好像是在剪"圣诞树"，于是就问了他："康康，你剪的这个是什么啊？"康康说："我剪的是一棵圣诞树，马上就要过圣诞节了，我特别开心！"我紧接着说："哦，你剪的圣诞树真好看，那你知道圣诞树是哪个国家的吗？""我知道啊，圣诞树是外国的，我小时候还去外国玩过一段时间呢！""那你知道圣诞节是什么时候吗？""我也知道啊，妈妈跟我说还有三天就是圣诞节了，圣诞老人还会给我送礼物呢！""嗯，那你知道圣诞节是哪个国家的节日吗？""是外国的呀！"这时，京京小朋友紧接着就说："我们是中国人，妈妈跟我说我们要过中国的节日，我们要过新年，不能过圣诞节，这个世界上根本没有圣诞老人！"我听着孩子们的话笑了笑说："是的，圣诞节是外国人的节日，我们中国人会过春节。外国人的圣诞节就跟我们要庆祝春节是一样的道理！我们可以了解一下外国人的节日，但是我们作为中国人还是要想办法庆祝我们国家的节日啊！你们说呢？"京京又说："对！高老师你说的跟我妈妈说的一样，我在家里剪了很多的红色窗花贴在窗户上呢，我们一直准备迎接新年呢！"我说："你真棒！那我们也一起剪窗花来布置我们的教室吧！好吗？""好啊！好啊！我会剪很多很多的窗花呢！"康康也说道："我也会剪窗花，我在家里也剪了很多形状的窗花呢！我也是一个中国人，老师，我也要跟你们一起剪中国的装饰，我们一起准备迎接新年！"说着大家都动起手开始剪纸了。

随着现在社会的发展，西方文化不断在冲击着我们的生活，只有很少的地方在传承着中国传统文化。现在每逢圣诞节、感恩节、万圣节，大街小巷上都布满了西方节日的装饰物，孩子们经常看到这些庆祝方式，也就自然被这些氛围给同化了。

本学期我们开展了"美丽的剪纸"的民间主题活动，有意识地引导幼儿在通过欣赏、了解、学习民间艺术来提高自身的民族认同感。本班幼儿很喜欢剪纸的各种活动，能够将看到的身边的事物用剪纸的形式表现出来。作为教育者，首先要肯定幼儿想要表现、创造事物的想法，再运用反问句的方式引导幼儿，但是，作为中国人应该过中国人的节日。

通过民间主题活动的开展，大部分幼儿已经了解到了剪纸是我国的一种传统民间文化，但是当幼儿想要了解西方的文化历史时，教师也应该适时引导。《幼儿园教育指导纲要》要求我们要适当向幼儿介绍我国各民族和世界其他国家、民族的文化，充分利用社会资源，引导幼儿感知人类文化的多样性和差异性，实际感受祖国文化。所以，在幼儿园组织开展民间剪纸活动、传承我们中国古老的文化，是我们义不容辞的责任。

　　家园共育，家庭教育也是很重要的一方面。中国的传统节日很多都是在家庭中度过的，因此，要发挥中国传统节日的教育价值，必须家园双方共同从孩子的生活感受和体验入手，互相沟通、家园一致，才能使传统节日教育产生良好的教育成效。通过开展民间主题活动，家长也对中国传统民间艺术有了进一步的了解、认识，非常赞同、支持幼儿园开展的剪纸活动，共同增强幼儿的民族认同感。

我为祖国而自豪

王景娟

　　近期我们开展了国民认同感的主题教育活动——"我爱祖国"，结合幼儿年龄特点和幼儿现有需要，在活动中通过讲述五星红旗的外形特征和象征意义，帮助幼儿了解我国历史文化，激发幼儿的爱国之情。通过活动幼儿了解到解放军叔叔为了保护我们的国家，为民族解放而牺牲才换来了鲜红的五星红旗，红色的旗帜是烈士们的鲜血所染，红色代表了革命，五颗星星象征中国共产党领导下的全国各族人民大团结。

　　在一次周一的升旗仪式中，天气很寒冷，但是孩子们的小站姿都特别精神，没有一个人喊冷，也没有一个人把小手蜷缩起来，小手都放在了身体的两侧，孩子们这种不怕严寒的意志看起来特别让人感动。这时，大概因为寒冷，乐乐小朋友摇晃下身体，搓了搓手，我听见边上的萌萌小声地提醒道："乐乐，要站直，马上升国旗了，我们要尊重国旗。"在萌萌的提醒下只见乐乐特别不好意思地点了点头，马上站好了。伴随着庄严的国歌声，孩子们目不转睛地注视着五星红旗，随着国旗地徐徐升起，孩子们随着音乐哼唱起来，虽然还没有学过，但是孩子们都很专注地在伴随音乐的节奏学唱。升旗结束后，乐乐小朋友提议道："老师，能不能教教我们国歌怎么唱呀？"我对他说："你想学吗？"乐乐说："特别想学，因为这个歌是我们中国人的歌曲，我觉得听到这个歌的时候特别开心、特别自豪。""那好，回去王老师就带你们学习国歌。"我说。

　　周末，朋友圈里家长们纷纷发起带孩子去天安门参观升国旗仪式倡议。看到家长们发的活动照片，孩子们一个个专注的眼神充满了对国旗的热爱、对祖国的热爱。孩子们来幼儿园时带来了他们参观升旗仪式时的照片，互相讲述着观看升国旗的心情，商商小朋友说："解放军叔叔可厉害了，他们走起路来特别精神，昂首挺胸，保护着国旗。老师，我们也想像解放军叔叔一样升国旗、保护国旗好不好？"看到孩子们对升国旗的向往、对解放军叔叔的崇拜、对国旗的热爱，我感到很欣慰。

　　通过孩子们近期的行为表现可以感受到幼儿对祖国的热爱，在升旗的过程中看到了幼儿从开学以来到现在的变化，从漫无目的到自豪感油然而生，幼儿在庄严的国歌声中慢慢体会国旗对于一个国家的重要意义，从幼儿对国歌产生兴趣，主动地希望学习唱国歌的心情，我感受到孩子们对祖国的热爱和自豪心情。同时，幼儿的爱国主义情感培养需要家长的参与，通过开展家长和孩子共同参与的爱国主义教育活动，发动家长利用假期带孩子参观爱国主义教育基地和旅游景点。通过多种渠道对幼儿进行耳濡目染的国民认同感的熏陶。

以我之名的灯笼

孟　旋

　　某一个周一，筱好带来了一个自己制作的灯笼与大家分享说："这是我做的小鱼灯，是我和妈妈一起利用油桶和红纸制作的鱼的外形的灯笼。" 小朋友们好奇地问："小鱼灯，筱好是用你的名字起的名字吗？就跟孔明灯似的。"筱好开心地说："我没想那么多，就是家里正好有这些材料，我跟妈妈就设计制作了这个小鱼灯笼，不过你这么一说，听起来还真是和我的小名一样呢。"其他小朋友也开始纷纷尝试用自己的大名或小名或是用名字里的一个字给灯笼起名字，航航的叫"航天灯笼"，果果的叫"苹果灯笼"，龙龙的叫"龙灯笼"等。

　　灯笼在我国古代除了装饰还有其他作用，为了进一步引导幼儿了解灯笼的传统作用，我引导幼儿说："谁还记得诸葛亮为什么制作孔明灯，它的作用是什么？"幼儿回答说："因为他被困了，他要把消息传递出去，获取帮助。"我问筱好："筱好你的小鱼灯笼有什么作用呢？"筱好说："我的小鱼灯笼可以照明。"我又问其他小朋友他们的灯笼有什么作用，他们回答说有照明的作用，也有漂亮装饰的，我接着说："大家说得很对，古代没有电灯，灯笼最大的作用就是照明，家里、路上照明的灯笼多为椭圆形。不过那时候的人们会举办灯会、逛灯会，在灯会上就不只是椭圆形的灯笼啦，动物形象的、人物形象的、花形的，各式各样，特别漂亮。"

果果说："听着就好美呀，我也想看看那个灯会。"因为临近元旦，于是我鼓励幼儿说："可以呀，那我们举办一个我们大一班的新年灯笼会。"这次活动不仅幼儿的积极性很高，家长们也都积极参与进来一起设计灯笼、搜集制作材料，在制作过程中天天同学的奶奶用打火机将竹丕烤热后做成圆环的手法，引起了孩子们的注意，孩子们了解到了传统的制作方法，觉得我们中国人真的是很聪明，大家做的灯笼，各有各的特点，有的是注重外形的华丽与美观，有的是放手电筒或小彩灯使灯笼更亮，有的是注重色彩的鲜艳。

灯笼是有浓郁的中国传统文化象征，随着时代的发展其作用也在改变。现在一般过年、过节的时候马路上、小区里、家里会挂红红的灯笼烘托节日的气氛，但是平日里是很少见的。教师能够抓住幼儿的兴趣点，当幼儿围绕绘本故事内容展开他们固有个性的想象、联想时引发幼儿讨论，给幼儿表达自己想法的空间，进而引导幼儿有目的地思考选择什么样的材料制可以用来作灯笼、如何根据灯笼的名字设计制作灯笼、在制作过程中使幼儿通过亲身体验，实际感知灯笼的结构，探索如何制作更牢固、如何装饰灯笼才更加美观等，从而进一步引导幼儿感知灯笼文化。

拯救蓝印花布

陶苑玲

在语言活动"拯救蓝印花布"中，我和孩子们讨论蓝印花布正在中国消失的话题。

我对他们说："你们知道吗？蓝印花布在我们国家已经越来越少了，全中国只有不到 50 个人在制作蓝印花布了呢！"听到这，孩子们听到这有点急了："不能让它消失！""蓝印花布不会消失的！"我问道："你们都不想让蓝印花布消失，那怎样才能保护它呢？"孩子们的回答让我在欢笑之余充满了感动：

妙妙："我要把蓝印花布藏在被窝里，不让别人发现它！"

贺贺："我要拿一根绳子绑着它，这样它一要离开我就知道了！"

雨点："我要每天回家都抱一抱它，这样它就不愿意离开了！"

······

孩子们的语言单纯又美好。我对他们说："你们的主意真的很棒，但是你们都要把蓝印花布藏起来，保护起来、蓝印花布之所以要消失就是因为人们现在已经不用它了，忘记了它的美丽和它的实用，如果我们还把它藏起来，人们更要忘记它啦！"

听到这儿，孩子们仿佛若有所思。一阵沉默过后，雨点大声地说道："我知道了！我不把它藏起来了，我要把蓝印花布送给所有小朋友！让别人都认识蓝印花布！"

久久说："光小朋友不行，咱们得让幼儿园的所有人都要喜欢上蓝印花布！"

少商说："蓝印花布是中国的，咱们得让只要是中国人的都喜欢上蓝印花布！"

看到他们一个个兴致勃勃地讨论着，我追问道："你们真棒，你们知道蓝印花布是中国的，还要保护它，你们都是厉害的小小传承人呢！但是我们怎样让人们都认识蓝印花布，知道蓝印花布的美丽与实用呢？"

"开一个宣传会！"

"咱们一起举办一个展览会吧！"

"咱们自己制作传单，然后挨个班去发去！"

"我妈妈会上网，我让我妈妈帮忙发在网上！"

"我们多做点蓝印花布，然后送给别人！"

"拿着我们制作的蓝印花布去卖钱，然后买更多的蓝印花布！"

……

谈话活动结束后，几个小朋友自发地在美工区制作了邀请函，请老师帮忙在卡片封面写上"邀请函"三个字，打算邀请同年龄班的小朋友和其他老师来班里参观。在美食区的"南通风味小吃"中，小厨师们每天都制作出香喷喷的"蒸饺""灌汤包"等食物，小服务员每天向客人们推荐南通风味小吃，小朋友们练习着如何向前来参观的人介绍自己的蓝印作品和班级的环境以及蓝印花布的耐穿耐用不掉色的特点，呼吁大家都使用蓝印花布。小朋友们分工合作、各司其责，分发邀请函和宣传单，呼吁人们保护蓝印花布，保护我国传统的非遗印染技术。

《幼儿园教育指导纲要（试行）》指出："要拓展幼儿对社会生活环境的认识，激发爱家乡、爱祖国的情感。"当幼儿得知蓝印花布正在消失的时候，自然而然萌发出一种保护、爱护之情，自发地去宣传与展览蓝印花布，呼吁身边的人去认识蓝印花布的美丽与实用。如果教师直接告诉幼儿要去保护蓝印花布，所形成的国民认同感就不会强烈。只有幼儿去主动去想办法保护蓝印花布，他们才会自然地萌发出国民认同感。

脏脏的泥宝宝

袁 月

在开展教育活动"有趣的泥土"活动中，当小朋友们都兴致勃勃地和泥宝宝做游戏的时候，只有葡萄小朋友没有动手，趴在桌子上看着其他小朋友制作。我问他："葡萄，想不想动手试一试？"葡萄摇摇头说："泥土太脏了。"我说："跟泥宝宝做完游戏，我们去盥洗室把小手洗干净就可以了。"葡萄说："我姥姥说玩泥太脏了，我不想玩这个。"

　　为了激发葡萄爱上泥土，我拿来了一些泥塑作品给葡萄欣赏，并说："如果葡萄还不想跟泥宝宝做游戏，没关系，你可以先欣赏我们的泥塑作品。"我试图通过让葡萄欣赏不同类型的泥塑作品，来激发葡萄的创作欲望。

　　在区域游戏中，葡萄来到阅读区看图书。我看他在书架旁边走来走去，没有目标。于是我说："我给你讲个故事，小胖猪滚泥巴的故事，想听吗？"葡萄愉快地点了点头。通过讲述小胖猪滚泥巴的故事，葡萄明白泥土虽然脏，但是小胖猪在炎热的夏天通过滚泥巴降低自己身体的温度。"泥巴不仅可以帮助小胖猪降温不中暑，还有其他很多作用，葡萄想不想知道？"葡萄充满好奇地地点了点头。我说："那老师交给你一个小任务。回家和爸爸妈妈姥姥姥爷一起搜集有关于泥宝宝作用大的资料，好不好？"

　　第二天，葡萄拿着和家人搜集的资料和大家一起分享。葡萄告诉大家："泥宝宝能养育出很多的植物，有棉花，有水果，还有蔬菜、水果。"我说："如果没有泥宝宝，我们还能有蔬菜和水果可以吃吗？"葡萄不好意思地低下头说："没有。""那你觉得泥宝宝他是真的脏吗？"葡萄连忙摇头说："不脏。"

　　主题活动还在继续，后续的活动，葡萄都积极地参加了。通过教师引导、家长的支持，葡萄知道我们生活离不开泥土，泥土的作用很大。不光植物离不开泥土，我们也离不开养育我们的这片热土。

　　对葡萄觉得泥土太脏的困惑，我并没有采取直接的否定幼儿的行为，而是换一种方式，激发幼儿喜欢泥塑的兴趣，再以恰当的契机，以故事的形式介绍泥的作用。了解到葡萄是因为家庭因素而不喜欢泥土的，抓住根源，开展家园合作帮助家长树立正确的教育观。家园合作、双管齐下来激发幼儿参与相关活动，并在一些活动中培养幼儿热爱养育我们这片热土的情感。

我爱泥娃娃

魏然然

　　在一次区域游戏时，洋洋发现班里展示的泥娃娃手里抱着的东西不同。他惊喜地告诉我："老师，你看，娃娃手里拿的东西都不一样。"我说："还真是不一样，原来你发现了这么有趣的事情，那你知道泥娃娃手里拿的东西为什么不一样吗？"洋洋说："不知道。"我说："要不你问问咱们班其他的小朋友，看看他们知道吗？"我和洋洋一起展开了询问，发现孩子们都不清楚泥娃娃的寓意。

针对此现象，我选择利用家园共育的形式，开展一次中国吉祥泥娃娃亲子制作活动，来增强幼儿对泥娃娃的深度认知。在制作活动，我引导家长和孩子们欣赏常见的泥娃娃。通过老师和家长的互动中，孩子们了解到手抱鱼的泥娃娃代表吉庆有余、连年有余（幼儿的理解就是有好吃的，但是不能浪费，要不然好吃的就没有了）；手里抱元宝的泥娃娃寓意恭喜发财（幼儿的理解是："这个是有钱的意思，爸爸妈妈努力上班就能有钱"）；有的泥娃娃手里抱的是一颗大桃子，寓意健康长寿（幼儿知道这是给老人的，希望爷爷、奶奶健健康康不生病）；而有的泥娃娃手里抱的就是一些吉祥语言，如"吉祥、如意""恭喜、发财"。

在制作过程中，我发现大多数家庭都是按照图片的样式进行制作，而洋洋和爸爸先是一起商量，认真思考着自己想做一个什么样的泥娃娃，确定好之后才开始动手制作，在制作的过程中，洋洋的爸爸鼓励洋洋自己动手制作，对于连接部分或制作困难的地方，爸爸也是耐心地指导并和洋洋一起解决。这时，我发现洋洋制作的泥娃娃手里抱着的不是鱼，也不是金元宝，而是一个大饺子。我问他："你的泥娃娃抱的是什么呀？"他说："大饺子。"我说："为什么抱着大饺子？"他说："新年的时候，全家人会在一起过吃饺子，而且大家都很开心，我也觉得很开心。"我说"所以你制作了一个抱饺子的泥娃娃，是希望家人开开心心的对吗？"洋洋害羞地点点头。我问："你这个大饺子是什么馅儿的？"洋洋说："是肉馅的，还有大白菜和鸡蛋呢。"听他讲完，我稍稍夸张地说："看来饺子很香很好吃！"洋洋自豪地说："对呀，我特别爱吃。"

当所有家庭完成的时候，他们把泥娃娃放在一起。这时，所有小朋友一起欣赏自己和家人制作的泥娃娃，其内心的情感是无以言表的，孩子们你一言我一语地说着自己的泥娃娃。这时，我引导幼儿们仔细观察洋洋和爸爸一起制作的泥娃娃，请小朋友看看泥娃娃手里抱的是什么。孩子们说是饺子，于是我说："洋洋的泥娃娃和你们做的不一样，这个泥娃娃是洋洋自己和爸爸创作的。"于是我请洋洋介绍自己的泥娃娃寓意，当所有小朋友给他鼓掌时，洋洋非常兴奋且高兴地跑到爸爸身边说："他们喜欢我的泥娃娃。"爸爸摸摸洋洋的头也给予一个鼓励。亲子制作活动结束后，小朋友和家长们都高高兴兴地回家了。这时，洋洋跑过来抱住我说："老师，我喜欢你，你也要开开心心的。"我抱住洋洋，和他说了声："谢谢，我也喜欢你！"

从洋洋刚开始把俄罗斯套娃当成中国泥娃娃，到认识泥娃娃、发现泥娃娃的不同，再到创意泥娃娃的寓意，是洋洋认知泥娃娃到喜爱泥娃娃的一个过程，在这个过程中，洋洋不仅在发现和探索能力上有了很大的进步，并且求知欲也增强了。他每遇到自己感兴趣的事都会问老师"这是什么"。最重要的是，洋洋了解到了不同的泥娃娃代表的寓意不一样，而每一个寓意都是美好而幸福的。

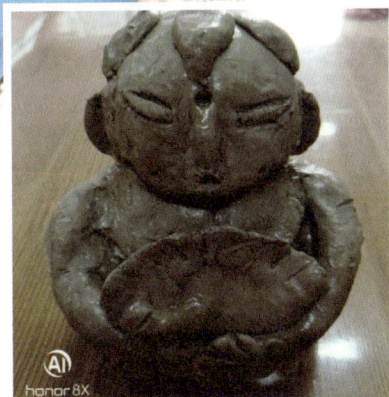

第五部分 课题实施效果调查

在课题实施接近尾声时，课题组使用问卷法对幼儿、教师及幼儿家长的国民认同感进行了全面调查。调查结果显示，幼儿、教师和幼儿家长的国民认同感整体情况良好。这说明，教师、家长和幼儿共同融入的以艺术为载体的、带有文化内含的综合主题活动活动对当代幼儿来说是有效果的和有意义的，在帮助教师和家长增强爱国主义情感和认同传统文化方面也是有效果和有意义的。

一、导言

《幼儿园教育指导纲要（试行）》指出，要让幼儿学会"爱父母、爱老师、爱同伴、爱家乡、爱祖国""要充分利用社会资源，引导幼儿实际感受祖国文化的丰富与优秀"，这对帮助并培养儿童形成正确的人生观、价值观、世界观，形成良好的行为习惯具有重要的教育意义。幼儿园教育应当处理好外来文化与本土文化、主流文化与民族文化之间的关系，不能让幼儿淡化了国家意识和民族情怀，因此应对幼儿进行国民认同感的启蒙教育。对于我国幼儿而言，如果他们知道自己生活在"中国"，自己是一名"中国人"，自己"愿意"或"很高兴"成为一名"中国人"，那么他们就初步形成了"中国认同"。[52]为此，我园专门开展了以民间美术为中心的综合主题活动，致力于培养幼儿的国民认同感，并影响和提升教师与家长的国民认同感。那么当前，在我园，幼儿、家长和教师的国民认同感处于什么样的状况呢？我们通过结构化访谈和问卷调查的方式对京通幼儿园幼儿、家长和教师的国民认同感现状进行了调查。

二、国民认同感研究现状

国民认同感是一种极其复杂的心理结构，包括关于国家或民族群体的知识和

[52] 佐斌. 论儿童国民认同感的形成 [J]. 教育研究与实验,2000(02):33-37，72-73.
[53] Barrett M. The development of national identity in childhood and adolescence[J]. 2000.

信仰的复杂系统，是指国家成员对自己所属国家的认识与情感依附。㊼心理学界对国民认同的研究有很多，这些研究的理论基础主要是泰费尔（Tajfel）的社会心理认同理论、埃里克森的认同发展理论。

对公民身份认同（Identity）的研究最为著名的是以美国微观社会学或符号互动论为基础的认同理论（Identity Theory）和欧洲社会心理学所倡导的社会认同理论（Social Identity Theory）。20世纪初，美国芝加哥学派的社会学家米德对符号互动理论的创立做出了重要贡献。米德认为，同样表示自我的"I"与"ME"分别代表作为主体的自我和作为客体的自我，它们都是在和他人的互动过程中形成的；"概化他人"是自我形成的重要阶段，是能够"给予个人以自我的统一性的有组织的社区或社会群体"。社会通过影响"自我"来影响社会行为，而使自我习得"角色认同"，进而"扮演他人角色"是其核心机制。

社会学上的认同理论（Identity Theory）深受"角色认同"的启发，将认同视为"连接社会结构和个人行动的一个关键概念"。20世纪四五十年代，社会心理学家将身份认同概念引入心理学研究领域。1950年，美国心理学家埃里克森在《儿童期与社会》（Childhood and Society）一书中探讨了"同一性"（Identity）和儿童早年经验的关系；在其另一代表作品《同一性与生命周期》（Identity and life Cycle）中，他将同一性定义为"一种熟悉自身的感觉，一种'知道个人未来目标'的感觉，一种从他信赖的人中获得所期待的认可的内在自信"。

20世纪70年代，泰费尔和特纳（Turner）提出了"社会认同理论"："一个人所落入的或感到其所属的社会类别（如民族、政治团体、运动团队），提供给此人根据这一类别描述的自身特点来界定自己的倾向——这种自我界定是自我概念的组成部分""个体认识到他或她属于特定的社会群体，同时也认识到作为群体成员带给他的情感和价值意义"。社会认同理论从群体行为的视角出发来分析个体的身份意识，认为个体对群体的认同是社会群体行为的基础。

三、研究方法

（一）研究对象

研究对象为京通幼儿园的幼儿、家长与教师。幼儿总共136名，小班45人，中班55人、大班36人；家长396名：其中男性198名、女性198名；教师21名。

（二）研究工具

采用自编的结构性访谈表，内容包括：中国国名、认识中国国旗、儿童对中国人的情感评价等。对家长的调查采用的是自编的调查问卷，分为父亲母亲两个版本，父亲填写年龄、受教育程度、职业、家庭月收入这些基本情况和国民认同感的六道问题，母亲填写年龄、受教育程度、职业、孩子有无到其他国家的经历和有无与其他国家人交往的经历、孩子是否与祖辈一起生活以及国民认同感的六道问题。对教师的调查采用的是自编的调查问卷，教师填写教龄、年龄两项基本情况和国民认同感的六道问题。

（三）数据处理

数据用 Excel 及 SPSS24.0 做统计处理。

四、结果与分析

（一）幼儿国民认同感

1. 幼儿国民认同感较高

总体而言，136 名幼儿中知道自己生活的国家是中国的有 93 名，占总人数的68.38%，不知道自己生活在哪个国家的有 39 名，占比 28.68%，还有 3 名幼儿回答自己生活在北京，1 名幼儿回答自己生活在幼儿园（见表 1）。

表 1　"你知道我们生活的这个国家叫什么名字吗？"题项的回答情况

选项	知道自己生活在中国	不知道	其他
人数	93	39	4
占比	68.38%	28.68%	2.94%

关于幼儿知道哪些国家的问题，有 59 名幼儿回答"不知道"，占 43.38%；有 77 名幼儿说出了自己知道的其他国家，占 56.62%，其中日本、美国被提起的次数最多，分别为 36 次和 35 次，其次是韩国和泰国，都为 10 次。

关于幼儿认为自己属于哪个国家的问题，有 113 名幼儿知道自己属于中国，占总人数的 83.09%，19 名幼儿回答了"不知道"，占比 13.97%（见表 2）。

表 2　"你属于哪个国家的人？"　题项的回答情况

选项	知道自己属于中国	不知道
人数	113	19
占比	83.09%	13.87%

在问到"你愿意做一个中国人吗，"时，107 名幼儿选择了"非常愿意"，有幼儿表示自己"非常非常愿意"，还有幼儿回答"我喜欢中国"，占比 78.68%；有 18 名幼儿选择"愿意"，占比 13.24%；1 名幼儿表示不知道。9 名幼儿选择"不愿意"或"非常不愿意"，占比 7.35%（见表 3）。

表 3　"你愿意做一个中国人吗？"　题项的回答情况

选项	非常愿意	愿意	无所谓	不愿意	非常不愿意	缺失	合计
人数	107	18	1	8	1	1	136
占比	78.68%	13.24%	0.73%	5.88%	0.73%	0.73%	100%

在对中国国旗的认识上，有 122 名幼儿能够明确地指认出五星红旗是中国的国旗，这部分幼儿的占比为 89.7%。并且，其中 67 名幼儿对五星红旗的认识十分细致。研究提供了完整准确的五星红旗图片和缺失了一颗五角星的五星红旗的图片，67 名幼儿可以精准地判断出完整的五星红旗。当然，小班有 10 名幼儿还不能够准确地指认出我国的国旗，中班时幼儿的认识大幅提升，只有 4 名幼儿不能指认出五星红旗的图片。

在核对原数据及文稿后，文字表述——在回答"当别人批评中国人的时候，你会觉得像是在批评自己"时，103 名幼儿选择"很不符合"或"不太符合"， 33 名幼儿选择"比较符合"或"很符合"是准确的（见表 4）。

表 4　"当别人批评中国人的时候，你会觉得像是在批评自己"题项的回答情况

选项	很符合	比较符合	不好说	不太符合	很不符合
人数	17	16	0	50	53
占比	12.5%	11.8%	0	36.8%	39%

在核对原数据及文稿后，文字表述——关于"你经常因国家里有的一些不好的问题感到丢脸"的问题上，有 81 名幼儿选择了"不太符合"和"很不符合"……53 名幼儿选择"很符合"和"比较符合"……是准确的（见表 5）。

表 5　"你经常因国家里有的一些不好的问题感到丢脸"题项的回答情况

选项	很符合	比较符合	不好说	不太符合	很不符合	缺失
人数	23	30	1	32	49	1
占比	17%	22.2%	0.7%	23.7%	36.3%	0.7%

在"你经常为国家取得的成就而感到自豪"的问题上，有7名幼儿选择"很不符合"和"不太符合"，占比5.2%；127名幼儿选择"比较符合"和"很符合"占比94%，幼儿都表示自己会很高兴；还有幼儿回答"因为中国赢了"（见表6）。

表6 "你经常为国家取得的成就而感到自豪" 题项的回答情况

选项	很符合	比较符合	不好说	不太符合	很不符合	缺失
人数	104	23	1	5	2	1
占比	77%	17%	0.7%	3.7%	1.5%	0.7%

关于"如果有下辈子，你还是愿意做中国人"的问题上，10名幼儿选择"很不符合"和"不太符合"，占比7.4%；126名幼儿表示"比较符合"或"很符合"，占比92.6%。幼儿给出的理由有"我喜欢中国""中国太干净了""中国话简单，字好说""因为有国旗"（见表7）。

表7 "如果有下辈子，你还是愿意做中国人" 题项的回答情况

选项	很符合	比较符合	不好说	不太符合	很不符合
人数	99	27	0	8	2
占比	72.8%	19.9%	0%	5.9%	1.5%

国民认同感的最后一道题目"不管中国发生什么事情，即使有机会离开中国，你也会留在中国"，13名幼儿选择"很不符合"和"不太符合"，占比9.56%，其中有1名幼儿给出的理由是"我喜欢走"；有121名幼儿选择了"比较符合"和"非常符合"，占比88.97%，有好几名幼儿表示"我喜欢中国""中国有我的家人""因为我会说中国话""我喜欢中国国旗，其他国家的国旗没有中国国旗好看"，还有幼儿的理由是"中国好，有很多东西，很多乐器，和很多玩具"，还有"在中国有滑梯可以玩""我生在中国，我愿意去别的国家旅行，但我会回到中国""中国大，海大""中国有特色美食和建筑，还有大熊猫，别的国家没有""中国发展好，有火箭"等（见表8）。

表8 "不管中国发生什么事情，即使有机会离开中国，你也会留在中国" 题项的回答情况

选项	很符合	比较符合	不好说	不太符合	很不符合
人数	100	21	2	5	8
占比	73.5%	15.4%	1.5%	3.7%	5.9%

2. 不同年龄段幼儿国民认同感的差异

经单因素方差分析的事后比较，发现在"当别人批评中国人的时候，你会觉得像是在批评自己"（q1）的问题上，小班和中班回答存在显著差异，中班更多幼儿倾向于回答"比较符合"或"非常符合"，而小班幼儿则更多地选择"不会觉得像是在批评自己"；在"你经常为国家取得的成就而感到自豪"（q3）的问题上，三个年龄段的回答都存在显著差异，首先大班幼儿是最为国家取得的成就感到自豪的，其次是中班幼儿，最末是小班幼儿；在"如果有下辈子，你还是愿意做中国人"的问题（q4）上，三个年龄段回答都存在显著差异，大班幼儿表现出强烈的意愿，中班幼儿其次，小班幼儿最末；在"不管中国发生什么事情，即使有机会离开中国，你也会留在中国"（q5）的问题上，小班和中班回答存在显著差异，小班回答小班和大班回答存在显著差异，中班和大班幼儿都倾向于会留在中国，而小班幼儿的回答则比较多样（见表9）。

表 9　不同年龄段幼儿国民认同感的事后比较分析结果

因变量	(I) age	(J) age	平均值差值 (I-J)	标准误差	显著性	95% 置信区间	
						下限	上限
q1	1	2	.556*	.279	.048	.00	1.11
	1	3	-.556*	.176	.002	-.90	-.21
q3	2	3	-.418*	.169	.015	-.75	-.08
	3	2	-.341*	.168	.045	-.67	-.01
	1	3	-.778*	.187	.000	-1.15	-.41
q4	2	3	-.436*	.180	.016	-.79	-.08
	3	2	-.703*	.208	.001	-1.12	-.29
q5	1	3	-.956*	.232	.000	-1.41	-.50
	2	1	.703*	.208	.001	.29	1.12

（二）家长国民认同感现状

1. 幼儿父亲整体国民认同感水平较高

回答"当别人批评中国人时，我会觉得像是在批评我自己"时，所有父亲中有 3 名选择"很不符合"，占比 1.52%；9 名选择"不太符合"，占比 4.55%；14 名选择"不好说"，占比 7.07%；56 名选择"比较符合"，占比 28.28%；116 名选择"很符合"，占比 58.59%（见表 10）。

表 10 "当别人批评中国人时，我会觉得像是在批评我自己" 题项的回答情况

选项	很不符合	不太符合	不好说	比较符合	很符合
人数	3	9	14	56	116
占比	1.52%	4.55%	7.07%	28.28%	58.59%

关于"我经常因国家现存的一些问题而感到丢脸"的回答，父亲中有 18 名选择"很不符合"，占比 9.09%；38 名选择"不太符合"，占比 19.19%；34 名选择"不好说"，占比 17.17%；43 名选择"比较符合"，占比 21.72%；65 名选择"很符合"，占比 32.83%（见表 11）。

表 11 "我经常因国家现存的一些问题而感到丢脸" 题项的回答情况

选项	很不符合	不太符合	不好说	比较符合	很符合
人数	18	38	34	43	65
占比	9.09%	19.19%	17.17%	21.72%	32.83%

对于"我经常为国家取得的成就感到自豪"这道题，所有父亲中有 1 名选择"不好说"，占比 0.51%；有 34 名选择了"比较符合"，占比 17.17%；161 名选择"很符合"，占比 81.31%；还有 3 名没有回答这道问题（见表 12）。

表 12 "我经常为国家取得的成就感到自豪" 题项的回答情况

选项	很不符合	不太符合	不好说	比较符合	很符合
人数	0	0	1	34	161
占比	0	0	0.51%	17.17%	81.31%

关于"如果有下辈子，我还是愿意做中国人"，父亲中有 4 名选择"不好说"，占比 2.02%；38 名选择"比较符合"，占比 19.19%；155 名选择"很符合"，占比 78.28%；还有 1 名没有填写这道问题。

表13　"如果有下辈子，我还是愿意做中国人"题项的回答情况

选项	很不符合	不太符合	不好说	比较符合	很符合
人数	0	0	4	38	155
占比	0	0	2.02%	19.19%	78.28%

在回答"不管中国发生什么事情，即使有机会离开中国，我也愿意做一名中国人"时，父亲中有5名表示"不好说"，占比2.52%；36名选择"比较符合"，占比18.18%；156名选择"很符合"，占比78.79%（见表14）。

表14　"不管中国发生什么事情，即使有机会离开中国，我也愿意做一名中国人"题项的回答情况

选项	很不符合	不太符合	不好说	比较符合	很符合
人数	0	0	5	36	156
占比	0	0	2.52%	18.18%	78.79%

在"我经常有意识地教育幼儿要爱国"的回答上，父亲中有2名表示"很不符合"，占比1.01%；1名表示"不好说"，占比0.51%；33名选择"比较符合"，占比16.67%，162名选择"很符合"，占比81.82%（见表15）。

表15　"我经常有意识地教育幼儿要爱国"题项的回答情况

选项	很不符合	不太符合	不好说	比较符合	很符合
人数	2	0	1	33	162
占比	1.01%	0	0.51%	16.67%	81.82%

2. 幼儿母亲国民认同感整体水平较高

回答"当别人批评中国人时，我会觉得像是在批评我自己"时，所有母亲中有5名选择"很不符合"，占比2.53%；8名选择"不太符合"，占比4.04%；17名选择"不好说"，占比8.59%；56名选择"比较符合"，占比28.28%；109名选择"很符合"，占比55.05%（见表16）。

表16　"当别人批评中国人时，我会觉得像是在批评我自己"题项的回答情况

选项	很不符合	不太符合	不好说	比较符合	很符合
人数	5	8	17	56	109
占比	2.53%	4.04%	8.59%	28.28%	55.05%

关于"我经常因国家现存的一些问题而感到丢脸"的回答，母亲中有25名选择"很不符合"，占比12.63%，45名选择"不太符合"，占比22.73%，28名选择"不好说"，占比14.14%，44名选择"比较符合"，占比22.22%，53名选择"很符合"，占比26.77%（见表17）。

表17　"我经常因国家现存的一些问题而感到丢脸"　题项的回答情况

选项	很不符合	不太符合	不好说	比较符合	很符合
人数	25	45	28	44	53
占比	12.63%	22.73%	14.14%	22.22%	26.77%

对于"我经常为国家取得的成就感到自豪"这道题，所有母亲中有3名选择"不好说"占比1.52%；有25名选择了"比较符合"，占比12.63%；169名选择"很符合"，占比85.35%（见表18）。

表18　"我经常为国家取得的成就感到自豪"　题项的回答情况

选项	很不符合	不太符合	不好说	比较符合	很符合
人数	0	0	3	25	169
占比	0	0	1.52%	12.63%	85.35%

关于"如果有下辈子，我还是愿意做中国人"，母亲中有1名选择"不太符合"，6名表示"不好说"，占比3.03%；39名选择"比较符合"，占比19.67%；151名选择"很符合"，占比76.26%（见表19）。

表19　"如果有下辈子，我还是愿意做中国人"　题项的回答情况

选项	很不符合	不太符合	不好说	比较符合	很符合
人数	0	1	6	39	151
占比	0	0.51%	3.03%	19.67%	76.26%

在回答"不管中国发生什么事情，即使有机会离开中国，我也愿意做一名中国人"时，母亲中有9名表示"不好说"，占比4.55%；36名选择"比较符合"，占比18.18%；152名选择"很符合"，占比76.77%（见表20）。

表20　"不管中国发生什么事情，即使有机会离开中国，你也会留在中国"　题项的回答情况

选项	很不符合	不太符合	不好说	比较符合	很符合
人数	0	0	9	36	152
占比	0	0	4.55%	18.18%	76.77%

在"我经常有意识地教育幼儿要爱国"的回答上，母亲中有 2 名表示"很不符合"，占比 1.01%；2 名表示"不好说"，占比 1.01%；37 名选择"比较符合"，占比 18.69%；156 名选择"很符合"，占比 78.79%（见表 21）。

表 21　"我经常有意识地教育幼儿要爱国"　题项的回答情况

选项	很不符合	不太符合	不好说	比较符合	很符合
人数	2	0	2	37	156
占比	1.01%	0	1.01%	18.69%	78.79%

（三）教师国民认同感水平很高

回答"当别人批评中国人时，我会觉得像是在批评我自己"时，4 名教师选择"比较符合"，占比 19.05%；17 名教师选择"很符合"，占比 80.95%（见表 22）。

表 22　"当别人批评中国人时，我会觉得像是在批评我自己"　题项的回答情况

选项	很不符合	不太符合	不好说	比较符合	很符合
人数	0	0	0	4	17
占比	0	0	0	19.05%	80.95%

关于"我经常因国家现存的一些问题而感到丢脸"的回答，7 名教师选择"不太符合"，占比 33.33%；4 名教师选择"不好说"，占比 19.05%；3 名教师选择"比较符合"，占比 14.29%；7 名教师选择"很符合"，占比 33.33%（见表 23）。

表 23　"我经常因国家现存的一些问题而感到丢脸"　题项的回答情况

选项	很不符合	不太符合	不好说	比较符合	很符合
人数	0	7	4	3	7
占比	0	33.33%	19.05%	14.29%	33.33%

"我经常为国家取得的成就感到自豪"这道题上，21 名教师都选择了"很符合"。关于"如果有下辈子，在我还是愿意做中国人"，1 名教师选择了"比较符合"，其他 20 名教师都选择了"很符合"。我经常为国家取得的成就感到自豪"这道题上，21 名教师都选择了"很符合"。在回答"不管中国发生什么事情，即使有机会离开中国，我也愿意做一名中国人"时，所有教师都表示很符合。

在对"我经常有意识地教育幼儿要爱国"的回答中，5 名教师选择"比较符合"占比 23.81%；16 名教师选择"很符合"，占比 76.19%（见表 24）。

表 24 "我经常有意识地教育幼儿要爱国" 题项的回答情况

选项	很不符合	不太符合	不好说	比较符合	很符合
人数	0	0	0	5	16
占比	0	0	0	23.81%	76.19%

五、结论

总体而言，参与调查的京通幼儿园幼儿、家长和教师的国民认同感是较高的，都有较强的教育幼儿爱国的意识。

有幼儿在回答愿不愿意留在中国时提到"中国有我的家人"，这与先前的国民认同感研究认为国民认同感涉及内隐的关于共同血统和共同信仰国家集团成员的亲属关系有关的结论相一致。[54]

幼儿在回答问题时，国旗、大熊猫、中国话等出现的频次较多，它们作为我国的标志性事物被幼儿反复提及，这一点与前人的研究也相一致，即各种机构、符号、习俗和传统，它们在心理层面是国民认同的重要标志或代表，它们构成了国民认同的一个非常重要的组成部分。[55]幼儿在不同年龄段对国民认同感问题的回答是存在差异的，这一结论与先前研究者保持一致，幼儿随年龄增长对国家的认同会增强。

---

[54] Stephens S. Children and the Politics of Culture[M]. Princeton University Press, 1995.

[55] Haller W, Landolt P. The transnational dimensions of identity formation: Adult children of immigrants in Miami[J]. Ethnic and Racial Studies, 2005, 28(6): 1182-1214.